Assessment for Excellence
The Philosophy and Practice of Assessment and Evaluation in Higher Education, 2nd Edition

高等教育理念与组织变革译丛　周光礼 ◎ 主编

卓越性评估
高等教育评估的理念与实践
（第二版）

（美）亚历山大·W.阿斯丁
（美）安东尼·L.安东尼奥 ◎ 著

唐旭日　张康易
龚灵　叶宇星 ◎ 译

华中科技大学出版社
http://press.hust.edu.cn
中国·武汉

Assessment for Excellence: The Philosophy and Practice of Assessment and Evaluation in Higher Education, 2nd Edition, by Alexander W. Astin & Anthony Lising Antonio

Copyright © 2018 by Rowman & Littlefield

Published by agreement with the Rowman & Littlefield Publishing Group Inc. through the Chinese Connection Agency, a division of Beijing XinGuangCanLan ShuKan Distribution Company Ltd., a. k. a Sino-Star.

湖北省版权局著作权合同登记　图字：17-2023-100 号

图书在版编目（CIP）数据

卓越性评估：高等教育评估的理念与实践（第二版）/（美）亚历山大・W. 阿斯丁，（美）安东尼・L. 安东尼奥著；唐旭日等译. —武汉：华中科技大学出版社，2024.3
（高等教育理念与组织变革译丛）
ISBN 978-7-5772-0551-9

Ⅰ.①卓…　Ⅱ.①亚…　②安…　③唐…　Ⅲ.①高等教育-教育评估-研究　Ⅳ.① G642.0

中国国家版本馆 CIP 数据核字（2024）第 043565 号

卓越性评估：高等教育评估的理念与实践（第二版）	（美）亚历山大・W. 阿斯丁 （美）安东尼・L. 安东尼奥	著
Zhuoyuexing Pinggu: Gaodeng Jiaoyu Pinggu de Linian yu Shijian (Di-er Ban)	唐旭日　等	译

策划编辑：	张馨芳
责任编辑：	江旭玉
封面设计：	赵慧萍
责任校对：	张汇娟
责任监印：	周治超
出版发行：	华中科技大学出版社（中国・武汉）　电话：(027) 81321913
	武汉市东湖新技术开发区华工科技园　邮编：430223
录　　排：	华中科技大学出版社美编室
印　　刷：	湖北金港彩印有限公司
开　　本：	710mm×1000mm　1/16
印　　张：	20.25　插页：2
字　　数：	363 千字
版　　次：	2024 年 3 月第 1 版第 1 次印刷
定　　价：	98.00 元

本书若有印装质量问题，请向出版社营销中心调换
全国免费服务热线：400-6679-118　　竭诚为您服务
版权所有　侵权必究

译丛总序

高等教育学是第二次世界大战后在西方兴起的一个综合性和应用性很强的研究领域。尽管最早的高等教育学专著可追溯到19世纪英国人纽曼的《大学的理念》，但其知识基础和制度基础却是高等教育大众化、普及化的产物。大众化、普及化催发了高等教育研究的强烈需求，一批高质量的研究成果相继问世，知识的系统化发展取得重大进展。与此同时，高等教育研究也获得了稳固的制度化支持，专门的高等教育研究机构、专业性的学术期刊社和专业性学会等纷纷成立。应该说，高等教育学因对高等教育改革的巨大推动作用而受到各国政府和学界的共同关注，成为当代国外人文社会科学的一个重要而又充满活力的新研究领域，成为一个跨越人文科学、社会科学和自然科学的交叉性的学术方向。

20世纪80年代初，随着高等教育领域的"拨乱反正"，为了加强对院校自身发展的研究，中国大学普遍设立高等教育研究所或高等教育研究室。作为一种"校本研究"，高等教育研究朝着行政化方向发展，大部分高等教育研究机构成为秘书性的"服务机构"和"咨询机构"。当然，也有部分大学的高等教育研究室有意识地朝学术性方向发展，开始了知识传统的积淀。21世纪以来，随着中国高等教育大众化、普及化，高等教育研究受到普遍关注，大批高等教育学术成果涌现出来。然而，总体来看，中国高等教育学的研究与教学起步晚、水平不高，仍有不少问题需要解决，有不少薄弱环节亟待加强。其中，一个突出问题是知识基础的建设滞后于制度基础的建设。如果说，西方高等教育学的演化过程是先有知识传统的积淀，而后进行学科设施的建设，那么，中国正好相反，我们是先进行学科设施建设，而后进行知识传统的培育。从1978年开始，厦门大学、北京大学、华中工学院（今华中科技大学）、清华大学、中国人民大学等重点大学纷纷成立了专门的高等教育研究机构。据不完全统计，中国现有400多个附属于大学的高等教育研究所（院、中心）。从1980年开始，《高等教育研究》《高等工程教育研究》《中国高教研究》等一大批高等教育研究的专业学术期刊创刊。时至今日，中国拥有上百种高等教育方面的专业学术期刊，其中核心期刊有20种之多，这些重要期刊每年刊发学术论文3000余篇。1983年，中国高等教育学会成立，现拥有专业性二级分会63个。1983年，高等教育学作为教育学的二级学科进入国家学科目录，开始培养高等教育学硕士研究生和博士研究生。然而，这些学科设施的建设仍然掩盖不了知识基础的薄弱。为了强化知识基础建设，学术界热衷于对西方高等教育学名著的引进、消化和吸收，但我们在这方面的工作仍然做得不够。虽然我们翻译出版了一些高等教育理论方面的名著，但高等教育理念与组织变革方面的译著并不多。目前，国内学界仍缺乏对西方高等教育理念与组织变革的系统了解以及对其最新趋势的跟踪研究，批判、消化和吸收工作也就难以深入开展。因此，当务之急是要紧密跟踪国外高等教育理念和组织变革发展的最新趋势，大胆借鉴其新理论和新方法的成果。

中国的高等教育强国建设，尤其是"双一流"建设，对高等教育研究提出了更高的要求。正如习近平总书记所言："我们对高等教育的需要比以往任何时候都更加迫切，对科学知识和卓越人才的渴求比以往任何时候都更加强烈。"新形势要求我们迅速改变高等教育学研究和教学比较落后的局面，解决目前高等教育学发展中存在的诸多问题，克服各种困难，迅速提高中国高等教育学的研究和教学水平，以适应快速变化的高等教育改革与发展的需要，迎接新时代的挑战。

高等教育学的研究对象，是高等教育与社会发展之间的关系。它以行动取向体现理论与实践的统一；其目的和功能是提供高等教育改革的依据，服务于"基于证据的改革"实践。一个国家的高等教育，是与一个国家的文化模式相适应的。高等教育研究以各国具体的高等教育实践为基础，它要反映各国高等教育体制与结构、组织与管理，因而各国的高等教育学都具有自己的特色，这是知识的特殊性。但同时必须认识到，现代高等教育学是西方的产物，西方高等教育的许多理论、范畴和方法反映了高等教育的本质，属于全人类共同文明成果，可以为我所用，这是知识的普遍性。高等教育学要建立中国自主的知识体系，既要立足中国实践，扎根中国大地，又要大胆借鉴西方高等教育的理论与方法，充分吸收其积极成果。正是基于这种考虑，我们组织翻译了这套"高等教育理念与组织变革译丛"，以系统全面地反映西方高等教育理论发展的现状和成就，为中国高等教育学科的教学和科研提供参考资料和理论借鉴。

"高等教育理念与组织变革译丛"精选西方高等教育研究领域富有影响力的专著，基本代表了当代西方高等教育研究的最新学科框架和知识体系。所选的专著，有如下三个突出特点。一是学术水平高。作者基本上都是该领域的名家，这些专著是其主要代表作，系统展现了作者多年的研究心得。例如，《当代大学的动态演变：增长、增累与冲突》《寻找乌托邦：大学及其历史》《美国研究型大学的发展（二战至互联网时期）：政府、私营部门和新兴的网络虚拟大学》《研究型大学的使命：高等教育与社会》是加州大学伯克利分校高等教育研究中心举办的"克拉克·克尔高等教育系列讲座"的名家成果。二是实践性和应用性强。这些著作直接面向问题、面向实践、面向社会，探讨高等教育实践中出现的新问题，作者用大量实践经验和典型案例来阐述相关理论问题，所提出的理论和方法针对性较强，具有现实参考价值。例如，《大学变革之路：理解、引领和实施（第二版）》具有强烈的问题意识和应用导向。三是涉及主题广。这些专著涉及高等教育研究的四个主要领域，即体制与结构、组织与管理、知识与课程、教学与研究，能够满足不同类型读者的需求。例如，《卓越性评估：高等教育评估的理念与实践（第二版）》和《完成大学学业：反思高校行动》涉及本科教学，对中国一流本科建设具有启发意义。

"高等教育理念与组织变革译丛"具有权威性、学术性、实践性的特点。该译丛展示了当代西方高等教育研究的新视野和新途径，它的出版将填补国内高等教育研究领域的某些空白点，为读者尤其是高等教育学、教育经济与管理等各专业的师生及研究人员提供高等教育研究的崭新知识体系，为中国高等教育领域的知识创新提供参照与借鉴；它所提供的新理论、新方法以及新的概念框架和思维方式，对中国高等教育决策者和管理者更新观念、开阔视野和增强理论素养具有重要的现实意义。我相信，"高等教育理念与组织变革译丛"的问世，必将有力地推动中国高等教育研究的知识基础建设，并对中国高等教育持续改进产生巨大的促进作用。

（中国人民大学教育学院教授、博士生导师，教育部"长江学者"特聘教授）

2022 年 6 月于北京

前言

作为本书的作者,我们在职业生涯的大部分时间里都在不断地参与各种高等教育评估活动。本书的研究数据,来源于数百万名学生、几十万名大学教师和管理人员,以及一千多所不同层次的高等教育机构。我们开展的评估研究主要运用了自填问卷的方法,同时也采用了标准化测试、个人访谈、焦点小组、案例研究以及其他定性方法。我们还前往一些高等教育机构,现场帮助他们开发他们自己的评估项目。除此之外,我们一直是重点研究型大学的专职教师,有着多年的教学经历。同时,我们也一直在撰写与评估工作相关的书籍和文章,讲授与教育评估及评价相关的研究生课程。上述所有经验让我们认识到,尽管美国许多高等教育机构都开展了评估活动,但这些评估活动对学生、教师、管理人员及教育机构基本没有帮助,甚至有些评估活动与高等教育机构的基本使命背道而驰。1990年,阿斯丁意识到这些问题,并撰写了本书的第一版。多年后的今天,我们都认为当前大部分评估活动的作用仍然十分有限,因而决定编写这本书的修订版。

为什么这些评估活动没有起到多大作用呢?如何完善高等教育中的评估活动?如何更好地运用现有的评估活动?可以采用哪些措施,以便于我们更有效地使用高等教育评估这一强有力的工具?这些都是本书要讨论的高等教育评估中的普遍问题。

我们撰写本书的初衷,是为参与评估或者对评估的实际用途感兴趣的人员提供参考,包括教师、管理人员、科研人员、政策分析师和政府官员等。然而,不同读者感兴趣的章节可能不同。例如,教师可能对第一章和第九章具有浓厚的兴趣。管理人员可能对第一章、第七章和第八章最感兴趣。政策制定者、立法者及其他政府官员应该会觉得第一章、第十章、第十一章与他们关注的问题联系更为紧密。高等教育专业的学生会对本书的大部分章节感兴趣,而高等教育领域的学者和研究人员可能还会对附录部分感兴趣。社会学家一般会对第二章、第六章及附录特别感兴趣。

本书的观点最初源于加州大学洛杉矶分校(UCLA)的两门研究生评估评价研讨课程,阿斯丁已经教授这两门课程近 25 年了。这些课程中的很多材料无法从已出版的文献中找到,其中许多观点和概念都没有文字说明,因此学生们经常抱怨他们只能依靠课堂笔记来学习这些课程。

人们很可能认为,在田纳西州,推动评估活动发展的主要原因是为该州公共高等教育机构研发的绩效拨款体系服务(Bogue and Brown, 1982)。将高等教育机构能否获得州政府的拨款与他们的学生在标准化测验中的表现关联起来,这一想法过于偏激,也令人们极度不安,甚至会威胁到整个高等教育界。虽然评审委员会还不确定绩效拨款最终将如何影响美国的高等教育,但田纳西州的项目很明显会产生两个方面的影响:一方面,它提醒其他州的立法者和政府官员,使用学生评估这一工具可以更有效地实施高等教育问责制度;另一方面,它也促使一些高等教育领导者以更加批判的眼光看待他们自己的评估活动。

越来越多的州加入评估活动的行列,政府机构与高等教育协会也开始正视评估问题,由此引发了两件有趣的事情。其一,少数几所悄然率先使用复杂的学生评估项目的高等教育机构(特别是东北密苏里州立大学和阿尔维诺学院),突然成了人们关注的焦点和严格审查的对象。其二,出现了不少评估"专家",这些"专家"发现州政府、教育机构和教育协会急于改善他们的评估过程和提供评估效果,因而急需他们的帮助。

随着越来越多的公立和私人机构拨款给教育机构和认证机构,以支持新的评估活动与评估项目,与评估相关的学术会议和工作坊也在美国各地开展起来。与此同时,关于评估的专著和文章也相继出现,并逐渐形成了一种常规的评估经验和标准。

虽然这一常规评估经验和标准中的大部分内容都是有效的,也起到了一定的作用，但仍然存在缺陷。如果将现有评估文献中的各种经验和建议加以整理，其成效会呈现出至少两大缺陷。首先，这些经验和知识之间迥然不同，难以融为一体。其次，一些关键问题和信息缺失。所以，如今人们在评估领域中所遇到的集体经验无法真正地满足那些希望运用评估改善教育过程的大学教师、管理人员、研究人员、机构及州政府的实际需求。

我们所说的实际需求指的是什么呢？我们来分析一个假想的案例。假设某机构或州政府官员决定要评价他们现有的评估过程，或去尝试新型的评估方法，或去开发一个全新的评估项目，那么他们需要考虑以下四个问题。

第一，任何新的评估项目都应基于对本机构的教育使命的清晰、明确的认识，该项目的设计应以推动该使命的履行为目的。换言之，应以该机构的基本教育使命为依据，尽可能合理地设计评估项目的每一个重要细节。

第二，对于已有的评估实践，应依据相应的教育目标详细审查；对于那些看起来并不有助于完成教育使命的评估实践，应予以修正或删除。

第三，教职人员、管理人员以及其他参与评估活动的人员应知道他们参与评估活动的目的，知道如何运用评估成效来改善教育政策和实践。达到这一目的需要时间，也涉及本书将要讨论的一些问题和主题。

第四，在理想状态下，负责评估项目设计和运行的人员应是技术与能力双优者，而传统的教育学、心理学或社会科学博士通常不能达到这一要求。（从某种程度上说，本书就是一种有关上述技术与能力的"课程大纲"。）

本书不仅讨论评估，而且讨论如何在教育和社会科学中开展应用研究。本书包含研究方法（尤其是第六章和附录）的主要内容，这是因为有效的评估活动是建立在良好的研究基础上的，而这种研究的最终目的是帮助我们在管理教育项目和机构时做出更好的选择和决策。评估和评价的设计应以改善决策为目标，决策又必定涉及因果推论（"我们选择方案 A 而不是方案 B 或方案 C，是因为方案 A 具有更好的教学效果"）。因此，如果评估成效能揭示教育活动与教育成果之间的因果关系，这样的评价活动就是最有意义的。这里主要有两个问题：不同的教育政策和实践会带来不同的教育效果，那么我们如何从评估成效中获知它们的相互关系？评估成效又有多大的可信度？本书所推荐的研究方法（即输入-环境-成效模型，英文为 input-environment-outcome model，简称 I-E-O 模型）在获取评估成效时，能够最大限度地阐释不同教育实践与教育成效之间的因果关系，也能降低错误的因果推论产生的机率。

社会科学研究和教育研究方法论方面的专家可能对我们频繁提及的因果推论或教育项目的"效果"有所质疑。同我们俩一样，他们大多数人在研究生期间接受训练时，都被告知真实的实验要优于相关性研究。经常有人告诫我们："你无法从相关数据中得出因果推论。"然而，多年的研究经验使我们认识到这些善意的建议是完全错误的：实践并不是万能的。这一方面是因为，真实的实验方法很难，甚至不可能在真实的教育情境下实施；另一方面，实验在解决一些推论问题的同时，也会带来相同数量的推论问题（参见第二章）。我们虽然不能基于相关数据证实因果推论，但一定可以依据这些数据进行因果推论，这也是人们的一贯做法。事实上，对于大多数教师和管理人员来说，他们在一个工作日往往需要依据相关性数据做出几十项因果推论，更常见的是，这些因果推论是在根本没有数据的情况下做出的。对于研究人员和相关实践人员而言，他们所面临的真正挑战是如何使用评估，以最大限度地减少因果推论出错的机率。这是本书第二章、第六章及附录提到的方法论想要达到的目标。我们并不认为本书推荐的评估方法是获知教育实践与教育成效之间关系的唯一的或最佳的方法，但我们确信，相对于当前许多教育机构所采取的评估方法以及许多评估专家所推荐的评估方法而言，遵循上述评估过程能够实质性地改善大多数教育机构的评估活动。

在本书中，我们有意识地将个人观察和经验与技术手册上的解决办法结合起来。在技术内容方面，如怎样测量不同变量（参见第三章、第四章和第五章），怎样建立数据库（参见第八章），以及怎样分析评估数据（参见第六章及附录），我们并没有面面俱到，而是有选择性地呈现那些我们认为开展评估活动应该具备的基础知识或者在现有文献中无法找到的知识。我们尽可能在本书中列出所有的参考文献，以便引导读者在其他文献或著作中寻找本书省略的内容。

在本书的个性化特征方面，读者必定会注意到我们俩的早期教育经历对本书内容的影响。音乐是我们早期教育经历的重要部分，因而我们倾向于运用表演艺术理论指导评估并提升评估成效（参见第七章），通过将评估与钢琴课（参见第九章）类比，来帮助读者理解优质课堂评估的基本原则。我们在研究生时期接受的定量研究方法培训主要体现在如何分析评估数据（参见第六章及附录）方面。阿斯丁早年曾担任临床心理顾问，这一经历不仅体现于贯穿全书的评估发展（纵向）观，同时体现在对于提高教育机构质量或优质教育的人才培养方法的偏好中。除此之外，安东尼奥的工程学培训经历也在本书前面的评估研究实践方法中有所体现。

许多人对本书的编写做出了重要贡献。首先，我们要感谢成千上万的大学生们，他们这些年来参与新生以及后续阶段的调查，为我们提供了评估数据。其次，感谢研究生和大学教师们，他们使我们对评估的认识更为清晰。

我们还要感谢增值联合项目（Value-Added Consortium），该项目在本书撰写过程中具有举足轻重的地位。这一项目于20世纪80年代后期启动，历时3年，由美国高等教育改进基金会（Fund for the Improvement of Post-secondary Education，FIPSE）资助（参见第八章）。这一计划最先由彼得·阿姆斯科特和威拉德·恩提曼提出。此后，雷纳·阿斯丁、马尔萨·雷曼恩、东恩·斯图瓦特、马尔萨·丘尔基、扎克·基斯勒、杰伊·迪瓦恩和东尼·佩恩那执行了此计划。我们尤其要感谢以下三位顾问提供的帮助，他们是特鲁迪·班塔、彼得·尤厄尔以及查理斯·麦克莱恩，他们都极大地促进了我们对评估的理解。玛丽安·雅克比和弗兰克·阿亚拉是这个计划的职员，他们的参与使整个计划更有价值。

在第一版中，彼得·尤厄尔和戴维达·德鲁为初稿提供了许多有用的建议，安·玛丽伊·努涅斯也为本书的修订提供了同样富有建设性的建议。最后，我们要感谢参与我们课程的数百名学生，多年来他们持续不断的兴趣和极富建设性的探索也促使了这一版本的面世。

亚历山大·W. 阿斯丁
安东尼·安东尼奥

目录

第一章　评估的思想与逻辑 / 001

第二章　评估的概念模型 / 016

第三章　评估成效 / 035

第四章　评估学生输入 / 058

第五章　环境评估 / 074

第六章　评估数据的分析 / 087

第七章　评估成效的使用 / 120

第八章　数据库建设 / 141

第九章　评估是对学习者的直接反馈 / 170

第十章　评估与公平 / 185

第十一章　评估与公共政策 / 204

第十二章　评估的未来 / 218

附录　纵向数据的统计分析 / 240

注释 / 292

主要参考文献 / 297

第一章

评估的思想与逻辑

美国高等教育机构喜欢评估，这是其特点之一。学术圈里的每个人基本上每天都在接受评估，同时每个人也在评估他人。毫无疑问，学生们会接受大量的评估，首先是招生办公室的评估，其次是教师们在课程教学中实施的评估，主管部门所实施的评估也呈现日益增多的趋势。同时，学生也积极参与各项评估工作，包括在高等教育机构中广泛使用的课程结束性评估以及基于网络对教师开展的各种形式的评估。当涉及聘请新教师、教师任职或者晋升时，教师们会互相进行最详细、最严格的评估。管理人员也会评估教师，并且在许多机构中，他们在教师人事决策中拥有最终决定权。管理人员也会定期相互评估，有时教师和代理人员也会评估管理人员。最后，来自其他机构的教师和管理人员组成外部认证团队，定期对某一机构进行非常详细的评估。

我们为什么要做这些评估？这些评估又能取得怎样的效果呢？诚然，有些评估的确具有一定的作用，但我们认为美国高等教育中的评估还有改进的空间。我们的评估工作之所以不完善，其部分原因是我们不明确评估的目的。另一部分原因是我们在进行评估工作时，过于循规蹈矩，这或者是为了方便，或者是为了实现无关的目标，或者是仅与我们高等教育机构的一些外围教育教学目标相关。基于此，本书对高等教育评估实践进行了详尽的考察，并给出了提升和改进评估活动的具体方法。本书的大部分内容与学生评估相关。这是因为当前的评估活动主要以学生为中心，并且我们的教师、管理人员和机构评估的有效性在一定程度上取决于我们如何有效地评估学生。

从某种程度上来说，当前学生评估实践的不足使得美国高等教育呈现出两种趋势。本书的第一版指出，国家高等教育研究报告（Study Group on the Conditions of Excellence in American Higher Education，1984；Association of American Colleges，1985）对当时的评估实践进行了严肃批评。同时，越来越多的机构正在大幅修改其学生评估活动（Paskow，1988）。这些趋势在之后20年里更为明显。自2000年开始，国家公共政策和高等教育中心（National Center for Public Policy and Higher Education，NCPPHE）每两年发布一次高等教育绩效测量成效分数，认为50个州均严重缺乏学生学习方面的评估。几年后，另一份国家报告也提出了类似的批评。斯佩林斯未来高等教育报告（Spellings Reports on the Future of Higher Education）（U. S. Department of Education，2006）批评高等教育中学生的学习能力表现差强人意，并呼吁高等教育机构响应公共责任，开展更为完备的评估。

此外，区域认证协会以及联邦政府和州决策者对改进高等教育成效评估和问责制越来越感兴趣，这在本书第一版中也曾有所提及（Ewell & Boyer，1988）。为了回应《测量报告》（*Measuring Up*）和《拼写报告》（*Spelling Report*），许多州已经实施或正在制定针对学生学习评估的问责制度（Zis, Boeke & Ewell, 2010）。此外，联邦政府正在施加压力，要求这些机构及协会做出改变，减少关于机构中学生学习过程描述的比例，更多地关注实际学习成效本身的记录（Ewell，2010）。其中一家认证机构，即西部高校协会，正在推进这种以学习成效评估为导向的认证理念。然而，在许多重要层面上，这些政策趋势难以弥补传统评估程序的缺陷。在某些情况下，它们可能会使事情变得更糟（参见第十一章）。全国范围内对成效导向评估和问责机制的关注，为批判性地考察高等教育评估，并考虑如何使这一潜在的有力工具有利于学生、教师和机构提供了的一个机遇。

评估手段以及评价

本书认为，评估是收集有关学生、员工和高等教育机构运作情况等相关信息的过程。信息可以是数字形式，也可以是其他形式，但收集信息的基本目的是改善机构及其人员的运作模式。我们使用运作（functioning）这一概念来指代学院或大学的一般性社会功能（即促进学生学习、发展、开拓知识领域，并为社区和社会做出贡献）。

通常，"评估"一词可以指两种不同的活动：一是仅收集信息（即测量）；二是使用该信息进行机构和个人行为评价。我们认为，信息收集与信息使用之间存在本质区别，但是当人们谈论高等教育评估时，这种区别往往模糊不清。当然，评估与动机以及价值观演绎息息相关。例如，当我们进行大学课程考试（测量）时，其成效的使用和评估方式多种多样。许多在学术圈承担教学任务的人进行课程考试的主要目的是记录保存。由于机构要求我们给出分数，我们让学生参加考试，并在此基础上给出学生的成绩。在这些情况下，教师只是在测量而不是评估，因为评估是由其他人完成的（如教务人员据此决定学生是否仍在试读期或可以获得荣誉，学生据此判断自己的学业进展情况，雇主、学校根据大学成绩单决定是否录用或录取学生）。

在其他情况下，我们的教师可能确实有兴趣评估由考试产生的信息。我们可能想要评估教学工作的有效性，或者决定给予我们的学生什么样的书面或口头反馈，以促进他们对于课程材料的学习。学生可能有兴趣以同样的理由来评价他们自己的测试成效（例如，了解他们的优点和缺点，以促进他们自身更高效地学习）。

几乎所有的高等教育评估活动的测量和评估都可以进行类似的区分：入学考试、分班考试、毕业考试、教职员工评估和机构认证。由于评估和评价是密不可分的，所以我们认为高等教育中的评估政策和实践应充分考虑评估的用途，在这种评估里，人们可能使用任何测量标准。

高等教育的目标和价值观

本书的基本前提是，机构的评估实践是其价值观的反映。换句话说，一个机构的价值观可以反映在其收集和关注的有关信息中。第二个也许是更为基本的前提：评估实践应该进一步实现我们高等教育机构的基本目标和宗旨。我们可以将这两个前提分别视为高等教育评估的现状和发展目标。

那么，高等教育的目标或目的又是什么呢？尽管美国的高等教育机构类型多样，我们大多数人都认为这些机构有三个基本目标：教育、研究、公共（或社区）服务。我们喜欢将这些称为高等教育的社会目标。因为正是出于这些目标，大约有4500个机构首先被创建，然后得到了社会和公众的持续支持。确实，私人机构有许多其他目标和宗旨，如扩张、达到优秀水平或仅仅为了生存，但教育、研究和公共服务仍然是其存在的根本原因。

虽然不同类型的机构对这三个目标侧重点不同，例如，重点大学更加重视研究；社区学院更加重视为社区服务，但所有类型的机构均致力于教育这一目标。实际上，我们将高等教育机构称为教育机构，就意味我们的共同的责任是教育学生。同样值得注意的是，目前关于高等教育评估和改革的争论主要集中在教育过程上。研究型大学强调研究而忽视本科教育，或通过采用具有高度选择性的招生政策来降低学生的公共服务使命，它们因此而受到批评。这些政策剥夺了少数群体的教育机会。社区学院因强调资金和入学人数增长等因素而非高质量的教学和学习而受到批评。类似地，公众对使用更多能力测试或成效评估所施加的压力反映了人们对学生在高等教育机构中实际学习效果的担忧。最近的一项研究，即《学术上的漂流：大学校园的有限学习》（*Academically Adrift: Limited Learning on College Campuses*）（Arum & Roksa, 2011），很大程度上解释了这种担忧，这引起了公众的极大兴趣。

虽然我们认为高等教育机构的三个基本目标，即基本职能，经常处于相互竞争的关系，但它们有许多方式可以互补，甚至可以相互促进。因此，有效的教育和研究显然是公共服务的重要形式。对教学、学习和教育过程进行研究也无疑是提高教学水平的一种方法。同时，高效的教学显然可以促进更多技术研究人员的发展。

由于目前大多数针对高等教育评估的研究都与学生的评估有关，因此本书的大部分内容都涉及与教学过程相关的评估。具体来说，我们认为评估学生的基本目的是促进他们的发展。另一种说法是，要完成学生的评估，首先要努力履行的是高等教育机构的教育使命。

本着同样的精神，我们认为，关于高等教育机构教师的评估应当提高他们的工作水平，因为他们是学生的教师和导师，同时他们对知识进步做出了贡献。同样，我们也可以这样表述：针对教师的评估能强化该机构的教学和研究功能。

关于高等教育评估的合理运行的这些主张，至少从表面上看起来是直截了当的、合理的，甚至不证自明的。但问题是，今天的大多数评估实践都不符合高等教育的基本目的，有些做法甚至会阻碍这些目的的实现。我们是如何到这一境地的？我们又能做些什么呢？

评估和优质教育

大多数高等教育机构的教师或管理人员都同意这一观点，即我们致力于促进所在的机构开展优质的教育活动。如果要求进一步对此进行说明，我们大多数人都会这样表述："卓越"是指优质的教学和出色的研究（通常不会提及高等教育的第三个基本目标——公共服务，特别是在学制为四年的院校。但在本书的讨论中，我们可以假定，如果该机构能够提供优质的教学和出色的研究，它也能为社区提供优质服务）。目前看来，这一切都发展得很顺利。我们致力于追求卓越，追求优质的教学活动和出色的研究活动。

到目前为止，我们纯粹还是在话语层面讨论"卓越"这一概念。在这一层面上，我们的工作也的确在服务于我们建立机构的初衷。然而，我们都知道，行动胜于雄辩。也正是在我们采取实际行动追求卓越的过程中，困难才开始出现。当然，评估是我们解读"卓越"，制定如何达到"卓越"水平的工具之一。

传统的卓越观

高等教育中,哪些特定政策和实践可以作为依据来证明评估可以促进卓越呢?高等教育中真正重要的是什么?高等教育应该重视的是什么?其目标又是什么?高等教育要注意什么?如何分配高等教育中宝贵的资源?换句话说,指引我们为实现卓越而努力的价值观是什么?尽管这些问题现在可能有许多解决方案,但在20世纪下半叶,只有两种卓越观指导着我们所做的大部分工作。为简单起见,我们可以将它们分别称作资源卓越观和声誉卓越观(Astin,1985a)。特别值得注意的是,这两种观点隐含在政策和实践中,很少被明确提出。问题是,在资源和声誉上追求卓越这一行为仅与高等教育更基本的社会目的,尤其是教育职能具有微乎其微的相关性。

资源卓越观基于这样一种观点,即卓越主要取决于拥有大量资源,拥有的资源越多,教育机构就越卓越。能够使教育机构变得卓越的资源有三种:资金、高质量的教师、高质量的学生。资金可以通过以下方面来衡量:从公共及私人资源中获得的捐赠与收益,实际花费的金额以及金钱可以购买的东西(如图书馆、实验室、电厂机械设备,以及教职员工和学生)。高质量的教师有几种不同的定义,例如,这些定义可能和他们所拥有的最高学位或接受教育的学校的声誉相关(见下文),而质量超群的教师(即最受追捧且薪水最高的人)几乎总是以其研究和著作而闻名。高质量的学生是指那些在高中获得高分并在大学入学考试中获得高分的学生。

声誉卓越观基于这样一种观念,即最顶尖的机构是享有最佳学术声誉的机构。在美国高等教育界,近年来一直有一种说法,无形地将教育机构按一种金字塔形的等级制顺序排列。哈佛大学、耶鲁大学、伯克利音乐学院和斯坦福大学等几所享有盛誉的教育机构位于金字塔的顶端,而底端则是大多数两年制学院和众多小型的四年制大学,这些学院和大学在当地之外基本上没有知名度。我们将这种金字塔结构称为民间说法,主要是因为它是我们信仰体系的一部分,而不是通过系统的研究和分析而独立建立的理论。我们可能会通过声誉问卷调查确定教育机构在金字塔中的位置,要求人们对学院和大学的卓越水平或质量进行评级(Astin, Solmon, 1981; Solmon, Astin, 1981)。那么,在声誉观下,教育机构的卓越性取决于其在这种声誉等级或金字塔中的位置。

《美国新闻与世界报道》(*U. S. News and World Report*)每年发布备受欢迎的教育机构排名。这个排名非常重视衡量各机构的资源(如学生的入学考试成绩）和声誉，这些都是依据学术问卷调查确定的。这两种传统卓越观的一个重要特征是它们产生的机构排名相似。也就是说，在声誉等级中占据最高位置的机构往往也是拥有最多资金、最具声望的教职员工和表现出色的学生等资源的机构（Astin，1985a）。我们在考查后可以发现，两者的紧密联系其实不足为奇：拥有大量资源有助于提高机构的声誉，而拥有杰出的声誉可以吸引资金、有声望的教师和聪明的学生。简而言之，声誉和资源往往是相辅相成的。

人才发展卓越观

多年来，阿斯丁一直对这些传统的卓越观持批评态度（Astin，1985a），主要是因为它们没有直接实现教育机构的基本目标（即教育学生和传授知识）。为了将教育机构的精力更直接地集中在这些根本使命上，他建议采用另一种方法，即人才发展卓越观。在人才发展卓越观看来，卓越取决于我们最大限度地开发学生和教职工潜能的能力。这一观念的根本前提是，真正的卓越在于教育机构能够对其师生产生积极的影响、增强他们的智力和促进学术发展，并为他们的生活带来积极影响。就优质教育而言，在这种观点下，最卓越的教育机构就是对学生的知识和个人发展产生最大影响的机构，经济学家称之为最大增值。

卓越与评估

不同的卓越观意味着不同的评估活动。例如，如果基于资源卓越观和声誉卓越观，我们倾向于将学生评估活动的重点放在才入学的新生身上，因为资源和声誉方面的卓越取决于学校能否录取到获得最高成绩和考试分数的学生。另一方面，如果我们认为卓越体现为学生教育效果的优劣，也就是说，如果我们采用基于人才培养的卓越观，我们将更倾向于评估学生随着时间产生的变化、进步或成长。那么，在人才发展卓越观看来，卓越取决于学生的质量、数量及教师的学习与发展。这基本上也是最近几次大规模纵向研究中所采用的方法（Arum & Roksa，2011；Astin，1993）。

如果我们审视一下最吸引大学教职人员和管理人员的评估，会发现其中大多数评估都与声誉卓越观和资源卓越观相契合，例如入学新生的平均考试成绩和平均绩点（GPAS）、声誉民意测验排名、教师的薪水、校外研究经费、捐赠规模、年度捐赠金额、国家财政拨款年收入以及招生规模（对于大多数机构而言，这会直接转化为收入）。

由于大学教职人员和管理人员对与教育或人才培养使命有关的评估缺乏兴趣，公职人员对成效评估更感兴趣，并希望这些机构能够承担更大的责任。不幸的是，大多数在州一级提出或尝试过的补救性评估措施被接受的程度都不理想，实际上可能弊大于利。（本书将在第十一章对这种州级评估活动的利弊进行详细的讨论。）

这种对高等教育中传统的卓越观的简短批评并非意味着资源和声誉不重要。机构需要资源来运作，也需要声誉来吸引学生和资源。这里要讨论的是，是否要将丰富的资源和良好的声誉本身视作主要目的，而不是将其作为实现卓越教育目标（即人才发展）的手段。然而研究表明，一所大学能够实现的学生才能发展的质量和数量与其资源水平或声誉之间的关系，即便存在也很微弱（Astin，1968b，1977，1993；Bowen，1980，1981）。这一发现表明，那些拥有最多资源的机构并不一定会利用其额外资源来改善人才培养过程。尽管如此，这里应该指出的是，最近的一些证据表明，如果我们仅通过标准化测试来衡量学生的成长情况，我们会发现，能够进入享有声望且资源丰富机构的学生具有更好的表现（Arum & Roksa，2011；Astin，1993）。

总之，我们讨论不同的卓越观的主要目的，是说明传统观念中对高等教育机构的卓越性或质量概念中的价值观与我们教育和研究的基本社会使命并不一定是一致的。尽管还有其他与传统的卓越观相关的问题（见第十章）（Astin，1985a），但我们最关注的是坚持这些观点会对我们的评估活动产生怎样的影响。下面我们来看看已产生的一些影响。

我们为什么评估

为什么要测试学生并为其评分？教师绩效评估的目的是什么？对于许多评估来说，这个问题主要包含两个层面的含义：评估活动的直接目的和潜在价值。例如，有人可能会争辩说，我们要求申请入学的学生参加招生考试，以帮助我们选择学生（即直接目的），或提高机构的卓越性（即潜在价值）。任何给定的评估活动也可以存在多个目的和多种价值。但是我们讨论的重点主要是价值观，尤其是对卓越的不同看法，这些价值观支撑着我们在高等教育中的主要评估活动。

高等教育机构中至少有四种不同的活动涉及对学生的评估：招生、学生指导和课程设置、课堂评估，以及认证与证明。我们在各种活动中采取哪种类型的评估？它们支持哪些价值观和卓越观呢？我们不妨从招生开始讨论。

招生

许多在高校工作的人往往会忘记我们应对中学的许多评估活动负责。这些活动包括产生班级排名和平均绩点的评分系统，以及每年有200多万名中学生参加的多场大型考试。其中，规模最大的考试当然是针对十一年级（相当于中国的高二）学生的学业能力倾向初步测验（PSAT）、针对十二年级（相当于中国的高三）学生的学业能力倾向测验（SAT）以及美国大学入学考试（ACT）。

这些考试的成绩、学生的平均绩点和班级排名是各高校录取学生的参考（即学生分数越高，被录取的机会就越多）。尽管许多大学的录取决定也考虑了其他因素，但使用平均绩点和考试成绩的直接目的是尽可能招收平均绩点高和考试成绩优秀的学生。

依赖这些评估进行招生的直接成效是加剧了教育机构之间的竞争。各高校抢夺高分学生的竞争相当激烈。如今，许多大学都采用丰厚的奖学金、个性化直邮以及其他各种复杂而昂贵的营销手段来吸引这类学生。国家奖学金计划每年利用学业能力倾向初步测验筛选大约100万名候选人，也鼓励高校每年赞助一些优秀学者。高分学生如果同意进入其中一所提供赞助的大学，他被提名为优秀学者的机会将大大增加，有时甚至可以得到相关承诺。

是什么促使高校以这种方式使用入学评估呢？为什么高分学生比其他学生受到更多青睐？尽管此类问题的答案有很多（见下文），但是任何在学术界工作了很长时间的人都会告诉你有选择性的招生能够带来卓越的学术成就。机构选择学生的要求越高，就意味着该机构越优秀。的确，许多大学教师和管理人员通常将入学新生的高中平均绩点或入学考试平均成绩作为机构质量或卓越水平的晴雨表。分数上升，则机构质量在提高；分数下降，则机构质量在下降。

为什么这个指数受到如此密切的关注和高度重视呢？高分学生受重视至少有两方面的原因。一方面，人们相信拥有聪明的学生对教育机构有利。这也就是质量的资源概念，即教育机构通过拥有大量资源（此处指聪明的学生）来提升质量。其拥有的聪明学生越多，质量就越高。

另一方面，优秀的学生团体是质量的体现，也符合潜在的市场规律：

"如果有这么多聪明的学生想来这里,这说明我们的机构一定很不错。"这也就是声誉观的体现。我们根据他人(此处是有前途的学生)对我们机构的看法来评估教育机构的卓越性或质量。在美国新闻中盛行的大学排名中,这两个概念都很容易得到贯彻实施(在我们看来,这很不幸)。选择学生的要求高意味着机构排名靠前,学术卓越。

尽管有许多高校没有实行选择性招生的条件(尤其是社区学院和其他"公开招生"的公共机构),但几乎所有教育机构都重视学习能力强的学生,而不会去特意寻找或偏爱那些缺乏准备的学生。研究生院和专业学校的录取评估与本科生的录取评估模式大致相同。的确,正如本科院校决定了中学的大部分评估方式一样,研究生院和专业学校也决定了本科的大部分评估。本科学院和大学会为课程成绩打分,并计算本科生的平均绩点,部分原因是因为研究生院和专业学校招生时需要这些成绩。

同时,研究生院和专业学校在做出招生决定时,会使用各种国家标准化考试,如各种研究生成绩考试(GRE)、医学院入学考试(MCAT)、法学院能力测验(LSAT)以及研究生管理才能测试(GMAT)等诸如此类的考试。这些考试成绩和本科生的平均绩点的使用方式与本科招生大致相同,其原因也一致。

简而言之,对招生过程的讨论表明,在招生过程中,学生评估主要用于促进卓越的资源观和声誉观。在结束招生这一话题之前,我们需要指出,对选择性招生进行合理化处理,以促进人才的培养,这是有可能的,尽管这样的观点不太可能是选择性招生的真正原因。我们将在第十章对其进行更深入的讨论。

学生指导和课程设置

第二类主要的学生评估活动是学生指导和课程设置。与其他评估活动相比,这类评估的基本目的应该是改善教学进程(即促进人才培养)。教育机构通过各种国家级测试和地方测试为学生安排合适的课程,帮助他们选择课程、专业,做出职业规划。由于此类评估旨在改善人才培养进程,我们将在第六章中对其进行更详细的讨论。

课堂评估

评估活动的第三个主要领域是大学课程,涉及三种主要的评估形式:课程考试、课程项目评估(即作业、学期论文等)和课程成绩。

一些教育工作者认为，仅通过使用这些课堂评估就可以激励学生学习，进而推进人才发展进程。由于我们在第九章中将讨论评估的潜在激励价值，此处我们将关注评估信息的使用，这些信息是由不同的课堂评估程序所产生的。评估课堂项目、进行课堂考试的主要目的是为学生评分。因此，各种形式的课堂评估都可以用于并且已经常用于产生课程成绩。这些成绩又成为每个学生的总平均绩点的一部分。当然，平均绩点存在的主要原因是雇主、研究生院和专业学校的招生部门需要以此为依据来决定是否录取申请人。

大多数研究生院和职业培训学校与本科院校一样，依据平均绩点辨别"最优秀的"学生，因此课堂评分经常用于支持资源卓越观和声誉卓越观。正如平均绩点高可以作为授予学生各种类型的学术荣誉的依据，平均绩点低也可以作为开除学生或将他们留校察看的依据。高平均绩点的学生可以参加特殊荣誉课程，低平均绩点可以作为学生是否需要特殊帮助的指标。平均绩点的最后这两个用途似乎是其唯一真正的教育功能的体现。实际上，平均绩点的其他所有用途都是行政用途（例如决定对学生是否留校察看、停学、给予课程学分、毕业或授予荣誉）或用于甄选学生（由雇主、研究生院和专业学校执行）。有趣的是，平均绩点基本没有告诉我们学生实际的知识水平或者真正的能力，而是相对性的或规范性的度量。也就是说，课程成绩中包含的主要信息是该学生相对于其他学生的表现。因此，"最优秀的"学生成绩为 A，而"最差的"学生成绩为 C 或更低。这种相对的质量评定方式通过基于曲线的评定方式得到加强。这种方式尝试为 A、B 和 C 这些等级赋予一定的数值，而不用考查整个班级的表现如何。

除了相对质量，课程成绩也在一定程度上反映了学生在课程中实际学到的东西。哈里斯（Harris，1970）通过课程前后的测试来研究课程成绩与实际学习之间的关系。他发现成绩不及格或几乎不及格的学生的考试成绩增幅与成绩好的学生的成绩增幅相当。换句话说，课程成绩并不能真正反映学生的学习量。简而言之，课程成绩似乎无法衡量学生在一门课程中实际上学到了多少知识。相反，它们告诉我们的是学生在特定时间点的表现相对于其他学生而言是否良好。

许多教师开展课程考试和课程项目评估的主要目的是评分，他们阅读测试成效或检查班级项目，然后简单地给出成绩。这样的做法似乎对人才培养过程没有多大贡献。当然，分级课程考试和课堂项目是可以用来促进人才培养的。在这种情况下，教师提供的反馈的性质通常远远超出了成绩评定（参见第九章）。对考试成绩或班级项目的评估需要对学生学习特定方面的具体反馈。

不幸的是，在这种情况下，大多数此类评估仅在课程结束后才进行，而此时学生可能已经失去从反馈中受益的动力，而是在期待假期或下一学期。显然，在学期中途进行项目评估或考试可能最有益处。这时向学生提供的反馈意见更有可能使学生在学习过程中受益，因为学生仍在尝试掌握课程知识。

认证与证明

我们已经分析了最可能得到广泛使用的认证技术、班级成绩和平均绩点。如果学生的平均绩点高于某一特定最低水平，他们就能获得学位。但是在高等教育中，还可以采取其他学生评估方法作为颁发证书和认证的依据。例如，进入本科院校的新生在初次参加一些入门级课程考试时顺利通过，他们在高中阶段在各种类型的标准化考试中也获得了相对较高的分数。最广泛使用的入门级课程考试是由大学入学考试委员会管理的高级进阶（Advanced Placement，AP）测试。首次进入大学的全日制新生中有60%的人至少参加了一次高级进阶测试（Pryor et al，2009）。自20世纪80年代后期以来，这一比例已增长了50%（Astin et al，1989）。只要学生能够在这些考试中达到一定分数，大多数大学将根据考试分数来为他们授予课程学分。

考试认证还有许多其他形式。以认证为目的的评估常见于医学、法律、会计、护理和学校教学等行业的专业认证。这些考试通常是由专业协会或州机构而非高等教育机构举行的，此处不再赘述。但是，以学术认证为目的的考试还广泛用于其他目的。最常见的是获得本科学位所需的基本技能或能力测验。佛罗里达州和南达科他州的教育机构需要这种专业证明，佐治亚州要求学生掌握与佐治亚州和美国有关的历史与宪法知识。类似地，许多社区学院都将美国大学入学考试的大学学术能力评估（Collegiate Assessment of Academic Proficiency，CAAP）作为其准学士学位课程的结业考试。

评估教师表现

大部分针对大学教师的评估的目的与对学生评估的目的相似（即支持资源卓越观和声誉卓越观，以及某些行政行为）。因此，教育机构经常根据候选教师是否能提高机构声誉来评估教师，或根据候选教师可能吸引到的研究补助金或顶尖学生等资源的数量来评估他们。在许多研究型大学中，校方在审查过程中基本不会考虑准教师为人才发展做出贡献的能力（即教学能力和对学生的使命感），即便考虑，比重也很低。

评估在职教师的方法与此相差不大。尽管校方在审查时会考虑教师培养学生才能的能力（如在学生课程评估以及最近出现的课堂观察中反映出的能力），但研究能力和国内知名度（或潜在的此类能力和知名度）通常会在聘用决策以及有关任期和晋升的决定中更受重视。除了一些大学在终身任职审查之前提前几年开展的终身任期审查之外，几乎所有对教职工或准教职工的评估设计都不是为了发展教职工的才能，而是服务于其他目的。

总　　结

上述对学生评估的简要回顾说明，学术界正在开展的许多评估（尤其是使用课堂成绩和标准化测试来录取本科生和研究生）主要是为了支撑教育机构的资源卓越观和声誉卓越观。成绩优秀的学生不仅被本科学校、研究生院和职业学院视为宝贵的资源，他们在机构中的存在也被认为是提高机构声誉的一种手段。

在学术界开展的其他学生评估也大多以管理或认证为目的。唯一的以人才发展卓越观为目的的学生评估是结合指导和课程安排的测试。当然，如果反馈信息丰富且及时，来自课堂考试、作业或课程项目的反馈也可以被用来促进人才的发展，但是，如果不作其他用途，这种考试和项目反馈通常只给出课程成绩。

我们对大学教职工和管理人员的评估也可以说是大同小异：它们主要是为声誉卓越观和资源卓越观服务，而不是为了促进人才的发展。以教师的聘用、终身任职和晋升为目的的评估往往过于偏重"质量"，而这些可能会增加该机构的资源并提高其声誉。同样地，管理人员（尤其是执行官员）如果成功扩展了机构的资源并提高了其声誉或形象，他们将获得丰厚的回报。由于针对教师尤其是行政管理人员的评判很少依据他们对人才发展过程做出的贡献，针对教师和行政管理人员绩效的评估也无法提供与人才发展过程直接相关的任何信息。

评估如何促进人才发展

本书的主要目的是说明如何通过评估来促进学生和教职工的能力发展，从而增强高校的教育和研究功能。评估活动基本可以通过两种不同的方式促进学生的能力发展，即对学习者的直接影响和对教育者的间接启发。评估会对学习者产生直接影响，例如，学生因为知道要考试而去学习，或者从测试中获得反馈进而学习知识并提高能力。教师因为知道学生会进行评价而努力提供更高效的指导，他们也可以从此类评价或学生的评估中得到反馈，从而提高教学质量，此时会产生类似的直接影响。我们在第九章中将详细讨论如何将评估作为直接反馈。

当教育者了解到评估的各种教育政策和实践的有效性时，评估可以间接地促进人才发展。有趣的是，如今与评估相关的大多数讨论和辩论都与评估的间接使用有关，而不是直接影响学习者的评估活动。因此，本书的大部分内容（第九章除外）都围绕如何使用评估方法向教育工作者介绍那些最有可能有效提高人才培养水平的教育政策和实践。（此外，评估成效对学生和教师的直接反馈恰好是这些教育实践的一种类型。）

评估成效的主要用途是帮助教师和管理人员做出决策。教育者不断面临可能影响人才发展过程的决策，如教学内容、教学方法、学生基础、指导和建议、课程内容、学生住宿和社交生活，以及如何测试和评估学生的表现。这些决策涉及从不同行动方案中做出选择：是这种要求而不是那种要求，是这种教学方法而不是其他的教学方法。

评估成效在这类决策中具有重要作用，因为它们可以提供不同行动方案可能产生的影响等信息。我们在第二章介绍了一个评估模型，即 I-E-O 模型，该模型展示了如何最有效地将评估信息用于这一目的。我们在第三、四、五章详细介绍了模型的不同方面（即成效、输入和环境），在第六章讨论了分析评估数据的各种方法。（想要获得更多有关数据分析统计方法详细信息的读者可以阅读附录。）另外，我们在第七章讨论了评估成效如何能够启发教学实践，为教学实践提供更多信息。

我们在第八章讨论了与建立学生输入、环境和输出数据综合数据库相关的实际技术和政治问题。

我们在第九章讨论了如何运用评估直接影响学生和教师的学习过程。

我们在第十章回顾了评估被用来限制教育机会的各种形式,并提出了如何使用评估来增加和扩大教育机会。

我们在第十一章讨论了各个州的评估动向,提出了机构可以最大限度地减少此类外部委托评估的负面影响,并以此来改善人才培养过程的方法。

我们在第十二章总结了本书的主要观点,并讨论了美国高等教育评估未来的不同发展方向。

第二章

评估的概念模型

如何通过评估来为大学的教职工和管理人员提供信息，帮助大学提升人才培养能力呢？如果教育者有兴趣运用评估来了解特定的教育实践或计划对学生能力培养的影响，那么仅仅去收集一些成效评估是不够的。不幸的是，许多教育评估都是以这种方式进行的，这使得人们难以了解正被研究的教育问题。

几十年来，我们一直在使用所谓的输入-环境-成效模型（I-E-O模型），并将其作为高等教育评估活动的概念指南。I-E-O模型很简单，但是它为设计评估活动、处理评估与评价中最复杂的问题提供了强有力的框架。在阿斯丁早期作为高等教育研究人员时，这一模型就已逐步形成，因此我们将对它的起源进行简单介绍。

早期教育评估经验

本部分内容由亚历山大·W. 阿斯丁撰写。

我早期的心理学博士教育经历以及在医学领域担任临床和咨询心理学家的工作使我不得不以发展的眼光审视人类的行为；人们会在特定情况下向你求助，而你会努力与他们合作以改善他们的状况。因此患者或服务对象状况改善的程度决定了你提供的治疗是否成功。

因为有些病人初次见面时状况会比其他人差很多，所以不能仅仅根据成效（治疗终止时患者的状况）来判断治疗的效果；相反，必须根据病人病情改善的程度来判断治疗的有效性。

在担任国家优秀学生奖学金委员会（NMSC）的研究助理后，我才开始研究教育。从临床心理学转向教育心理学意味着方向上的重大转变，但是教育方面的问题似乎与精神卫生领域的那些问题一样有趣，并且可能更容易处理。此举也使我有机会与我非常喜欢和钦佩的前导师——心理学家约翰·霍兰德合作。

我在国家优秀学生奖学金委员会的第一个研究项目与博士人才输出率有关。这项研究得到了国家科学基金会的支持，当时该基金会致力于寻找方法鼓励更多本科生攻读研究生，特别是科学领域的研究生。卫斯理大学和芝加哥大学的研究人员（Knapp and Goodrich，1952；Knapp and Greenbaum，1953）发现某些大学比其他大学更有可能培养出能够最终获得研究生奖学金并获得博士学位的毕业生。人才输出率较高的大学也往往比输出率较低的大学拥有更大的图书馆、更小的师生比例以及更多的拥有博士学位的教职工，因此研究人员得出结论：在某种程度上，这些优越的设施和资源是这些大学有更高的生产力的原因。

霍兰德和我注意到优秀学者想去就职的大学往往就是拥有较高人才输出率的大学。这一事实促使我们提出一个相当简单的问题：一所大学的博士人才输出率是否可以通过入学新生的优秀比例得到解释呢？为了检验这种可能性，我们进行了一系列研究，研究表明，就博士人才输出而言，入学新生的优秀程度是目前最重要的决定性因素（Astin，1962，1963）。事实上，当你将才入学的新生纳入考虑范围时，一些所谓的高人才输出率教育机构实际上输出的博士人才很少，而有些人才输出率低的机构实际上从学生投入中获得的人才输出量超过人们的想象。

这些早期研究至关重要，揭示了高等教育评估中的三个基本认识。

第一，无论是根据毕业生获得高级学位的数量，或是校友收入多少，或是其他类似因素来衡量机构或项目的输出，都不能告诉我们机构或项目的输出对人才培养的真实教育影响或效果。相反，必须始终根据输入来评价产出。在美国高等教育系统中的4000所院校中，入学新生的差异很大，根据输入来评估产出对美国高等教育而言是一个特别重要的原则。相反，成效评估必须在输入的基础上进行。考虑到我们的系统中有4000所院校，且这些院校招收的学生差异很大，这对于美国高等教育尤为重要。

第二，类似于博士毕业率等成效指标并不是由单一的学生能力决定的。相反，在我们最早开始研究这一现象时，我们发现学生性别、意向专业等输入变量在决定博士毕业率方面和能力一样重要。

第三，即使我们有良好的纵向输入和学生成效数据，如果没有学校的环境信息，我们对教育过程的理解也仍然是受限的。因此，知道你的学校博士毕业生太多或者太少是一回事，去理解其中的缘由是另外一回事。大学中有什么环境因素会导致毕业生太多或者太少呢？最新的发现说明输入和成效数据自身的用途是有局限性的。我们还需要进一步的信息，包括学生接受教育的环境和体验（如每一个学生所经历的特定的课程、项目、设施、人员以及同伴）。

I-E-O 模型

这些早期研究使我们确信任何教育评估项目都不是完整的，除非它包含有关成效、输入和环境的相关数据（见图 2.1）。成效当然是指我们在教育计划中试图发展的学生才能；输入是指学生最初入学时带入教育计划的那些个人素质（包括学生入学时的才能发展水平）；环境是指学生在教育计划中的实际经历。此处环境信息尤为重要，因为环境包括教育者直接控制的能够培养学生才能的因素。应该强调的是，评估和评价的基本目的是尽可能多地了解如何构建教育环境，以便最大限度地培养学生的能力。

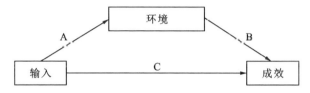

图 2.1　I-E-O 模型

为了用读者更熟悉的术语描述 I-E-O 模型，我们还可以将成效变量称为因变量、标准变量、后测试、输出、条件、目的或内生变量。环境变量和输入变量都是自变量、先行变量或者外在变量。

输入也可以被称为控制变量或预测试。环境变量也可以被称为治疗、手段或教育经验、实践、项目或干预措施。

图 2.1 中的三个箭头（A、B 和 C）描述了三类变量之间的关系。教育中的评估和评价基本上与关系 B 有关，即环境变量对成效变量的影响。然而，正如博士人才输出相关研究表明的那样，如果不考虑输入，我们就无法弄清环境与输出之间的关系。当然，输入可能与输出（箭头 C）和环境（箭头 A）相关。换句话说，学生之间的差异首先会随着时间的流逝表现出一定的一致性，即相关性（箭头 C）；其次，不同类型的学生通常会选择不同的教育环境（箭头 A）。因此，输入与输出、环境都相关，这意味着输入反过来会影响我们观察到的环境与输出之间的关系。

我们可以用一个简单的例子解释这个问题。假设我们担心许多学生在毕业时英语写作技巧还不够熟练，决定了解特定的课程模式是促进抑或是阻碍学生写作才能的发展。因此，我们对所有即将毕业的高年级学生进行英语写作技能测试（成效指标），并比较选择了不同课程模式（不同环境）的学生的平均考试成绩。我们可能会发现，工程学专业的学生测试成绩相对较差，而新闻学专业的学生成绩要好得多。这一发现是否能证实这样一个具有因果关系的结论：工程学专业不利于写作才能的发展，而新闻学专业有助于写作才能的发展？恐怕不能。我们也不能假设在刚进入大学时，新闻学专业的新生已经比工程学专业的新生的写作技巧更高，这是不合理的。如果这样，即使不同的课程模式对写作才能的发展具有相同的影响，我们也期望新闻学专业的学生在写作技能高级测试中的得分比工程学专业的学生更高。

我们设计 I-E-O 模型的基本目的是允许我们测量每个学生的相关输入特征，然后针对这些输入差异的影响进行校正或调整，以便更公正地评估和比较不同环境输出的效果。（有关如何进行调整和解释成效的详细讨论，请参见第六章和附录。）

也许将教育与园艺进行类比有助于我们更好地理解这三种数据的需求。假设我们去一个集市调查一场玫瑰比赛中的不同种类的玫瑰。我们感兴趣的是，有些人的玫瑰比其他人的玫瑰更大、更美或更香，但是这种输出信息本身并不能告诉我们如何成功培育玫瑰。如果我们还输入了每个种植者使用过的种子或插条类型信息，就可以进一步了解玫瑰是如何培育的。但我们是否可以得出结论，即玫瑰品质存在输出差异仅仅是因为它们的种子或插条等输入存在差异呢？显然不能。这里还缺少的是有关玫瑰生长条件的环境数据（例如土壤类型、种植方法、光照、肥料、浇水时间表以及所使用的杀菌剂和杀虫剂）。这些环境因素是考查种植者有效种植玫瑰能力的重点内容。[1]

换句话说，如果您不知道在同一时间段内有哪些力量作用于这些学生，那么仅仅获得一组学生在这一段时间内的输入和成效数据就没有什么价值。

也许将教育与卫生保健进行类比会更好一些。医学研究中一个基本的评估问题是哪种治疗方法（环境）最有效。如果我们试图了解某一所医院治疗患者的最佳方法，可以想象，假如我们只是收集了输出信息，如患者住院时间、是否死亡以及他们离开医院时的状况，那就很难判断治疗方法的效果如何。如果我们在患者入院时也获得有关患者状况的输入（诊断）信息，我们做出的判断或许会合理得多。但是如果没有环境数据，我们的研究仍然会受到极大的阻碍。也就是说，如果我们不知道患者使用的疗法、手术或药物，我们怎么能期待获得更多的如何照顾好患者的知识呢？这相当于在没有环境数据的情况下研究学生的发展情况，这些数据包括他们学习的课程、所住的住所、所学到的知识等。

I-E-O 模型并不神奇，甚至不一定真实。对我们而言，它不过是帮助我们观察感兴趣的现象的便捷方法，是一种尝试了解事物背后原因的工具，是了解在需要改变事物时可以采取哪种行为来使事物变得不同的工具。该模型似乎适用于任何社会科学或行为科学领域，如历史学、人类学、经济学、社会学、心理学或政治学，只要其兴趣是研究人类或人类群体的发展（从输入到输出），以及影响（或可能影响）该发展的因素（环境）。在讨论这个模型时，我们将教育（尤其是高等教育）作为它的应用领域，但我们认为该模型同样能运用在任何其他领域之中。

尽管本书中使用的模型的大多数例证和应用都是定量的（即它们涉及对输入、环境、成效和数据的统计分析的量化），但是该模型的逻辑似乎同样适用于定性问题。与定量研究一样，定性研究通常试图确定某些先行事件或条件（环境）与某些后续事件（成效）之间的因果关系。即使不涉及任何定量数据，我们也建议定性研究人员在理解某个事件（成效）发生的原因时，最好考虑输入和环境可能产生的作用。

在这里，我们以定性评估的最原始形式之一——证言为例。证言是个人的口头陈述，本质上具有因果关系。实际上，证言将特定成效归因于特定环境的影响："教师（环境）确实对我理解微积分（成效）有帮助。"值得注意的是，证言总暗示着环境变量，因为它隐含地认为某些其他环境（例如，没有教师或另一位教师）会产生不同的成效（对微积分的了解较少）。

通常证言还暗示了输入预测条件（例如，学生在遇到教师之前对微积分的了解较少），但是它通常会忽略可能对成效有重要影响的其他输入（例如，学生学习微积分的决心）。

我们应用这一模型想要实现的真正目标是什么呢？首先是高等教育正在努力完成的目标，即促进其学生和教师的教育发展和个人发展，这是我们需要时刻铭记在心的。（为简化这一具体讨论，我们将专注于学生发展，但请记住，实际上以上内容同样适用于教师发展。）总而言之，学生的输入和学生的成绩数据旨在展现学生的发展，即随着时间的推移学生的才能、知识、价值观、理想和自我概念的变化。因为"变化"这一概念在高等教育的目标中占据基础性地位，所以我们需要在不同时间记录学生的状况（记录至少不少于两次，也可能更多），以确定学生实际发生的改变。同时，了解每个学生特殊的环境体验有助于我们弄清楚为何有些学生的成长与其他学生不同。

输入和成效仅指个人在两个不同时间点的状态，环境指的是干预性体验。我们最感兴趣的是那些可以被控制或更改的环境体验，因为正是这些体验为未来成效的改善提供了可能。当然，有些环境体验是无法控制的。我们知道，家庭成员的死亡（环境事件）是导致学生成绩下降的原因，然而如何预防或防止此类事件发生却是另一回事。相比之下，如果我们知道某种特定的教学方法或课程比其他的要好，那么我们更容易将其用于设计教育环境，而这种教育环境将会产生更好的成效。

人类经验中的任何事物本质上都不是输入、输出或环境。我们如何确定这些因素完全取决于我们选择学习哪一方面的经验，以及我们如何设计希望人们回答的问题。要了解其中的原因，我们可以观察一个变量：高中高年级学生在学业能力倾向测验中的分数。我们可能想知道为什么学生在此测试中获得这样的分数，并找到最有效的方法来帮助下一届学生获得更高的分数。在这种情况下，学业能力倾向测验分数很可能成为成效变量。对于可能的环境变量，我们将所有的可能性都考虑在内：参加测试的中学生的类型、所修课程的种类、所接受的教学的质量、是否为学业能力倾向测试选修了预备课程（以及选修了何种课程）、备考方式、同龄人的刺激以及学生所处的家庭环境。显然，对于输入变量，我们需要某种预测试，例如学业能力倾向初步测验或者学业能力倾向测验前的某种特殊测试。如何做出选择将部分取决于环境变量所覆盖的时间段（例如，高中的最后一年、最近两年或其他任何时间段）。我们还需要评估可能影响学业能力倾向测验成绩的其他各种输入变量（例如性别、种族或社会经济状况），尤其那些也可能影响学生所接触的环境的变量。

我们研究学业能力倾向测验可能有不同的目的。也许我们希望评价学业能力倾向测验在大学招生中的作用。从这个特定的角度来看，我们可能会将其视为输入变量，并选择诸如大学平均绩点、在校率或美国研究生入学考试成绩等变量作为成效指标。即使在这种情况下，我们在分析中无疑也要考虑环境变量，例如大学专业和居住地，因为学业能力倾向测验对某些成效的影响可能是由此类变量所导致的。例如，我们已经知道在第一学年期间为新生提供校园宿舍可以提高学生在校率（获得学士学位）（Astin, 1975, 1977, 1982, 1993; Astin and Oseguera, 2005; Chickering, 1974; Pascarella, 1985）。学业能力倾向测验分数高的学生比分数低的学生更有可能住在校园里（Chickering, 1974; Karabel and Astin, 1975），因此，学业能力倾向测验对在校率的影响很可能是间接的，即这实际上是由校园住所以及其他可能的环境变量所导致的。

另一种使用学业能力倾向测验分数的场合是使用它们来构建环境变量。长久以来，人们已经认识到同龄人是影响学生的最重要的环境因素之一

(Astin，1993；Feldman and Newcomb，1969）。我们可以将每个学生的同龄人定义为同一专业的所有学生。如果我们要按专业分别计算学生的学业能力倾向测验平均分数，那么我们可以使用每个专业领域中同龄人的平均能力进行估算。与上述想法不同的是，我们需要将每个学生的室友的学业能力倾向测验分数（如果有多个室友，则使用平均分数）作为环境变量（请参阅第五章）。[2]

比较性评价和控制组概念

一般而言，教育政策制定和教育决策不可避免地涉及各种选择。学生可以决定去上大学，而不是去上班、参军、成为家庭主妇、旅行或待业。学生可以选择大学 A 而不是大学 B 或 C，或者决定住在校园而不是住在家。学生还可以在诸多大学专业中选择其中的一个，或者推迟几年再做选择。最后，学生可以决定如何学习，以及投入多少精力学习。就自身而言，高校需要决定开设哪些课程，雇用哪些教职工，设定什么样的绩效标准。同样，教师需要决定教什么，如何教，如何辅导学生，阅读哪些材料或研究哪些问题，以及如何与同事相处。

有一个道理很简单，但在评估和评价专著中却经常被忽略：所有的教育评价都是比较性的，需要将被评价的东西与其他东西进行比较。通常，这些比较暗含在其中，而不是直接呈现的，并且评价者和决策者通常都没有意识到这种比较的真正含义。

以最原始的教育评估和评价为例，常见的教育评估实践是，在学生到达重要的教育转折点时，对其进行某种标准化的能力测试。多年来，这种测试在中小学一直特别受欢迎，最近在高等教育中也越来越流行。例如，许多社区学院都要求将这样的测试（针对学术能力的学院评估）作为其联合学位项目的入学考试。尽管此类测试的初衷与质量控制的目的一致，即在授予学位或证书之前为人们设立并保持最低的绩效标准，但最终成效证明，许多教育工作者都可能倾向于（例如按机构）汇总此类分数。假设我们正在尝试评价一门特定的课程，并且在学生完成课程时将这种方法用于对学生进行的某种测试之中。与其他任何评价问题一样，我们的最终兴趣是决策：是继续依照原来的方法还是做些修改，是全部修改还是放弃，向他人推荐或不推荐等。通过观察学生在课程结束时的测试成绩，我们对课程提纲、家庭作业、教师、教学方法和课程的有效性进行综合评价。

为便于讨论，假设我们是教师，并且我们进行此评价的目的是确定课程是否需要更改。细心的读者到现在可能已经发现了我们的方法中存在一个缺陷：我们有一个输出量度，但是没有输入量度。如果我们不知道学生在课程开始时的知识能力水平，又怎么知道他们在课程中学到了什么呢？但是，假设我们的经验足够丰富，可以在课程开始时进行预测试（输入测验），这样我们就可以确定从课程开始到结束（输入到输出）学生进步的幅度。

我们不妨进一步假设，我们对学生在某些方面所取得的进步并不满意，并且基于这种判断，我们决定改变课程教学方式。实际上，我们在这里所做的是将当前教学方法（环境 a）下的实际提升与新方法（环境 b）下我们期望发生的提升进行比较。我们从这种隐性的比较评价中得出结论，即新方法的成效会更好。值得注意的是，与旧方法相比较，我们不仅认为那些我们关心的特定成绩能够在新方法下得到改善，而且在新方法下学生成绩的其他方面也不会发生改变（即新环境不会造成任何不良影响）。

如果评估结论认为不需要进行任何更改，我们做出的判断同样是比较性的。实际上，这样的决定是基于这样一种假设，即我们当前的课程教学方法（环境 a）产生的总体成效与我们可能考虑的其他方法（环境 b、c、d 等）所产生的成效一样好，或前者更好。

所有的教育选择，无论是决定做出改变还是维持原样，都涉及比较判断，正如我们刚才所讨论的那样。如果决定做出改变，这意味着新环境产生的成效可能比当前环境产生的成效更好。如果决定不进行任何更改，这说明当前环境等于或优于所有可能的替代环境。

对照组和真实实验

在原理上，此处讨论的比较与被实验科学家称为对照组的方法相似。在实验科学中，我们试图通过同时研究至少一种其他环境状况的影响，以及比较实验成效，来了解特定环境的影响。通常，这两种情况分别被称为实验条件和控制条件。一组受试或实例处于实验条件，另一等效组处于控制条件。这样做的目的，是使得两种环境中除相关变量外各个方面都相同，实验组中该变量不同（在实验术语中，这就是操纵或控制自变量，有时也称为处置）。

通过随机选择或随机匹配，可假定处于两种环境（实验组和对照组）下的人群的初始条件（输入）相同。如果实验组的成效与对照组的成效不同,则实验者有理由认为差异是由相关环境变量引起的,因为两组在其他方面都具有可比性。

我们可以通过一个例子来阐释这种方法。假设我们希望在本科课程中引入一种截然不同的方法来教授英语作文,但是对于新方法是否真的有效,教师内部存在一些争议。因此,我们同意进行实验。我们将从下一学年入学的新生中选出10％的学生作为实验组的人,他们将学习新课程,其余90％的学生将组成对照组。尽管在实际操作中,我们可能希望使用几种不同的度量来比较两组的成效,但让我们暂时假定我们仅使用一种单一成效度量,这一成效度量由英语写作能力测试构成。我们按抽签方式(即随机抽取)选出10％的新生,他们的其余课程及新生经历与其他新生(对照组)相当,那么我们可以说我们做了一个真正的实验。实际上,如果实验组人员的确定是按照抽签决定的,我们甚至不需要进行预测试输入量度,因为我们可以假设,这两个组的学生在刚开始学习课程时,其英语写作的平均技能水平是相当的。[3] 如果两组在作文能力测试(成效测验)中的平均绩效有所不同,那么我们有理由得出结论:两种英语作文教学方法会产生(或引起)不同的成效。

遗憾的是,学术界很少使用在这个假设性范例中采用的方法。通常,更改课程的建议是针对全体学生实施的,或者更常见的是,由于教职工的抵制和质疑,建议根本没有实施。但请注意,这种决定所涉及的逻辑与对照组实验完全一样。当教师决定更改课程时,这无疑表明如果进行了对照实验,成效将倾向于开设新课程。教师决定不采用新课程也涉及类似的推理,但结论不同:他们认为实验成效不会支持开设新课程。

近年来,决策者将随机分配实验称为教育中基于科学的研究和评估的黄金标准,认为非实验性的、不太科学的方法不能成为教育决策的基础(Shavelson and Towne,2002)。尽管经典的对照组实验产生的成效确实可以使人们有把握地进行因果推论,但教育(或其他任何社会科学领域)的对照组实验却产生了许多其他问题。根据我们的经验,这些问题在很大程度上限制了它们的使用。下面我们来看看为什么会这样。

首先,教育中随机实验的根本局限性在于,基本不可能创造出与医学研究评估药物作用时通常所要求的"双盲"条件。所谓"双盲",是指学生不知道他们正在接受哪种实验,而任课教师也不知道他们正在进行哪种实验。

与之密切相关的问题是,当我们将学生随机分配到实验组和对照组进行真正的实验时,我们会创造出一种完全人为的环境,这会误导我们得出的成效。很难（甚至可能不道德）不让学生知道我们将对他们做什么，所以他们通常知道自己是实验的参与者，并且通常知道他们被分配到哪个小组。这肯定会影响实验的成效，遗憾的是，这种影响经常是不可预测的。[4]

我们可以看看它是如何影响刚才描述的课程实验的。一方面，被分配学习新的英语写作课程的学生可能会反感自己被当作实验对象，这种想法反过来可能对他们在课程中想要表现出色的动机产生不利影响。另一方面，他们可能会觉得自己属于精英群体，已经被挑选出来接受特殊待遇，这种反应可能会激励他们更加努力。对照组的学生可能会为自己逃脱了被当作实验对象的命运而感到高兴。或者相反，他们可能会因为无法参与富有创新且令人兴奋的新课程而感到不满。没有人能确定每组学生在得知自己参与实验后所受到的影响，因此人们也无法知道这最终会如何影响他们最后的表现。

从实际角度来看，此处的真正问题不是实验成效会因为学生知道这是实验而受到影响，而是无法在将来重现实验所创造的环境条件。用社会科学用语来说，成效的外部效度很低。假设实验成效明显有利于新的英语写作课程，并且该成效促使教师用新的英语课程代替旧课程。

现在，所有学生都必须选修同一门新课程，同时他们也不再认为自己是实验的一部分。该课程现在只是每个人都必须修读的另一部分核心必修课程。我们如何确定该课程将继续产生相同的有利影响呢？我们怎么知道新课程在实验中所呈现出来的优势不是学生知道他们已经被挑选出来接受特殊待遇而带来的短期效应呢？我们怎么知道对照组表现差不是因为他们没有参与新课程而表现出的冷漠或不满呢？当我们思考实验对教师的影响时，类似的问题也会出现。此处真正的难题是如何在实验中为教师分配任务。经典对照组实验的规则要求我们在以下两种方法中做出选择：通过抽签决定教师教授哪种写作课程，或者让每个教授传统课程的教师同时也教授实验课程。这两种方法都无法让人完全满意，但后者可能比前者更可取，因为如果实验者随后做出决定放弃旧课程并让所有学生都选择新课程，它可以更精确地模拟出成效。再者，教师所处的不同教学条件降低了实验的外部效度，或者降低了人们对在缺乏实验条件的情况的信心。此处讨论的重点是，教育中的对照组实验不是万能的。我们可以从真正的实验中得知很多信息，但是它们不一定比我们现在要谈论的自然实验更好。

自然实验

I-E-O 模型主要是为了自然实验而发展出来的。在此类实验中，我们尝试研究环境条件中自然发生的变化，并通过复杂的多元统计分析来粗略估计真实实验所具有的方法学优势。从某种意义上说，我们尝试通过自然实验研究真实环境而非人为的实验环境。自然实验与真实实验相比，主要有两个优点。首先，自然实验不需要通过建立实验组和对照组，即人为地将学生随机分组以创建真正的实验条件。其次，自然实验可以同时研究许多不同环境变量的影响。自然实验使我们能够比较美国高等教育中存在很大差异、各具特色的教育方法和实践（即不同的环境），寻找这些方法的相同和不同之处，帮助我们了解哪种教育环境和实践最有效，以及它们在何种情况下最有效。

自然实验的主要局限性（而且是一个很突出的局限性）是学生不会被随机分配到各种教育环境中。换句话说，处于某一种环境的学生的输入特征通常不同于处于另一种（比较）环境的学生的输入特征。在某种程度上，有时是学生自己选择环境，而有时则是环境选择学生。输入的不平等意味着，即使不同环境的实际效果是相同的，处于不同环境的学生的成绩表现也几乎都会有所不同。I-E-O模型的主要目的是通过多元分析来控制学生初始输入差异的影响（有关这些程序的详细信息，请参见第六章和附录）。实际上，采用统计手段，具有数据差异的初始输入可以取得与纯对照组实验中采用的随机分配相同的统计效果。所有自然实验中存在的真正问题是：是否已充分控制所有可能有偏差的输入变量？我们在第四章、第六章以及附录提出了一些解决此问题的具体技巧。

我们回到关于英语写作教学新方法的假设性范例上来，如果英语系的一些成员对这种方法感兴趣，他们很可能希望在某些课程中尝试一下，并使用自然的实验设计来评价成效，而不是使用之前描述的经典对照组实验方法。他们可以说服一些使用传统方法进行教学的同事，让他们的班级成为自然的（即非随机的）对照组，或者他们自己也可以使用这两种方法来教授不同的课程。无论由谁来进行教学，从所有班级的学生那里获取输入数据和成效数据都非常重要。输入数据昂然应包括对英语写作能力的预测指标，以及可能影响学生成绩表现的任何其他特征（例如性别、已修英语课程的成绩）。

在结束讨论之前，我们想谈一谈一个社会科学方法论者争论不休的话题：相关性和因果关系。教育和社会科学领域的研究生通常会被告知，只有真正的对照组实验才能让研究人员就环境对成效的影响进行因果推论，并且无法从相关数据中进行因果推论（当然，这指的是无法从自然实验中做出因果推论）。事实上，你可以从相关数据中进行因果推论，并且人们一直在做这样的推论。人们基本上每一天都在做出类似的推论。当我们在不同方案中做出选择时，如早餐吃什么，如何完成一天的工作等，我们每个人都在做因果推论。每个决策无疑都涉及因果推论（假设所选择的替代方案会比被放弃的替代方案产生更好的成效），即使我们几乎从来没有利用纯粹的对照组实验数据来进行选择。

根据相关数据进行因果推论的实质不是这种推论方法不合理或不道德，而是它能最大限度地减少了推论的错误比率。在自然实验中，防止做出无效推论的最佳方法是尽可能控制可能有偏差的输入变量。尽管我们永远不能确定是否已经控制了所有存在偏差的输入变量，但是控制得越多，我们对因果推论就越有把握。

不完全设计

要弄清 I-E-O 模型中这三个因素的重要性，最好的方法可能是考虑当三者中的一个或两个缺失时会发生什么情况。高等教育中的典型评估活动经常会忽略 I-E-O 模型中的因素。因此，我们希望采用在各个大学校园中发生的真实案例来讨论这些不完全设计。以下讨论四种不同的不完全设计：成效评估、环境-成效评估、输入-成效评估和环境评估。

成效评估

在过去几年中，由于问责制和"向成效学习"运动越来越受到欢迎，成效评估可能是所有方法中发展得最快的。这种方法通过设计和使用某种项目结束评估，以确认特定项目的学习目标是否得到实现。该模型通常应用于课程期末考试。除课程管理外，这种考试很少被采用。但是，成效评估越来越多地用于更广泛的环境中，使教师、专业和机构之间的比较成为可能。

大多数教育机构在允许学生学习大学课程之前，要求所有学生必须在数学和书面写作能力等一些基本技能方面达到某个水平。同样，现在一些公共系统要求大学生在获得大专毕业证书或学士学位证书之前，必须在一个或多个领域达到某个标准。一个很好的例子是加利福尼亚州立大学的所有 19 个校区现在都对高年级学生的写作能力进行了规定。在更大的范围内，佛罗里达州的大学学术技能水平（CLAS）计划要求学生在人际交流和数学方面具有一定能力（通过测试或合格的课程修习），以此作为他们进入大三学习的条件。最后，成效评估甚至用于国家级计划或项目。国家教育进展评估（NAEP）定期调研不同教育发展水平下的国家学生样本，以确定他们在各个领域的技能水平。同样，全国性的大学招生考试（学业能力倾向测验和美国大学入学考试）已被用作"年度晴雨表"，以衡量全国中小学系统的有效性。从20世纪60年代至20世纪80年代初期，这些分数急剧下降，为被广泛讨论的教育体系的批评性报告《危机中的国家》（*A Nation at Risk*）（National Commission on Excellence in Education，1983）提供了重要的实证基础。

使用成效评估的主要优势在于，它主要关注成效的定义与测量等基本问题，这些成效与我们所讨论的教育计划的目标相关。对于教师和决策者来说，尝试定义和衡量教育计划的目标的过程是有益的学习体验。但是，这种方法存在一个很大的缺点：其生成的数据极难解释。换句话说，用这种方法生成的数据的含义尚不明确。

成效评估的应用在任何层次上都存在歧义和难以解释的难题。我们不妨从课堂期末考试开始讨论。在没有其他信息的情况下，那些试图通过期末考试评价自己教学的教师无疑会假定正在测试的内容是学生已经学到的知识。在大多数学术领域，这种假设很难成立。例如，在课程开始时，学生对课程主题一无所知，这样的课程是很少的。学生们对课程的了解程度通常有所不同。在课程学习开始之前，有些人对课程的了解比其他人要多。此外，大多数课程的期末考试中出现的内容要远远超出课程知识的范围，这是因为学生的考试成绩还受到写作技巧和推理能力等因素的影响。多年来，我们一直告诉学生，如果一个学生在课程开始时足够聪明，才华横溢，那么即便实际上他在课程中并没有学到很多知识，该学生在期末考试中的表现也可能很好。

另一方面，在期末考试中表现不佳的学生可能实际上在该课程中学到了很多知识，特别是在课程开始时对课程主题一无所知，并且缺乏考试技巧的情况下。也许只有当课程内容高度专业化，学生在学习课程之前不可能对这些内容有所了解时，教师才有理由假设所测试的内容就是学生所学到的内容。我们可以肯定地说，除高技术领域或某些自然科学领域的几门课程外，这种情况很少见。

每当我们将该方法应用于课堂之外的更广泛的领域时，与成效评估应用相关的问题就会更加复杂。以备受赞誉的《危机中的国家》为例。在该报告中，不断下降的大学入学考试分数被认为是判定美国"处于危险之中"的主要依据之一。尽管这些结论确实可以通过数据得到证实，但真正的问题是了解分数下降的原因以及可能采取的措施。在高中也存在这类问题吗？要回答这个问题，我们就必须知道在高中的3～4年中，最近的几届学生的表现有多大幅度的提升，并将成效与20世纪60年代后期进行的类似的纵向评估进行比较。如果这一研究表明问题不在高中，我们将提出其他问题。问题是出现在小学或是初中？或者出现在学前班？当然，要回答这些问题，我们就需要知道学生进入每一级别学校时的输入数据以及成效信息。

即使我们可以根据学校级别将分数下降的层次确定下来，我们仍然会面临更难的问题，即分析分数下降的原因及应对方法。如果我们确实在中学教育中找到了问题所在，那么，是什么原因使得学生中学时期的分数下降呢？针对这个问题，我们不仅要在学生初中入学和毕业时进行输入和成效评估，而且要对不同类型的中学和学校课程进行类似的评估。由于缺乏此类数据，我们需要投入大量精力来推测分数下降的原因。20世纪50年代，人们提出了数十种理论，涵盖课程设计、重要考试中的辐射性影响等方面（Turnbull, 1985；Wirtz, 1977）。发布《危机中的国家》报告的委员会总结认为，分数下降的部分原因是学校课程有所改变，因此其建议大幅增加学生进入中学必须选修的基础学术性课程的数量。

尽管此类课程设置的更改可能确实对考试成绩产生了有益的影响，但已有的测试数据实际上对委员会得出这样的结论基本没有帮助，从长远来看，委员会被迫依靠预测和猜测来提出建议。就我们所知，考试成绩下降并不是由课程变化引起的。我们也许有许多更简便有效的方法来克服分数下降问题。

简而言之，仅基于成效的评估方法存在两个方面的缺陷。首先，由于没有可供成效评估比较的输入信息，我们无法知道学生因教育计划而学到的实际知识的量。其次，由于缺乏学生在不同环境下的表现的相关信息，我们无法从评估数据中判断哪种教育计划和实践可能最有效。

环境-成效评估

环境-成效评估是对成效评估的改进，因为它结合了与环境差异相关的信息，有助于解释学生在成效评估中的表现。但是，这种改进很可能会适得其反，因为它会有助于解释环境影响产生的因果关系，而这些影响其实很有可能并不重要。这种方法的主要局限性是缺乏学生输入表现信息。

有许多使用环境-成效评估的例子。例如，一些机构比较了同一所大学内不同专业或学院之间学生的在校率，可以根据在校率、校友成就等对不同层次的机构进行比较。本章开头讨论的博士输出率研究是使用这种方法的一个例子。

正如我们所展示的那样,环境-成效评估的主要难点在于它不对不同输入进行控制。唯一可以得出的结论是,不同环境之间的输出差异实际上是由环境差异引起的,学生被随机分配到不同的环境中(这与真实实验中的条件相同)。这种警告可能存在一种例外。尽管科目并不是随机分配的,但我们有充分的理由相信进入不同环境的学生的输入特征没有巨大差异。但是,如果没有实际的输入数据,我们通常很难证实这种假设。

也许这种模式的最糟糕的应用是将其用在我们各州的公立学校系统每年进行的成绩测试中。一般情况下,系统中不同学校的学生会进行某种成绩测试,然后根据每个学校的偏好计算平均成绩。因此,每所学校都被视为不同的"环境"。学生平均分最高的学校被认为是最好的学校,而学生得分最低的学校被认为是最差的学校。如果我们有理由相信进入不同学校的学生在入学时具有可比性,那么这种因果结论也许是合理的。但是,众所周知,不同的学校从社会经济背景迥异的地方招收学生,他们的成绩输入水平肯定不同。在这种情况下,即使学校对学生的教育发展具有相同的实际影响,我们也会认为各学校的成效不同。有许多学校的学生可能在此类成绩测试中表现出色,而学校教育工作水平一般,但学生成绩相对较差的一些学校实际上在教育水平上却表现出色。如果没有有关学生的初始成绩水平和家庭背景的输入信息,我们就根本无法知道不同学校的不同教育计划的有效程度。

在美国高等教育界,由于进入各种机构的学生团体具有多样性,这个问题变得更加复杂。在许多教育机构内部,在不同专业的学生之间,走读生与住读生之间,非全日制与全日制学生之间以及受资助学生与未受资助学生之间也可能存在巨大的输入差异。如果没有在入学时就获取关于学生特征的输入信息,我们就无法可靠地评估环境经验(如专业或居住地)的影响。

输入-成效评估

关于大学影响力的原型研究也许涉及在单个机构中对学生进行测试和再测试(Feldman and Newcomb,1969)。一般情况下,学生刚上大学时会完成某类问卷或调查表,然后在一年后、四年后、某些特殊情况下,或毕业很多年后再进行一次问卷调查。我们通过比较学生在入学管理中的输入分数来测试出其变化或增长的程度，随后对这些分数的变化进行解读，我们通常认为所观察到的所有变化都是由学生在教育计划中的经历引起的。换句话说，在此研究中，变化等同于影响。

此类评估研究大多运用了能力测试或其他认知测验，有时也被称为增值评估。我们更倾向于使用"人才培养"这一术语，有两个原因。首先，从词源上讲，"增值"这一概念基本上属于经济范畴而不是教育范畴。其次，"人才培养"能更好地表达大多数高校的基本教育使命。但我们应该认识到，增值、人才培养、预测验、后测验和纵向等术语基本上与同一现象有关，即对同一学生在不同时间点的同一种素质的反复评估。

此类设计的优势在于将注意力集中在人才纵向发展过程上，因为它不单单看学生的成绩表现，还会看与之相关的输入表现。其主要缺点是，它实际上不会产生直接影响环境问题的信息。如果学生参与过其他教育计划或根本没有参与过教育计划，会发生同样的变化吗？

考虑到课程考试通常更专业且受到关注的时间也相对较短，这些推理问题在单个课程或课堂可能没那么严重。教师可能有理由认为，一个季度或一个学期内学生成绩的变化或改善很大程度上取决于课程体验。显然，获取输入信息对高校教师有重要价值，这至少有两个原因。首先，它能尽早地告诉我们学生的优势和劣势，使我们有机会调整课程教学方式。其次，它为我们提供了一个基准，用于评估学生从课程开始到结束实际学到了多少知识，他们的学习成绩提高了多少。即便如此，如果我们从这种预测试和后测试评估成效中得出结论，即学生的学习状况不如我们希望的那样好，那么我们也不知道如何做出改变才能达到预期的改善程度。因此，尝试不同的教学方法（即在不同的环境中）以观察如何更好地促进学生的学习，对所有高校教师来说是有用的。我们可以采取多种形式进行实验。我们可以为不同的学生布置不同的作业。或者，我们可以在同一课程中运用两种不同的教学方法。实际上，此类实验将环境变量引入了输入-成效评估。

由于收集预测试和后测试的纵向数据的成本高，时间长，许多研究人员试图同时评估新生和高年级学生的某些方面，以简化这一过程。除了已经提到的问题外，这种简化方法还存在很多缺陷，以至于人们怀疑是否有理由认为他们所观察到的"变化"与学生在大学的经历有关系。例如，这种方法使我们不得不假定高年级学生是从当初的新生总群体中抽取的样本代表，他们代表所有新生。我们还需假定最初的群体和当前的新生都是从同一批人当中抽取的，将当前的新生与高年级学生进行比较。换句话说，这种简化方法认为接下来入学的新生班级在成效指标方面没有变化，并且辍学者、留级生和转学生在成效指标上都具有可比性。除一些特殊情况外，这些假设均不能成立。

简而言之，输入-成效评估的使用存在推理障碍，需要假设变化与环境影响等同。这个问题表明，将教育计划过程中学生发生的变化分为两部分是很有用的：教育环境影响引起的变化和其他影响（成熟程度、其他不可衡量的环境影响等）引起的变化。请注意，所评估的教育计划可能带来原本不会发生的变化，可能夸大或加速其他因素引起的变化，或者可能阻止或抵消其他因素引起的变化。换句话说，我们甚至也可以认为，所评估环境的实际影响与我们在预测试和后测试之间观察到的变化相反，并且如果学生所处的环境不同，这种变化实际上会更显著。

环境评估

人们谈到评估时，会想到环境评估。在这种评估中，我们关注的是教育计划本身，如教学方法、课程内容、课程材料、课程任务、硬件设备以及教师资格。教师依据课程大纲评价彼此的课程，这种方法就是环境评估。这种方法在高等教育中最常见的应用是区域认证。通常来说，认证包括对教育机构的图书馆、硬件设备、师生比例、教学工作量、必修课、选修课，以及教师学历（如拥有博士学位教师的比例）的检查。近年来，区域认证协会已开始要求获得有关成效的信息，但此类信息通常是单独收集的，与教育机构的其他数据没有关联起来。实际上，这只是将成效因素作为一般的环境因素添加到区域认证之中。南部大学学院协会显然是个例外，该协会要求其区域内所有教育机构提供"成绩提升证据"或等同于学生学习方面的人才发展数据。弗吉尼亚州进一步扩大了数据要求范围，要求所有公共机构对六项核心能力进行增值成效评估，这六项核心能力为：书面交流、定量推理、科学推理、批判性思维、口头交流和信息技术。

环境评估的另一个著名范例是对研究生项目的"质量"定期进行评估（Carter, 1966; Jones, Lindzey and Coggeshall, 1982; Rose and Anderson, 1970）。尽管这些评估实际上是声誉调查，但这些评估主要反映了特定研究生院系中接受等级评定的教师的学术能力和声誉（Drew and Karpf, 1981）。

环境评估的问题在于，它会遇到与追求卓越的声誉和资源的方法相同的困难（即缺乏直接影响学习或人才培养过程的信息），这些我们之前已有所讨论（请参阅第一章）。换句话说，无论这种方法提供的信息被描述得多么详细，这些信息都不会包含与教育计划的实际影响或有效性相关的数据。在没有此类信息的情况下，我们只能依靠主观推断评估该计划。例如，如果我们认为某个课程大纲在某些方面有缺陷，我们就有必要假定所谓的缺陷会对课程的预期教育成效（学生的学习成果）产生不良影响。我们还必须假定，对教学大纲的补救性建议将产生更好的成效。同样，如果到访的认证团队认为该机构的图书馆在某些方面存在缺陷，并建议对其进行更改，则该团队无疑认为所指出的缺陷会阻碍学生（或教师）的能力发展，这一缺陷可以用该团队所建议的方法补救。

由于环境评估方法在课程评价中特别流行，我们应该认识到，这样的评价都假设"所教即所学"。但是，在一种情况下，这一方法可以得到合理的有效应用。假定先前的纵向研究表明，某种教育干预措施、课程或计划产生的成效（在从输入到成效的改进方面）比其他方法更好，有了这些信息，评估者便可以检验被评价的教育计划内容与方法，以确定该计划是否具有那些最令人满意的因素（正如先前的研究所确定的那样）。基于这些条件提出的更改建议不是依据推测，而是依据已有的经验发现。一旦精心设计的纵向研究确定了环境特征与特定教育成效之间存在因果关系，这些信息就为环境评估奠定了基础。与详尽的纵向研究相比，这种评估速度更快，成本更低。这一方法曾用于设计开发国家学生参与度调查（National Survey of Student Engagement，NSSE）（Kuh，2001）[5]，其中包括许多反映环境体验的项目，先前的 I-E-O 模型研究已显示这些项目与学生的良好学习成绩相关。

总　　结

本章介绍了一个概念模型，这一模型可以作为设计和实施各类学校评估活动的一般性指南。I-E-O 模型认为，评估可以作为改进教育实践的主要手段，通过告知教育者不同的教育政策和实践的相对有效性达到这一目标。I-E-O 模型是专门用于获取教育成效如何受不同的教育政策和实践影响的信息。在使用此模型时，负责评估活动的人员应进一步了解各种教育政策和实践如何影响学生或教师的发展。

在接下来的三章中，我们将更详细地讨论模型的三个信息组件，即输入、环境和成效。

第三章 评估成效

在上一章讨论的三类评估变量中，成效变量对于教育者和研究人员而言通常是最关键、最重要的。用科学研究术语来说，成效是因变量，而输入和环境是自变量。成效有时也被称为标准变量、输出变量、目的或目标。本质上，学生的学习成效是指机构通过其教育计划和实践对学生某些方面的发展产生的实际影响或试图产生的影响。

成效和价值

因为成效和价值反映了教育计划的预期目的和目标，所以成效的衡量必定以价值为基础。我们选择评估某些成效而不是其他成效，这种做法显然需要依赖于价值判断。因此，重要的是要区分价值陈述和实际选择用来代表这些价值的指标，前者是对那些重要的未来情形或状态的文字描述（如批判性思维能力）。前者也可称为概念性成效，而后者可称为成效指标。因此，制定适当的成效指标是为了使概念性成效在某些方面（例如发展批判性思维能力的测试）具有可操作性。

由于各方未能理解概念性成效与成效指标之间的这种根本区别，成效评估通常存在争议。有时，应用成效指标的矛盾反映出不同概念性成效之间存在的根本性的价值冲突；而在另外一些情况下，概念成效的分歧事实上可能意味着选择不同的成效指标来代表这些概念成效。

有效性概念是现代测试和评估的基础概念之一。测试或评估工具只有在其能够胜任的范围内有效。鉴于概念性成效基本上是价值陈述，我们无法凭经验对其进行验证。成效指标也是如此，最终必须根据其对概念性成效背后的价值的反映程度来判断其有效性。换句话说，除非对成效指标与概念性成效的相关性进行逻辑分析，否则我们无法验证成效指标（Astin，1964）。当然，我们可以通过确定成效指标是否与其他最终成效指标相关联来对其进行验证，然后将它与另一项（甚至更多最终）指标相关联来验证第二项指标。但有时，人们验证链条最末端的成效指标时，必须诉诸逻辑分析和论据。

一个经常被忽略的关键因素是我们所说的视角：我们试图从哪个视角评估成效？在我们的印象中，对概念性成效和成效指标的最终选择在很大程度上受视角影响。我们可以通过一些例子来说明最终的成效指标会因不同视角而发生变化。

最常见的视角可能是学院视角。从学院的视角来看，成效指标的制定通常以本科专业要求的现有课程内容为指导。教师们主要收集或总结当时正在教授的材料。从这一角度来看，专业综合考试（Banta and Schneider，1988）是一个很好的成效评估实例。

学院视角的一个变体是学科视角。此时我们正在尝试使用成效评估，这些评估反映了某种国家共识，即教育领域或学科应包含哪些内容。最显著的学科视角实例是美国教育考试服务中心专业测试（ETS Major Field Test）。现在，许多教育机构都要求学生通过适当的专业测试，以完成其专业学习。杜鲁门州立大学是较早将学科评估用于美国研究生入学考试的大学（Krueger and Heisserer，1987；McClain and Krueger，1985），该大学为高年级学生提供十种不同的测试，以帮助他们满足专业毕业要求。需要注意的是，两种视角影响了课程与成效评估之间的相互作用。在学院视角下，我们倾向于测试我们所教的内容，而在学科视角下，我们更倾向于以测试为目的进行教学（我们将在第七章对后者进行详细讨论）。

与学科视角密切相关的是职业视角。此时我们尝试评估与进入某一行业或职业学校有关的成效。例如，一些大学使用国家教师考试（National Teachers Exam，NTE）作为师范毕业生培训的成效评估方法。在研究生院或职业学校，类似的视角将引导我们使用国家司法考试对法学院毕业生进行成效评估，或使用全国医科考试委员会主办的国家认证考试对医学院毕业生进行成效评估。

学科视角的另一个变体是雇主视角。此时我们试图根据雇主最重视的技能和个人素质来定义毕业生的相关教育成效。在传统的学术型大学中，奥尔维诺学院的评估计划也许可以很好地阐释这一视角（Mentkowski，1988；Mentkowski and Doherty，1984）。许多贸易学校和私立学校也从这个视角进行评估。

人们采用州视角对读、写、计算等基本技能进行评估（参见第十一章）。有趣的是，州视角通常关注那些处于最小能力连续统低端的能力。在这一视角上，有许多当代事例，如佛罗里达州对大学学术技能水平的要求，或加利福尼亚州立大学对所有校区的高年级学生的写作水平要求。

在结束视角问题的讨论之前，我们想谈一谈到目前为止人们在成效评估选择中很少考虑的一个视角：学生视角。学生带着各种各样的个人目标和期望来到大学。难道成效评估系统不应对这一视角做出回应吗？除了获得一份好工作或者进入一所好的研究生院或职业学校等常规目标之外，有些学生还希望发展社交和人际交往能力；有些学生想磨炼自己的表演艺术技能；有些学生则想提高自我认识，为社会做贡献或发挥个人价值

(Astin，Astin and Lindholm，2011)。我们认为，如果未能将这些学生视角纳入成效评估系统，这样的系统就不够完善。但是，如果从学生视角出发，我们就必须根据部分学生的特殊需求和期望来调整部分评估内容。这似乎是一项艰巨的任务，但我们认为可以完成。

为什么这些不同的视角会导致各种不同类型的成效评估呢？同样地，价值观是理解此问题的关键。对高校教师来说，最重要、最珍贵的是什么？院系教师非常重视自己的教学；他们在特定领域积累了很高水平的专业知识，因而倾向于进行认知测试，以评估学生对专业知识的掌握程度。私立学校和贸易学校高度重视对毕业生的安置能力，希望毕业生能够在工作中表现出色，因此，他们强烈认同雇主视角。

国家注重保护纳税人的权益，要求教育机构承担教育职责，这解释了教育机构为何特别重视基本技能和最低能力水平。换句话说，国家希望获取毕业生能够完成某些任务的能力证明。

单项指标和多项指标

如果评估和评价项目只需一项成效指标，则高等教育的整个评估过程将大大简化。但是，我们对视角的讨论表明，高等教育实践可能有很多成效，而其中任何一个都不能充分评估教育项目的效果。高等教育的目标是培养多种人才，因此，任何单项指标都无法充分反映该机构的教育使命。我们有充分的理由相信，高等教育所服务的不同对象（学生、家长、教师、雇主、立法者、决策者和纳税人）对不同的教育成效重视程度各不相同。即使在特定的群体（例如学生）中，上大学的动机也可能存在很大差异。某些学生可能主要对发展智力感兴趣；某些学生可能对提升人际交往能力或领导能力感兴趣；其他学生可能对找到更好的工作或赚更多的钱感兴趣；还有一些学生可能只是在寻找结婚对象。即使我们仅将成效评估的范围限定在那些以发展智力为目的的大学生中，我们要评估的领域也非常广泛，包括数学、科学、艺术、文学、分析等方面。

我们目前在高等教育评估实践中遇到的有趣现象是，其他国家的观察人员可能认为只有一个或最多几个学生成效指标是重要的。许多教育机构特别依赖，甚至完全依赖学生在单项指标——平均绩点上的进步。许多教育机构都采用高级综合考试，但是即使这样，评估也可能仅限于单项分数或等级。越来越多的机构将学生在校率用作成效指标，但这也是在看单项指标。显然，美国高等教育中的传统评估方法不能充分反映学生的多样性，因此也不能反映学生接受教育的成效。

成效与影响

教育者和决策者通常都很难理解成效指标和教育影响指标之间的区别。尽管这样的语义问题看似古怪甚至琐碎，但这对我们在高等教育中如何使用成效评估具有深远的影响。

许多教育工作者倾向于将"成效"一词作为"影响"的代名词。鉴于"成效"一词蕴含了某种因果关系，这种混淆也许是可以理解的：说某物是成效就是在暗示它是某物的一种成效（此处是指教育机构的教育项目）。这意味着该教育机构可能会因其毕业生的能力水平获得荣誉（或受到责备）。但正如我们在第二章所指出的那样，学生毕业时的表现在很大程度上取决于他们入学时的表现（输入）。换句话说，我们不能简单地认为学生完成一项教育规划后的成效是由该教育项目带来的。与此同时，除非我们在教育项目开始之初就将学生的不同输入表现考虑在内，否则不能认为接触过不同项目的学生在成效上的差异可以归因于这些项目的不同影响。

简而言之，本章和整本书中使用的"成效"一词仅指学生在特定时间点在成效指标上的表现，而这种表现本身并不隐含任何可能导致该表现的前期影响因素。

成 效 分 类

鉴于学生成效的多维性，我们必须面对这样的问题：应该评估哪些成效，如何开展评估？许多研究人员提出了分类方案，对各种类型的学生成效指标进行分类。在梳理高等教育成效的主要文献时，鲍恩建议对学生的以下几种品质进行成效评估：语言能力、定量分析能力、实务知识、理性、智力容忍度（intellectual tolerance）、审美敏感性、创造力、智力完整性及智慧（Bowen，1977）。1985 年，美国大学协会提出了类似的建议：开展项目研究，以重新定义学士学位的含义和目的。最近，卢米娜基金会（Lumina Foundation）发布了学位资格简介，旨在对大专、本科和硕士所有学科的学习成效进行基准测试。该简介确定了五个一般性成效领域（宽泛的、整体性的知识，专业知识，智力技能，应用学习及公民素养），并描述了三个学位级别中每个领域的能力（Lumina Foundation，2011）。

有学者提出了非常详细的成效分类法，主要分为以下五个主题：经济，人文特质，知识、技术和艺术形式的功能，资源和服务供给，审美和文化活动（Lenning，Lee，Micek and Service，1977）。学者明可夫斯基等使用了另一种成效分类方法（Mentkowski and Doherty，1983）。他们的系统是与奥尔维诺学院的教职工和管理人员合作开发的，包括八个类别：人际交流、分析、问题解决、价值判断、社会互动、环保责任、当代世界参与度以及审美感应。与本部分提到的其他成效分类法不同，奥尔维诺模型旨在反映教师对特定机构中本科阶段的文科专业目标的看法。有关这些分类法的更详细的描述及评论，请参阅雅可比等人的研究（Jacobi，Astin and Ayala，1987）。

鉴于任何一所高校的成效在某种程度上都具有特殊性，所以一个教育机构仅采用他人制定的成效清单可能是不合适的。对此，我们想提出一种概念图式，以制定可能适合几乎所有教育机构的特定需求和要求的成效指标。这种分类方案最初由阿斯丁提出，涉及三个因素：成效类型、数据类型和时间维度（Astin，1970a，1977）。

成效类型

测量专家通常将学生的学习成效分为两个广义领域：认知（有时称为智力）和情感（有时称为非认知）。认知成效与知识、推理和逻辑等高级思维过程的运用有关。

在为评估学生发展而设计的所有可能的成效指标中，涉及认知学习和认知技能发展的指标最有可能被认为与学生、教师、管理人员、委托人、家长和大众的教育目的有关。

情感成效与学生的感觉、态度、价值观、信念、自我概念、期望以及社会和人际关系有关。尽管情感或非认知可能有很多成效类型，但用于测量此类成效的方法可能不如用于认知成效测量的技术先进。不过，通过自填问卷和清单来获得情感成效的粗略指标相对容易，而认知成效的测量通常需要更严格的监考管理条件，也需要学生花费更多的时间。

教育工作者倾向于回避情感成效评估，因为他们认为其蕴含的价值信息太多。他们感觉仅评估认知成效会更合适。他们认为，大学应该发展学生的智力，所以如果专注于认知变量是不会出错的。但是，如果阅读了一些大学的概况手册，你就会开始意识到这种说法确实与大多数本科院校的既定目标不一致。多数大学声称它们关注的是良好的判断力、公民意识、社会责任感和品格等情感素质。的确，对文科专业学生的描述大多数听起来和他们的认知一样感性（Grandy，1988）。在这种情况下，如果对相关情感成效评估的考虑不恰当，学生成效评估计划就不完整。

数据类型

这种分类法的第一个维度（成效类型）反映了所评估的内容，而第二个维度（数据类型）反映了评估方式。第二个维度与为评估所关注的认知或情感成效而收集的信息类型有关。信息类型也可分为两大类：一类是反映学生内部心理状态或特征的数据；另一类是可观察的学生活动行为相关数据。心理特征的测量通常是间接的，因为我们试图从一组测试问题的回答中推断出个体内部的某些潜在状态。对问题的回答本身并不是出于兴趣，而是个体认为这很重要，因为它们反映了个体的某些心理状态。诸如学业能力倾向测验或美国研究生入学考试的标准化测试是此类心理评估数据的常见示例。

另一方面，行为测量通常能激发个体的内在兴趣，因为它们直接反映了人与环境之间的交往情况。诸如辍学或更改专业选择之类的行为是行为测量的例子。由于行为（而不是心理）测量通常涉及人与环境之间的相互作用，此类测量也可以称为社会学测量。

将分类法中的前两个维度（成效类型和数据类型）进行组合，我们可以获得如表3.1所示的四个组合。例如，表3.1中包括认知成效，通常通过能力和成就测试的课程成绩或表现来衡量。诸如学科知识、基本技能和学术能力之类的成效通常通过学业能力倾向测验和美国研究生入学考试之类的组合测试进行评估。表3.1中也包括情感状态的心理指标，例如学生的动机和自我认知，以及主观满足感和幸福感。现有的多数关于大学影响力的研究都强调使用此类指标，部分原因是研究者可以通过自填问卷对此类指标进行评估，比较方便（Astin，1977；Feldman and Newcomb，1969）。表3.1的左下角给出了认知成效的行为指标或社会逻辑指标的例子。这一类别的成效类型反映了学生（或曾经的学生）在社会中的行为，并假定这些行为需要使用认知技能。我们认为表3.1中列出的认知行为和表现反映了现实生活中的一些成就。

表 3.1　学生成效分类：依据数据类型区分成效

数据类型	成效类型	
	认知	情感
心理	主题；知识；学术能力；批判性思维能力；基本学习能力；特殊能力；学术成就	价值；兴趣；自我认知态度；信仰；对大学的满意度
行为	获得的学位；职业成就；获奖或其他奖励	领导才能；公民身份；人际关系；爱好和特长

表 3.1 右下角的内容包括学生发展的行为表现。这些行为表现反映了学生的情感状态，包括爱好和特长，或在各种娱乐活动中花费的时间。公民身份可以从以下几方面来衡量：投票行为或参与社区活动的次数和质量，因参与社区服务而获得的特别奖励，也可以通过负面行为衡量，如福利领取或被逮捕记录。

应该强调的是，表 3.1 的两个维度实际上比真正的二分法更具连续性。例如，一个人的收入和工作状况（可能属于认知领域的职业成就）可能涉及非认知特征或人格特征。特定成效在表 3.1 中的分类是否正确实际上影响不大；分类法的重点是提供一个概念性方案。依据该方案，任何机构都可以确定可用于评估和规划评估的各种成效指标。

时间维度

鉴于大学对学生发展既有短期影响也有长期影响，因此我们可以在表 3.1 中增加第三个维度，此维度代表大学入学后的不同时间段。

表 3.2 为表 3.1 中每种类型的短期和长期评估成效提供了示例。到目前为止，高等教育中使用的大多数评估都倾向于关注短期成效，这些成效可以在大学生在读期间进行测量。但是，大多数教育机构（以及大多数资助此类机构的人员）都关注长期变化。在很多大学分类条目中给出的目标，例如许多大学的概况手册中所提及的目标，表明其主要关注机构对学生的影响，这些影响至少要持续到学生成年，甚至贯穿学生的一生。但是，对于许多即将入学的大学生来说，这样的长期影响太遥远，也很难理解。这些学生主要对近期目标感兴趣，例如，他们更注重在大学本科期间的实际经历，而不是这些经历将如何影响他们的后期发展。教育工作者经常忽略这样一个事实，即两年、四年或八年的大学学习时间占学生一生的很大部

分。因此，对于学生而言，大学期间的学习成效本身比其后期影响更为重要。（有关短期成效的讨论，另请参阅第十章。）

表 3.2 时间维度：长期和短期成效的例子

成效类型	数据类型	短期（在校期间）	长期（离校后）
认知	行为	完成学业（与辍学相对）	工作优秀
	心理	全国医科考试委员会主办的国家认证考试成绩	执业医师资格考试成绩
情感	行为	参与学生自治	参与本地或国家政治事务
	心理	对大学的满意度	对工作的满意度

认 知 成 效

行为领域的认知成效相对较少，但其中包含了一些最重要的高等教育机构的成效。短期行为成效包括在校率（完成学业或取得学位证书，而不是辍学）、学分和各种学术荣誉证明。长期行为成效包括入学并成功完成学业、获得研究生奖学金、随后的工作表现和收入，诸如发明、专利、艺术或音乐作品之类的特殊成就都可以包括在其中。但是，当谈到一个人的职业和工作时，认知成效和情感成效之间的界限就开始消失了。

当讨论与成效评估有关的问题时，大多数人会关注认知心理领域。大多数教师和其他教育工作者倾向于将传播知识视为教育的核心目标，这种偏见也许是可以理解的。因为人们通常认为知识属于个体内部资源，可以使用心理测试来评估知识水平。我们将在第九章中单独讨论教师个人设计的课堂测试，也将重点讨论各种商用认知成效评估工具。有哪些认知成效评估心理测试呢？使用这些工具存在哪些问题呢？我们发现，很容易区分四种类型的认知成效——特殊技能、通识教育成效、学科能力及职业技能、专业能力，这些成效可以通过测试来获取（除最后一种类型的认知成效外，此分类法与米尔曼提出的分类相似（Millman，1988）。在考虑这四种认知成效时，我们偶尔会参考特定的评估工具。如果读者对特定的认知心理学成效评估工具感兴趣，可以参考雅可比等人的研究，这些研究给出了更全面、更具批判性的讨论（Jacobi，Astin and Ayala，1987，3759），也可参阅《心理测量年鉴》(*Mental Measurements Yearbook*)（Mitchell，1985；Spies，Carlson，and Geisinger，2010）。

特殊技能

特殊技能测试分为两大类。一类是基本技能，其中包括数学和沟通技能（即阅读、写作、口语和听力）。这些技能的测试通常是在学生最初进入教育机构时进行的，以满足后期的课程规划和指导需要。一些学者进行了有关数学和语言基本技能评估的各种有趣尝试（Appelbaum，1988a；Dunbar，1988）。

另一类是更复杂的技能，例如口头推理和批判性思维。在通识教育需要培养的几种公认的必不可少的技能中，批判性思维可能是最重要的。即便这样，人们在如何衡量这一特定技能方面似乎没有达成共识。到目前为止，最常用的工具是沃森-格拉泽批判性思维评估（Watson-Glaser Critical Thinking Appraisal）（Helmstadter，1985）。

通识教育

通识教育成效与特殊技能成效紧密相关，因为大多数通识教育的目标描述都侧重于沟通和批判性思维等技能。通识教育成效测试与旨在评估特定技能的测试之间的根本区别在于，通识教育测试更多地是尝试评估学生如何有效运用其基本技能来完成各种任务。通识教育测试还强调将基本技能与学科知识相结合。

在所有的认知心理学评估领域中，通识教育发展得最慢，存在的困难可能也最多（Curry and Hager，1987）。但许多教育工作者认为这是当前高等教育面临的最重要的认知评估任务。另外，越来越多的机构开始使用一种或多种商业测试工具来评估通识教育成效。因此，简要回顾一些最新的方法是有益的。[6]

在早期开展的通识教育成效评估研究中，有一些方法颇具创新性。美国大学入学考试中的大学成效评估项目（College Outcomes Measurement Program，COMP）就是其中之一，这一项目旨在评估学生"在工作、家庭和社区角色中运用特定的事实和概念"的能力（Forrest and Steele，1982，p.1）。大学成效评估项目中的长表格设计特别具有创新性。该项目要求学生对各种刺激做出回应，包括文本、录音带和电影，学生的回应方式包括多项选择、简答、论文和录音讲话。这种评估形式需要六个小时，尽管其回应方式很吸引人，但在实际实施过程中仍存在许多管理问题（Astin and Ayala，1987）。如今，它已被更传统的大学学术能力评估所取代。

评估通识教育成效的另一种创新方法是行为事件访谈法（Behavioral Event Interview，BEI）（Boyatzis，1982）。行为事件访谈法由时长一个小时的集中面试构成，旨在获取与学生生活中的重大事件相关的信息。采访者除了需要进行定期核查和调整外，还需要集中学习为期一周的课程，然后还需要花费一个小时，对采访对象的回答中所体现的具体能力（例如主动性、毅力、影响力和领导力）进行编码。行为事件访谈法的初步研究（Astin，Inouye and Korn，1986）表明，行为事件访谈量表的确具有一定的效度，尽管它不能像预测高中成绩和入学考试分数等传统指标那样准确地预测平均绩点、在校率等传统大学成效。行为事件访谈法的主要局限性在于其实施所需要的劳动强度，它需要花费训练有素的专业人员两个小时的时间。也许正因为这一局限性，行为事件访谈法在高等教育中的使用似乎仅限于职业规划和职业咨询办公室，此时它不是作为评估工具，而是作为学生工作面试的前期准备。

由于人们对通识教育的兴趣与日俱增，各个州和国家对成效评估也越来越感兴趣，一些大型考试机构最近开发或更新了专门用于评估通识教育成效的测试集合。如前所述，美国大学入学考试用大学学术能力评估代替了大学成效评估项目，大学学术能力评估以多项选择题为主，由六个独立的测试模块（阅读、写作技巧、论文、数学、科学和批判性思维）组成。教育测试服务（Educational Testing Service，ETS）提供了类似的测试，称为"能力概况测试"（Proficiency Profile）。能力概况测试旨在将学科能力与基本技能相结合，对三个广泛的学术领域（人文、社会科学和自然科学）中的四种技能（大学阅读水平、大学写作水平、批判性思维和数学数据的运用）进行了测试。它还为数学、阅读和写作水平提供了传统的常模参照分数和标准参照分数。与常模参照分数相比，标准参照分数更有优势（请参阅本章中的"多项选择测试"部分的内容）。

另一种相对较新的标准参照分数工具是大学基础测试（College Base），这是根据能力概况测试设计的纯标准参照成绩测试。大学基础测试评估学生的英语、数学、科学和社会研究能力，以及解释性推理、战略性推理和适应性推理三种跨学科认知能力。这四个学科一方面按照不同的水平组织起来，水平越高，专业性就越强；另一方面，人们还设置了"辅助子技能"（enabling sub-skill）。大学基础测试的基本目的是使内容、知识和技能发展的评估与学生所完成的通识教育组成部分相适应（Osterlind，1989）。

通识教育成效的最新评估体系是大学生学习评估（Collegiate Learning Assessment，CLA）。大学生学习评估由教育资助委员会（Council for Aid to Education，CAE）管理，刻意回避使用多项选择形式，并要求学生就相关提示撰写文章，让学生展示其批判性思维、分析性推理、解决问题的能力和写作技巧。所给出的提示包括文档、剪报、图表、统计数据和科学报告。

通识教育成效的另一类主要评估工具包括本科院校、研究生院和职业院校的各种入学考试。其中一些评估工具也可以归类为特殊技能指标，但之所以将其包含在其中，是因为它们被用来评估学生进行本科学习、研究生学习和职业学习的潜力。最常见的评估工具是本科招生中的学业能力倾向测验、美国大学入学考试，以及研究生院和职业院校招生中的美国研究生入学考试、法学院入学考试、医学院入学考试和研究生管理专业入学考试（有关这些评估工具和其他通识教育评估工具的详细分析和评论，读者可参阅相关文献）（Centra，1988；Jacobi，Astin and Ayala，1987）。

考虑到在认知领域评估通识教育成效存在明显的困难，最好的解决方案可能是教师自己开发评估工具和程序。尽管这项任务可能极其复杂且耗时，但此类评估过程可能会产生许多有益的成效：教师可以对课程目标、课程要求以及教学活动过程（也许是最重要的）进行富有成效的讨论（Baird，1988；Ewell，1984）。实际上，奥尔维诺学院和肯恩学院之前的经验表明，尝试制定通识教育成效指标的过程实际上会带来重大的课程调整（Alverno College Faculty，1985；Kean College，1988）。

学科能力

大多数测试设计人员已经提供了大量的工具来评估学生在特定学科领域的能力。大部分重要学术领域都有（通常是多种）用来测试学生本科和研究生阶段能力的工具。本科阶段使用最广泛的测试工具是大学委员会的大学水平考试项目（College-Level Examination Program，CLEP）中的学科测试和美国教育考试服务中心的专业测试。本科阶段广泛使用的另一种测试是大学委员会的高级进阶测试，其中包括从艺术史到人类学领域的34门大学入门课程的测试。高级进阶测试是针对高中生的，如果他们达到了大学规定的分数，他们就能获得大学课程的学分。研究生阶段最常用的工具是美国研究生学科入学考试。

当然，使用最广泛的学科能力测试是各本科生和研究生的班级测试。此外，高级综合测试数十年前曾经流行，最近又具有了一定的流行度，这种测试主要用于学生感兴趣的研究领域或专业领域。与学科测试的使用及结构相关的更详细讨论，请参阅相关文献（Appelbaum，1988b；Adelman，1988a；Jacobi，Astin and Ayala，1987）。

职业和专业能力

认知成效评估的最后一类方法包含了各种类型的测试，其中大多数是由专业人士设计的。在本科阶段，专业能力测试用来甄选教师、护士和会计等各种专业人员。在高级职业水平方面，医学、牙科和药学等领域有国家能力考试。法律专业能力考试（律师考试）不在全国范围内举行，而是由50个州各自单独负责。

预测试和后测试

鉴于实际上所有这些认知评估工具已在本科和研究生教育各层次得到广泛应用，如果教育机构对所有为入门水平提供的工具（如本科生入学及分班考试，研究生院和职业院校的招生考试）进行"后测试"，或者对学生本科毕业时使用的工具（如研究生院和职业院校的招生考试，学科能力测试，以及某些专业能力测试），或研究生学习及职业学习后期使用的工具（如专业能力测试）进行"预测试"，教育机构可能会获得很多关于教育项目有效性的信息。大学学术能力评估测试和能力概况测试被用作美国大学入学考试和学业能力倾向测验的"后测试"。如果获得此类纵向数据，教育机构将能够衡量这些工具所测量的能力或技能的实际增长或变化情况。例如，杜鲁门州立大学要求本科生在修完75个学分后进行"初级测试"，即能力概况或学术能力评估测试。

多项选择测试

学者在听到"评估"或"评价"这些词语时，通常认为我们在讨论标准化的多项选择测试，如学业能力倾向测验或美国研究生入学考试。这是可以理解的，因为我们高度依赖这种特定的评估方法。此外，大多数商业化认知成效评估工具都用到基于常模参照的多项选择测试（Pace，1985）。评估过程中没有内在的因素要求，这意味着多项选择测试是评估学生成效的唯一或最合适的方法。多项选择测试还可以被其他几种评估方法（这些大多数未在学术界尝试过）替代，如口试、写作、简答题测试、填空、配对、产品或作品样本、作品集以及操作测验。读者如果有兴趣进一步了解这些评估方法,可参考一些心理测验的相关标准文本(Anastasi, 1988; Cronbach, 1984)。

标准化多项选择测试因各种技术原因受到批评,被认为是有局限性的、肤浅的知识测试(Hefferman, Hutchings and Marchese, 1988)。据说这种测试对女性和某些少数族裔群体有偏见(有关这种偏见的讨论,参见本书第十章)。尽管我们在这里并不适合对标准化多项选择测试的技术进行全面批判,但既然学术界如此依赖此类测试,我们有必要对它们的优缺点进行讨论。我们希望在讨论过程中清楚地表明我们的观点,即价值观在评估方法的选择中也起着至关重要的作用。换句话说,价值观不仅决定评估的成效,也决定评估方法的选择。

多项选择测试之所以流行,至少有两个原因:一是它们方便对大多数学生进行管理和评分,二是自然产生量化评分,容易将学生区分开来。由于我们极其依赖这种评估技术而引发的担忧,一部分是在实践方面,另一部分是在价值方面。我们将从三方面讨论这种担忧:评分方式、任务本身的性质以及对师生关系的影响。

评分方式

我们首先要考虑的是多项选择测试的评分方式。通常,正确答案的数量(或正确答案减去错误答案的加权组合)被转换为某种常模分数,即百分数或标准分数(请参阅附录)。我们实际上是如何进行此类转换的?我们会除去该学生答对或答错题数(及题号)的相关基本数据,并用分数来代替该信息,该分数仅表明该学生相对于其他学生的表现。此处我们使用了所谓的常模参照测试。我们通过使用标准化评分测试促使学生相互竞争。这类测试暗含的价值观是,评判任何学生的认知表现都需要采用竞争性方式,即与其他学生相比,该学生的表现是好还是坏。这种竞争性的评分过程与传统的课堂评分是相同的,当评分方式是基于正态分布曲线时尤其如此。我们可能会补充说,这种相对的竞争性分数测试很难用于评估人才发展,因为它们几乎无法确定学生的成绩随着时间的推移实际降低或提高了多少。我们只能说,与其他学生相比,该学生的成绩有所下降或提高。

无论是字母等级还是标准化测试,常模参照评估可能还存在另一个更不易察觉的问题:当我们选择使用常模参照工具评估绩效时,我们创造了经济学家所说的"稀缺商品"。能上榜的学生数量是有限的,并且能获得90分以上的学生也是有限的。无论学生多么努力,也不管他们实际学习了多少知识,"优秀"的考试成绩、分数或者学生的数量都是有限的!换句话说,常模参照评估会自动限制"优等生"的人数。需要重视的是,这种短缺完全是人为的,而不是评估成效中固有的某种缺陷。换句话说,短缺是由评估方法本身造成的。

对于任何稀缺的商品,稀缺性本身往往会夸大处于顶端的商品的重要性,因此人们通常将平均水平以下的表现,甚至是平均水平的表现视为失败。换句话说,即使大多数学生不会这样做,也仍然会有学生因常模参照评分将自己视为失败者。

替代常模参照测试的主要方法是标准参照测试(Popham,1978)。标准参照测试潜在的基本观点是,我们可以建立某些绝对的绩效标准,据此可以评估任何学生的绩效。例如,我们可能会设计一个高级综合考试,其中包括某些学科领域的一系列问题,并规定学生回答问题的正确率至少应达到70%,学生才能获得该领域的学士学位。我们还可以规定,回答问题的正确率为90%或90%以上的学生才有资格获得荣誉。在这种情况下,毕业学生或获得荣誉的学生的比例没有预先设定。从理论上讲,所有学生(或没有学生)可以达到上述任意一种绩效标准。这种方法的一个重要特征是不会对学生进行对照评估,因此一个学生的成功并不意味着其他学生的失败。每个学生都有一套明确的标准作为目标,是否达到这些标准并不取决于其他学生的成绩。

标准参照测试对于教育者而言还有许多其他优势。此类测试使用绝对标准而非相对标准,因此它们为教学效果评估提供了具体的标准。如果我们决定将70%的正确答案作为教学成功的最低标准,那么就有一个现成的判断效果的根据。从理论上讲,使用标准参照测试,我们可以使所有学生成功(或失败)。

正如本书第一章中所提及的那样,诸如美国研究生入学考试和学业能力倾向测验之类的常模参照测试非常适合作为资源卓越观和声誉卓越观概念下的竞争价值框架,因为这些测试可用于选择和筛选,并且很容易进行竞争比较。但是这些测试不适合作为人才培养方法,因为它们很难衡量学生随着时间而发生的变化或进步。另一方面,标准参照测试不仅可以建立绝对的绩效标准,而且可以评估学生随时间发生的实际变化。简而言之,常模参照测试的使用提升了选择价值和竞争价值,而标准参照测试的使用则提升了教学价值。

那些依赖常模参照测试的人通常没有意识到,由于对评分和报告程序稍做改变,所有这些测试几乎都可以用作标准参照测试,我们可以采取一些措施来克服大多数此类测试的负面影响。简而言之，我们可以坚持要求测试公司将原始分数成效甚至单个测试问题的成效反馈给我们。基于原始分数，我们可以衡量每个学生随时间推移实际学习或改进的程度，而无须与其他学生进行任何竞争性比较。此外，单个测试题的成效可能有利于了解个别学生的长处和短处。来自一组学生的单个问题的汇总成效也可以用于课程计划和课程评估，因为这些成效可以告诉我们学生在哪些问题上存在困难以及他们选择了哪些错误答案。我们坚定地认为，从现在开始，所有使用标准化测试的人都应该坚持要求测试人员向我们提供这种反馈。

任务本身的性质

多项选择测试的另一个问题是任务本身的人为性。学生完成正式教育后，从预定的替代方案中找到正确答案的能力用处不大。在现实生活中，每个人有多少机会会面临从某一问题的答案集中选择唯一正确的答案呢？每个人又有多少机会在时间紧张的压力下阅读问题并找到答案呢？生活中的问题有多少次会以如此怪异的形式出现呢？每个人又怎么应对现实生活中那些只有依靠创造性的解决方案才能解决的问题呢？这些在特定任务上表现出的高度专业化的能力与现实生活中的问题如此不同，以至于人们往往会怀疑教育者使用这种自由选择的、非批判性的多项选择测试是否是明智的。测试人员可能会回答：这样的测试的效度具有可预测性。他们的确可以做到这一点。但是在此类效度研究中，预测的成效几乎总是学校或大学的成绩，或者仅仅是以相同方式构建的另一项测试！（参见第十章对效度预测的评论。）

多项选择测试不适用于评估许多重要的教育成效，尤其是那些需要发挥创新才能的教育成效，这一现象较好地解释了以上问题。创造力有两种基本的表现方式：产品或某种形式的创意呈现。创造性产品包括论文、研究报告、发明、剧本、电影、视频、艺术品和音乐作品。创意呈现同样也包括多种活动，例如公共演讲、舞蹈、音乐演奏会和戏剧作品。根据这一概念定义的广泛程度，创造性还包括绩效表现，例如领导行为、公共服务和体育。显然，多项选择测试不适用于评估许多高价值的创造成果，这些成果不仅在学术界得到高度评价，在以后的生活中也能得到高度评价。因此，如果我们坚持将评估重点放在可以通过多项选择测试衡量的学生的教育成效上，就意味着我们认为学生的创造力不那么重要。

对师生关系的影响

我们最后担心的是多项选择测试会使学生和教师之间产生隔阂。测试的实施和评分不是由人来完成的,数字性反馈是枯燥的,缺乏人文关怀。依靠此类测试,教师无须与学生互动,甚至无须知道学生的名字就可以评估学生的学习成绩。显然,这种评估方法不利于加强师生之间的联系,而高等教育中的许多研究都表明保持亲密的师生关系具有重要意义(Astin,1977,1993;Study Group,1984)。

其他可能的方法

到此,读者可能会感到困惑:如果人们对采用标准化多项选择测试评定课程成绩和认知成效持怀疑态度,那么还有其他的方法吗?毫无疑问,学生需要某种反馈,而学校需要用某种方式记录学生的进步。先前有关创造力表现的讨论表明,学生的个人创意产品和表现可能需要采取某种整体评估的形式。许多教育者在此类判断方面已有丰富的经验,例如为论文或研究报告评分,或对科学比赛、音乐或艺术比赛进行评判。整体评估并不一定意味着只做出单一的或从一个维度进行判断,所有的创意产品都可以从多个维度进行评估。

基于多年的认知成效研究经验以及教授该领域学生教育评估知识的经历,我们认为,书面反馈和口头的整体叙述评价都是直接促进人才发展和整个教育进程最有力的评估工具(参见第九章)。具体而言,我们所指的书面反馈是指汉普郡学院、奥尔维诺学院、帝国州立学院以及加利福尼亚大学圣克鲁斯分校等学校的学生收到的书面反馈。叙述评价代替了字母成绩等级,为学生提供了个性化、详细的总结性和形成性反馈。根据我们的经验,大多数很少见到这种反馈的学者都对其潜在的教育价值印象深刻。这种反馈本身不仅信息丰富,对学生非常有用,而且该过程本身要求教师亲自了解学生的个人作品,因此整体叙述评价加强了师生之间的联系。当然,对学生的表现进行书面整体叙述评价存在一个问题,即不容易得出可用于I-E-O模型的对学生表现的量化评估。然而,我们应该认识到,整体叙述评价本身或者任何其他的质性评估在本质上是不排斥量化评估的,但是并不是所有的使用整体叙述评价的教育机构都会量化他们的评价。一种简单的方法是让评估人员也完成一组简短的评估量表,每个量表代表不同的技能、知识领域或个人素质。这种方法与论文评分、音乐和艺术比赛评判所涉及的量化没有什么不同。

另一个人们反对使用整体叙述评价的原因，或许是更严重的原因，是这种评价需要花费大量的时间和精力。但是，我们应该意识到，在教师给出课程成绩之前，大部分整体叙述评价工作可能已经完成。当然，成绩试图将学生的所有相关信息简化为一个单一的衡量标准。如果要求教师对学生进行更具个性化的评估，以满足规范性评价的需求，那么对于教师的其他工作职责而言，我们可以做出哪些取舍呢？我们认为，这个问题的最佳解决方法是我们首先要认识到我们正在面对价值问题。如果我们认为教师充分了解学生的作品，教师也知道撰写详细的整体叙述评价对学生有益，那么还需要通过取消其他的可能不太有用的活动来抵消教师进行评价并与学生讨论所需的时间吗？当然，每个教育机构都必须自己回答这个问题，但一个合理的选择似乎是让教师少讲一些话，甚至少讲一堂课。不仅学生会从个性化反馈中受益，教师也很可能会愿意将其引入教学活动。当然，我们有必要开始研究这种权衡和交换的潜在功效。

情 感 成 效

许多大学的概况手册中的大学教育使命宣言，以及自由教育的理念都暗示了情感成效的重要性。情感成效有哪些？如何对其进行评估呢？在情感技能领域，我们有各种潜在的重要素质，如人际交往能力、领导能力和同理心。对他人具有同理心的能力在一定程度上还取决于另一个最容易被忽略的沟通技巧：倾听。

还有一些其他的情感成效与通识教育目标相关，尽管我们通常不将其视为技能。学生的动机是一个有趣但很少被研究的情感成效（Graham，1988）。其他潜在的重要情感成效包括自我理解、诚实、成熟、继续学习的动机、对其他民族和社会的理解、自尊、社会责任，甚至良好的身心健康状态（Grandy，1988）。

学生的价值观是评估活动中需要更多关注的一个情感领域。由机构研究合作计划（Cooperative Institutional Research Program，CIRP）开展的调查在过去的45年中一直在关注新生的价值观，其中有一组价值观变化令人不安。从20世纪60年代末到20世纪80年代末，学生变得更加物质主义，更加关注权力和地位。越来越多的学生认为接受本科教育基本上就是一种赚钱的手段，而不是接受通识教育的途径。同时，学生不再关心他人、环境和社区的福祉，也不再对有意义的生活哲学感兴趣。学生的职业计划也随着这些价值观发生类似的变化，商业领域职位的受欢迎程度达到了历史最高点，而服务业职位受欢迎的程度也达到了历史最低点（Astin，1998）。

高等教育界通过创建教学项目，鼓励学生参与公共和社区服务活动，以缓解其中的一些趋势。例如，1985年，校园契约联盟（Campus Compact）成立，约1100个致力于高等教育公民成效的机构组成了这一联盟。该联盟促进学生参与公共和社区服务，帮助校园建立有效的社区伙伴关系，并为将公民和社区学习纳入课程的教师提供资源和培训。1987年，加利福尼亚州通过了一项法律，要求加州大学和加利福尼亚州立大学为大学生建立某种志愿服务或公共服务计划。

在国家层面，国家和社区服务公司在1993年成立，负责建立机构和基金会来支持和发展全国高校的社区服务和服务学习计划。哈佛大学校长德里克·博克在他的《美国的大学与未来》（*Universities and the Future of America*）一书中指出："大学应该率先重申诚实、守信、自由表达和非暴力等基本价值观的重要性……［并且］使这些价值观成为重点教育教学计划的基础，以帮助学生形成一套强有力的道德标准，这些安排并不奇怪，也不是不合时宜……"（Bok，1990，p.100）。博克还指出："大学必须有助于培养学生的道德，否则他们根本不可能从大学学到东西。"（p.102）。

这些趋势表明，"通识教育应该无价值观"这一观念不再成立。我们的政治和教育领导者也指出，社会责任感和关心他人是高等教育机构应努力培养的学生素质之一。在这种情况下，任何成效评估似乎都应包含诸如同情、关心他人、宽容和社会责任感之类的素质指标。一项最新的纵向研究也表明，通过发展关怀和冷静等精神素质，学生的本科学习水平得到了显著提高（Astin，Astin and Lindholm，2011）。

上述讨论表明，有许多情感成效可能与通识教育的目标相关。那么，我们如何确定测量结果和测量方式呢？在确定评估成效时，我们倾向于尽可能评估广泛的情感成效，更具包容性而不是排他性。但是，如果选择高度包容，成效评估的方式会受到一定的限制。要评估的情感成效的数量和范围越大，评估方法就越简单。相反，如果我们倾向于使用极其复杂的心理测量方法来评估情感成效，那么可以评估的成效数量必然有限。

早期有关大学影响力的研究大多使用复杂的心理计量学工具，例如奥尔波特等人的价值观量表（Allport，Vernon and Lindzey，1960），以及多项性格量表（Buros，1978）。因为这些工具是专为个别学生辅导而设计的，所以要确保所评估的每个情感特征都能得到相对精确可靠的测量。因此，这些工具中的每个量表都建立在大量的单个问题基础之上。使用这种方法评估情感成效的主要局限性在于，获得的情感成效信息相对较少，而花费学生的时间较多。如果用信息论术语，我们可以说这些工具具有相对较高的"保真度"和相对较窄的"带宽"。

依靠此类工具评估大学情感成效的调查人员倾向于忽略个别学生心理测量的信度要求与群体心理测量的要求之间的不同。因此，只要学生样本足够大，我们就可以使用态度调查表中的单个项目来测量一组学生的情感成效，其结果也具有较高的信度。因为我们通常对接受过特定教育项目的学生群体的成效评估感兴趣，所以我们能够使用单个项目来研究各种成效，其结果涵盖了不同的学生群体。当然，在研究团体和个人时，我们也可以将单个项目组合成量表（Astin，1977）。但是，将量表应用于一组学生时，含有 30 个项目的量表似乎与只有 3 个项目的量表一样可靠（Astin，1971）。

相对于量表的经济性，项目对情感成效的研究具有巨大的实践价值。假设每个学生大约有 30 分钟的时间可用来评估情感成效，要求学生在 30 分钟内回答 50 个情感问题可能是合理的。遵循传统的心理测量方法，我们只能测量 5 个或更少的效能，因为为个体心理测量设计的工具量表很少会少于 10 个（实际上，含有 40 或 50 个量表的心理测试并不少见）。相比之下，如果我们将一个量表用来衡量不同的潜在情感成效，则可以使用单个量表评估 50 多种不同的情感成效。

自 1966 年以来，机构研究合作计划在调查新生时就采用了单项评估方法，学生参与人数达 1500 万。尽管新生调查已经"预测试"了许多情感成效，但真正侧重于评估情感成效的是后续调查（Follow-Up Survey，FUS）。采用后续调查，机构研究合作计划已经对 80 万名学生进行了跟踪调查，调查的时间节点是他们在进入大学后的 3 个月至 9 年这段时间。尽管各教育机构可能会发现设计自己的情感成效评估工具更为有效，但这些调查经验为开发本土化工具提供了许多有益的指导。这些结论还分别总结了情感领域中的行为和心理成效的一些指导性原则。

行为指标

有许多情感行为成效可能与本科教育目标相关。选择评估这些成效的方式部分取决于这些行为成效发生的频率。例如，有些行为成效通常只发生一次，并且可以使用简单的清单进行评估：学生是否经历过该成效。这些成效包括加入社会团体或联谊会、入选学生办公室、参加荣誉计划、参与教师的研究项目、辍学、结婚及获奖。还有一些行为成效发生的频率可能不同，可能需要采用量化的方式进行评估。这些成效包括与教师或同学的个人联络、上课迟到或旷课、参加校园抗议或示威游行、与他人讨论各种话题、独立学习、饮酒、吸烟或参加体育文化活动。阿斯丁早期尝试过使用各种方法量化这些活动的频率，发现最有用的方法是要求学生表明他们是否经常、偶尔或根本不参加以上活动。

评估行为成效的另一个方法是时间日记。我们可以通过要求学生预测每周参与各项活动的最佳时间来评估学生的活动和行为。可以通过时间日记评估的行为成效包括学习、做志愿工作、看电视、休闲阅读、发展兴趣爱好，以及使用手机、平板电脑或笔记本电脑，还包括参加宗教文化活动。我们也可以使用时间日记来评估大学毕业后学生的长期行为，例如花费在配偶、孩子、工作和公共活动上的时间。

最后一组行为成效涉及学生的教育和职业决策。其中包括学生在本科或研究生学习期间所选择的专业；有关辍学、休学或转校的决定；在研究生院或职业院校出勤的决定；职业选择和雇主选择；收入和荣誉；工作表现；特殊的成就或奖项。还可能包括学生在大学入学时以及实际入职前的各个阶段所做的初步或临时职业选择，尽管这些成效也可能被认为是和心理状态相关的，因为学生在真正入职前并没有做出这些行为表现。

评估学生行为的另一种方法是使用独立的观察员，而不是自我报告。尽管使用诸如教师和学生事务人员这样的观察员有许多好处，但是这些好处可能被成本、不便和其他因素抵消（Pace，1985）。值得注意的是，阿尔维诺学院的评估计划（Mentkowski and Loacker，1985）有效地利用了外部评估者开展行为观察，并取得了成功。

心理评估方法

尽管可以使用前文提及的用于行为成效评估的应答形式来评估一些心理成效，但一般来说，大多数心理情感成效需要用另一种项目和作答形式进行评估。

学生的自我概念是教育者特别感兴趣的领域之一。尽管我们可以用多种方法来评估自我概念，但一种特别有用且简单的方法是给出一系列自我描述特征（学术能力、智力和自信、领导能力、心理健康水平、名气等），并要求学生分别对每个特征评分。可以要求学生对每个特征的适用性做出绝对性判断（例如非常符合、部分符合、不符合），或者根据他们与同龄普通人的比较做出常模化判断（例如排名前10%、平均水平以上、平均水平、平均水平以下）。

第二个心理领域是学生的个人价值观。机构研究合作计划和后续调查问卷通常包含各种价值观或人生目标，例如养家糊口、生活奔小康、帮助有困难的人、促进种族理解和研究有意义的生活哲学。对于每一种价值陈述，我们都要求学生指出其对个人的重要程度（例如必不可少、非常重要、有点重要或不重要）。

还有一个情感心理学领域是学生态度。可以调查的问题范围非常广泛（如堕胎、死刑、学生权利、妇女权利、教育价值、联邦政策）。尽管可以采用多种作答方式，但我们倾向于使用经过时间检验的李克特量表的作答模式：完全同意、同意、不同意和完全不同意。

最近的一项国家纵向研究（Astin，Astin and Lindholm，2011）尝试研究一种相对较新的情感心理。这项研究表明，可以开发出可靠的心理特征指标，如精神追求、安宁、道德关怀，并将这些指标用于大学生的发展研究。

情感成效评估中一个特别有趣的领域是学生的政治倾向（政党偏好；对自由、保守或激进的政治主张的偏好）或宗教偏好、宗教行为。通过询问学生感到焦虑或沮丧的频率，或他们是否寻求过任何形式的心理咨询或治疗，我们也可以获得粗略的心理健康评估结果。

但是对成效评估而言，最重要的情感心理领域也许就是学生的满意度。班塔在田纳西大学诺克斯维尔分校的研究经历表明，从学生调查中获得的满意度数据可能会给机构的政策带来重大变化（Banta，1985）。这种情感成效包括学生在大学期间的主观经历以及对教育经历价值本身的理解。鉴于大多数学生在大学教育期间花费了大量的时间和精力，因此，我们应该特别重视他们对大学经历的价值的评价。的确，任何其他成效类别（认知或情感、行为或心理）都没有学生满意度重要，这一观点很难反驳。

解决满意度评估问题的最简单的方法是对整体满意度以及对大学经历的特定方面的满意度进行评估。关于整体满意度，我们曾经使用过两种互补但不重复的方法，也倾向于使用这两种方法。第一种方法只是要求学生使用一个简单的尺度来表达对大学整体经历的满意程度（即非常满意、满意、不清楚、不满意、非常不满意）。另一种方法是根据一个假设性的决定提出问题:"如果可以再次选择大学,你还会选择在同一所大学就读吗?"(回答可以是肯定会、可能会、不知道、可能不会、绝对不会)。这两种方法产生的回答相似而又不同。

关于对大学经历的特定方面的满意度,我们可以设想数十种可以进行评估的特定服务或经历:通识教育要求、专业课程、课程与日常生活的相关性、整体教学质量、实验室设施、图书馆、计算机设施、社交生活、与教职工的联系、与学生的关系、校园文化活动、住宿、经济补助、卫生服务、建议、心理咨询和工作安排。学生对每种服务或体验的满意程度可以用四分或五分制量表进行评分,但我们还应允许学生因为实际上并未获得或体验过该服务而不对其进行评分。

总　　结

定义和衡量高等教育项目的成效必然需要价值判断。由于教育项目有多种目标,认为单个成效指标可能满足成效评估需求的想法是不现实、不明智的。

在谈到成效评估时,我们要区分教育项目结束时获得的简单成效指标和项目影响指标,这种区分是重要的。后者只能通过比较成效指标与预测试指标或基于学生的入学特征预测的成效指标来实现(参看第六章和附录)。

学生成效指标分类有多种分类方法。其中一种分类已被机构研究合作计划证明是有效的,这种分类方法根据成效类型(认知或情感)、指标类型(行为或心理)和时间(短期或长期)对指标进行分类。关于成效评估的大多数讨论都关注单一的认知心理学类型的成效指标,即基于常模参照的、标准化的多项选择测试。尽管这种成效评估方法很受欢迎,但仍然存在许多重大缺陷,这些缺陷限制了它的可用性。

当前的评估工作似乎没有充分利用情感成效指标,尤其是那些评估学生对本科经历的反馈和满意度的指标。

第四章

评估学生输入

在没有入学新生输入数据的情况下，不论采用哪种方法，我们都很难了解我们的教育政策和实践如何影响学生的学习成效。在将I-E-O模型应用于任何评估数据时，我们都需要知道输入数据。这有两个基本原因：第一，输入始终与成效相关；第二，输入几乎总是与环境（教育计划和实践）相关。因为输入与成效和环境都相关，所以我们观察到的环境与成效之间的任何关系都可能很好地反映输入对成效的影响，而不是环境对成效的实际影响。机构研究合作计划已有70多年的历史，它现在拥有近1400万学生和1800家教育机构的输入数据。它于1966年启动，专门收集输入数据，这使得将I-E-O模型应用于美国高等教育成效研究成为可能。机构研究合作计划是一种综合性工具，包括人口统计数据、其他背景数据以及对各种大学成效的预测和自我预测（后文会讨论），因此本章使用这一计划来说明与学生输入数据的收集和使用相关的问题。输入数据的其他潜在重要来源包括招生和注册数据、分班考试的结果以及入职培训和注册期间可能进行的其他类型的特殊评估。机构研究合作计划的经验表明，输入数据除了应用于纵向I-E-O模型之外，还有许多其他用途。例如，入学新生的信息档案可用于学生招募、课程检查、方案规划、评估以及提供公共信息等。

本章将首先讨论学生输入数据的主要用途，之后将回顾可以收集到的不同类型的输入数据。

I-E-O模型中学生输入指标的功能

在I-E-O模型的运用过程中，学生输入数据主要用于学生成效指标预测试。除了少数例外，与其他任何输入或环境变量（后文将讨论）相比，预测试与成效后测试的相关性更高。许多完全相同的认知和情感成效指标，可以在入学时用作输入预测试。那些无法进行相同预测试的其他成效（例如大学成绩）、高中水平成效（如高中成绩）可作为平行成效指标。类似地，行为性的大学成效指标（如教师与学生的互动、参与社区服务、休闲阅读）可使用学生上大学前环节中的可比较指标作为预测试结果。

但对于其他许多成效指标而言，在输入阶段实际上没有平行预测试。一个很好的例子是学生在校率（完成学业与辍学之间的比较）。按照定义，我们需要在大学样本品剔除在高中时辍学的人，怎么可能预测试这一部分人的在校率呢？在这种情况下，我们需要重点了解哪些其他输入特征最有可能与我们所讨论的成效指标紧密相关。对于大学在校率而言，高中成绩和标准化考试分数通常被认为是最佳的输入预测变量（Astin，1971）。

另一类无法真正进行预测试的成效指标与学生满意度有关。有人可能会争论说学生在高中时的满意程度可以作为平行预测试指标。但这两种教育机构完全不同，学生在两种机构中的经历具有不同的性质，这种差异足以使人们对这种预测试指标的有效性产生疑问。

对于那些在输入阶段没有明显预测试的成效指标，一种解决方法是获得学生对所讨论成效指标的预测或期望。例如，可以要求入学新生估计他们辍学的概率或他们能够圆满结束大学生活的概率。多年来，关于大学影响力的研究表明，学生的期望或自我预测的确会随着时间的流逝而具有相对较大的预测权重（Astin，1977，1993）。换句话说，大多数学生可以对大学期间可能发生的事情做出合理准确的预测。

特别有趣的是，这些自我估计，即使是预测，它们也常常能增强预测试的预测能力。表4.1展示了在不使用预测试的情况下自我预测如何帮助预测成效指标的实例。如表4.1所示，有52%的学生在大学期间平均至少获得过一次A。通过观察表4.1的最后一列和最后一行，我们可以看到高中成绩（最后一列）和新生的自我预测（最后一行）与学生在大学平均获得A的机率密切相关。但学校成绩这一预测指标似乎更有说服力，因为高中平均成绩为C到高中平均成绩为A或A+的百分比从10%变为76%，相比之下，对"有点可能"的自我预测到对"很大可能"的自我预测这一比例仅从32%增长到61%。但是，表4.1中的数据显示的最重要的一点是，自我预测与高中每个成绩级别呈正比。因此，在高中平均成绩达到A或A+的学生中，那些对他们在大学获得的平均成绩至少为B+持乐观态度的人（认为"很大可能"，点比80%）比那些说自己获得B+的机会很少的人（"有点可能"，占比56%）要多。在高中平均成绩为A−的一类学生的自我预测也是如此：估计"很大可能"的学生中有63%的人至少获得了A−，而估计"有点可能"的学生中只有50%的人获得了A−。

表4.1 在大学阶段获得至少A−绩点的比率
（该比率与高中成绩和新生自我评估相关）（$N=14527$）

高中平均成绩	在大学至少获得B+平均成绩机会的自我预测				
	不可能	有点可能	有些可能	很大可能	总计
A 或 A+		56	64	80	76
A−		50	55	63	60

续表

高中平均成绩	在大学至少获得B+平均成绩机会的自我预测				
	不可能	有点可能	有些可能	很大可能	总计
B+		17	36	43	39
B		29	24	35	29
B−			26	18	24
C+			9	21	11
C			3	34	10
总计		32	40	61	52

* 仅显示包含50例以上类别的结果。

来源：Astin, Astin, and Lindholm（2011）.

在高中平均成绩为B+的学生中，估计自己有"很大可能"在大学中获得B+以上平均成绩的学生人数是那些认为自己"有点可能"获得B+成绩的学生人数的两倍以上。鉴于该模式与高中成绩低于B+的学生的预测模式并不完全一致，这种自我预测的准确性在成绩较好的学生中似乎更高。

研究发现，自我预测基本上与每种成效指标都相关（Astin，1977）。例如，进入大学时预测自己结婚机率"非常高"的学生，四年后结婚的可能性（66%）是预测"在大学期间结婚机率为零"的学生的三倍（21%）。同样，进入大学时打算获得法律或医学学位的学生比进入研究生院五年后打算获得法律或医学学位的学生（50%）和进入大学生时只打算获得学士学位的学生（15%）人数要多出三倍。

上述将自我预测作为输入指标的讨论强调了两个重要方面：自我预测可用来预测学生的成效，尤其是当没有适当的预测试来评估所讨论的成效时。即使可以进行预测试，自我预测仍然能够在很大程度上预测成效。简而言之，如果未将自我预测纳入一系列输入指标，我们可能会缺少潜在的重要输入变量来源。应该强调的是，除了自我预测外，许多学生特征对输入预测试的影响超过了输入预测试指标的影响。纵向多变量研究（Astin，1975，1977，1982，1993；Astin，Astin and Lindholm，2011）表明，除预测试外，平均有15~20个新生输入特点对大多数学生成效指标的预测有用。因此，最好的方法似乎是充分控制学生的输入特征所导致的偏差，尽可能将更多的输入特征纳入分析之中，并在研究中特别注意那些可能与成效指标相关的输入特征。

I-E-O模型中学生输入信息的最终用途是研究学生输入与环境特征之间

可能存在的相互作用。我们在第六章还会指出，了解相互作用效应在选择和安置学生时可能具有特殊价值，因为它可以帮助我们进一步了解如何使学生最大程度地适应现有的教育项目。学生输入特征可用于检验其是否与环境变量存在潜在的交互作用，这些特征包括学生的性别、种族、民族、年龄、能力和社会经济水平。

输入数据的其他用途

在 I-E-O 模型设计中控制学生输入特征的影响并不是收集学生输入指标的唯一目的。许多学生的输入特征本身是有价值的，因为这些特征不仅能够提供关于教育机构的相关信息，而且对各种管理工作具有潜在的意义。我们至少可以在四个教育机构的功能中有效利用学生的输入信息：招生与招聘、咨询与预警系统、课程大纲与项目评估，以及公共信息。

招生与招聘

由于教育机构重视资源卓越观和声誉卓越观，许多高校都会定期监控高中生的成绩，尤其是即将入学的新生的入学考试成绩。尽管本书多次对评估的这种使用方式提出质疑，但我们需要意识到，入学新生的许多其他特征都有内在的价值，因为这些信息与大学的招生与招聘有关。学术界一直感兴趣的一个特征是学生的种族和民族。教育机构对增加非裔美国人、西班牙裔美国人和美洲印第安人的招生人数特别感兴趣，因为长期以来，这些群体在大多数教育机构的学生团体中占比不高（有关教育公平性的更详细的讨论，参见第十章）。在过去的 20 年中，我们开始关注另一个少数族裔群体，即亚裔美国人，原因至少有以下三个：一是美国的亚裔人口不断增长；二是美国人逐渐认识到亚洲人不是一个单一类别；三是亚洲子群体之间存在重要的差异，部分人认为教育机构实际上正试图限制招收亚洲学生。我们目前尚不清楚这一争议将如何解决，但与此同时，各教育机构正在密切关注亚洲学生的入学情况。相比那些来自其他地方的学生，机构更关注亚洲学生的学历。

输入数据的另一个重要用途是识别可能影响准大学生择校的因素。机构研究合作计划在调查大学新生时，会定期要求学生评估影响他们决定选择该大学的各种因素的重要性（例如，学术声誉、社会声誉、低廉的学费、地理位置、特殊教育计划，以及来自亲戚、任课教师、辅导员和大学招生工作人员的建议)。机构研究合作计划还要求学生提供他们申请的其他大学的数量、接到录取通知的数量以及最终就读的大学是否是他们的第一选择或第二选择等信息。所有这些信息对于更好地了解可能影响学生决定就读本校的因素以及在大学录取中确定入学的准新生而言都是非常有用的。多家机构都采用这种方式使用输入数据，其中的一项研究显示，非裔美国人偏爱历史悠久的黑人大学而不是白人大学（McDonough，Antonio and Trent，1997），另一项研究讨论了影响不同亚裔子群体选择大学的因素（Teranishi，2004）。

咨询与预警系统

长期以来，学生在校率一直是大学管理人员关注的问题。最近两项针对退学和留校问题的研究表明，获得学生入学时的全方位信息是很有必要的。学生留校工作人员是致力于提高学生在校率的管理人员，他们已经开始出现在校园以及相关的预警系统中。一项针对大约440所高校的调查表明，大约70%的高校有专门负责这项工作的人员（Dadashova，Ziskin and Hossler，2010）。这些工作人员也越来越多地使用数据密集型预警系统，以提高学生咨询的时效性和有效性。这个系统的关键组成部分是学生信息。由于学生在大学第一年辍学的可能性最大，学生进入大学前的成绩、学业准备、学习习惯以及学术和社会参与等相关数据对于识别此类学生，提高给予此类学生建议的质量都非常有价值。普渡大学的"信号"（Signal）系统是最著名的学业预警系统，它将招生时吸引到的学生在大学之前的信息与其他信息整合到同一个数据库中。关于使用输入数据解决学生留校问题的进一步讨论，参见第十章。

课程大纲与项目评估

美国高等教育有一个特点，即许多机构开发课程和其他教育项目时，没有考虑与之相关的学生群体的特征。机构研究合作计划开展新生调查的一个主要目的是为院校提供可用于课程计划和教育项目审查的学生特征概况。可用于此目的的信息包括学生中学所修课程、学位期望、可能的主修专业、生活目标、上大学的原因以及其他需要提升的一些领域。

输入数据的一个特别重要的用途是绘制入学新生的特征趋势图。尽管大多数机构会监控学生的标准化测试成绩、性别和种族等方面的变化，但它们还可以收集更多有用的信息，以图表形式显示学生的计划、理想、价值观和态度方面的变化。正如我们在第三章所指出的那样，机构研究合作计划的新生调查揭示了调查开展以来的 70 多年学生在兴趣和价值观上的巨大变化。与 20 世纪 70 年代初的学生相比，现在的学生对商业职业有强烈偏好，对服务业的兴趣相对较小。与以前的学生相比，他们对获得财富、权力和地位的兴趣大得多，对利他目标和"树立有意义的生活哲学思想"（Pryor et al.，2009）的兴趣很小。可能正是因为有这些变化，许多高校决定为其本科生构建公共和社区服务项目，有时还要求将其中某些服务项目作为本科通识教育课程的一部分。

公共信息

综合性的大学新生概况信息可以为机构官员的公开演讲、校园专题新闻、校友公告和杂志，以及地方和国家新闻媒体提供良好的素材。如果存在具有可比性的、规范的教育机构新生资料，则可以大幅增强输入数据的用途。机构研究合作计划开展的新生调查获得人们关注的一个主要特征是它不仅为综合性机构，也为按类型细分的子机构（例如公立与私立、四年制高校、宗教信仰以及学生群体的主要种族）和选择水平提供了国家层面的规范。能够将本机构的学生与同类机构的学生进行比较的能力大大增强了学生输入数据作为公共信息的有用性。

学生输入测量的类型

考虑到 I-E-O 模型中学生输入测量指标的多种用途以及此类信息的其他行政用途，我们可以从新生那里获得的学生输入测量指标的数量和种类非常多。虽然似乎没有与成效测量指标类似的自然分类方法（参见第三章），但我们仍然可以将输入测量指标分为两大类：学生固定不变的特征和可随时间变化的特征。后者至少可以进一步细分为六个子类别：认知功能、愿望和期望、自我评价、价值观与态度、行为模式以及教育背景特征。以下分别讨论这些类型的学生输入数据。

学生固定不变的特征

学生固定不变的特征也可以称为人口统计学特征。此处包括学生的性别、种族或民族、家庭人数（包括目前在读大学的兄弟姐妹的数量）、出生顺序、移民身份、居住地、家庭使用的语言、家庭种族组成，以及学生父母的婚姻状况、收入、受教育程度、宗教信仰和职业。其中有些特征并不是真的永久"不变"（例如，父母可以改变他们的职业、收入或受教育程度，或者生育更多的孩子），但是对于大多数信息使用目的而言，我们可以合理地假定这些人口统计学特征在学生上大学期间保持相对稳定。当然，有一个人口特征——年龄——会定期变化，但是每个学生的年龄相对于其他学生来说都是不变的。

我们还可以将其他许多学生特征视为固定不变的，例如，就读的高中类型和毕业年份。我们将在后文的"教育背景特征"部分讨论这些特征。

认知功能

许多高校的招生程序中会产生几种类型的输入指标，这些指标可用于I-E-O模型认知功能研究的预测试。

认知功能中，最重要的是高中平均成绩和各种标准化的入学考试（例如美国大学入学考试、学业能力倾向测验以及各种学科的测试）。许多大学通过高级进阶测试以及英语和数学等领域的分班测试来为学生授予大学学分。输入数据不限于为录取和安置程序而收集的信息。诸如大学生学习评估考试（CLA）、美国大学入学考试中的大学学术能力评估（CAAP）以及美国大学理事会针对特定学科举行的考试等已有的评估方式也可以提供有用的数据，尤其是那些学生在进入大学之前参加的考试。认知发展的特定领域也可以用更专业的工具来衡量，例如运用"定义问题测试"（Defining Issues Test）检验道德推理。从理论上讲，所有此类输入指标均可用于纵向研究，在后期的纵向研究中对同一工具进行后测试以得出变化或增长的指标。尤其是分班考试，它非常适合这种纵向分析，因为分析成效可能使机构能够解答两个关键问题：基于考试成效的差异化课程分班是否真的有利于提高学生的学习成绩？补习课程是否真的成功培养了课程内容所关注的那些基本技能？

愿望和期望

学生输入特征的愿望和期望类别包括学生的自我预测、学位期望、可能的职业选择、可能的主修课程和生活目标。年度新生调查包含45个项目，每个项目都包括许多自我预测。这些预测涵盖了各种可能的成效，例如学习成绩、在校率、结婚、专业变化或职业选择、通过工作来支付大学费用、需要额外的时间来完成学业、获得职业或个人咨询、参加学生抗议活动、毕业前转学以及参加各种课外活动（如社交联谊会、社团、体育会和参加学生工作竞选）。有时，机构研究合作计划调查涵盖了学生在各学科领域的补习需求。

机构研究合作计划调查还询问学生计划获得的最高学位、可能的职业选择以及可能的主修课程。尽管大多数美国大学规定新生在进入大学一段时间后才能选择主修课程，但是超过90%的新生愿意在入学时就选择一门主修课程。

了解学生上大学的原因也很有用。机构研究合作计划调查定期要求学生说明上大学的各种原因的重要程度，如获得更好的工作、接受通识教育、提高阅读和学习技能、变得更有文化素养、赚更多的钱、学更多的知识、为考研做准备；其他原因包括来自父母的压力、渴望远离家乡、找不到工作以及没有更好的选择。

可以从该类别中获得的最终信息类型与学生的人生目标有关。机构研究合作计划调查要求学生指出以职业为导向目标（例如科学、表演艺术、商业、创作和美术）的相对重要程度，以及其他更一般性的生活目标（例如经济上非常富裕、成为权威、获得认可、影响社会价值观、养家、帮助他人、增进种族理解及参与社区行动计划）的相对重要程度。当然，将它们用作后续调查的成效指标时，这些内容中的很多都是对同一项目标的预测试。

自我评价

自20世纪80年代以来，"自尊"这一概念一直是教育工作者甚至是某些公共政策制定者关注的话题（California Task Force to Promote Self-esteem and Personal and Social Responsibility, 1990）。早期的机构研究合作计划大一新生调查每隔三四年进行一次学生自我评价，但近年来，自我评价已成为每个年度调查的常规内容。该调查要求学生就自己在各种个人特征上与其他同龄人进行比较：学术能力、艺术能力、成就动机、心理健康水平、领导能力、数学能力、身体健康水平、名气、公共演讲能力、智力和自信、社交自信、写作能力。事实证明，这些自我评价与学生的各种学习成效有关（Astin, 1977, 1993; Astin, Astin and Lindholm, 2011）。

价值观与态度

正如我们在第三章所指出的那样，美国高等教育中有关学生发展的研究大多讨论本科阶段的经历如何影响学生的价值观、态度和信念。新生调查通常包括一长串问题,用以评估学生对各种社会问题(例如堕胎、同性恋、种族、妇女权利、死刑、性、毒品、裁军和联邦政策)的态度,还涉及与宗教、精神活动以及一系列和教育有关的问题(例如大学的学费、多元化、平权行动、学生权利和高等教育的目的)。尽管调查此类项目的主要目的是在进行成效评估时对这些相同的问题进行预测试,但近年来,教育工作者对新生在不同调查中对这些问题回答的变化表现出越来越浓厚的兴趣。

该类研究中另一个备受关注的项目是学生的自我政治标识:左派、自由派、中间路线、保守派或右派。这个项目主要是作为之后纵向后测试的预测试,但是该项目本身显示几届大学新生已连续出现有趣的变化(Astin,1993;Pryor,2007)。

行为模式

让学生报告自己的行为模式是一件相对容易的事,尽管我们对此类问题的经验表明采集这类信息需要至少两种不同的反馈形式。我们在第三章建议,对于那些不适合进行精确量化的特定行为,可以仅使用粗略量化的方式进行调查,即报告该行为是经常发生、偶尔发生或完全没有发生。这些行为通常包括参加宗教仪式、发短信、参加示威游行、在学校体育运动项目中获得荣誉证书、未能按时完成家庭作业、辅导其他学生、喝酒、抽烟、感觉压力大、感觉沮丧以及拜访老师等。

可以根据学生平均每周在不同活动上花费的小时数来报告学生的行为模式。机构研究合作计划新生调查通常包括"时间日记",学生可以在日记中说明他们每周花费在学习或功课、社交、与教师交谈、电子游戏、锻炼、聚会、工作、学生俱乐部或学生组织以及电视等相关活动上的小时数。尽管这些"时间日记"涉及的问题主要是对上大学后的类似问题进行预测,但其中一些项目是固定的(例如,学习时间与看电视所花费的时间),尤其是可以依据多年的趋势进行估算。

教育背景特征

在对学生的输入特征进行综合评估时,可以将有关学生教育背景的各种问题纳入其中。这些特征通常显出与各种学生成效指标一致的关系,尤其是那些与学术活动或学业成绩有关的指标。机构研究合作计划新生调查定期将多种教育背景特征纳入其中,包括中学类型(例如公立学校、宗教学校、私立学校)、高中毕业年份、高中成绩和班级排名、就读高中的种族构成、在基本学科领域(例如英语、数学、外语、物理、生物科学、历史/政府、计算机科学、艺术/音乐)的学习年限、已修读的特殊课程(例如荣誉课程或高级进阶测试)以及以前修读过的大学课程。其他时常被纳入机构研究合作计划调查的、人们可能感兴趣的领域包括学生高中阶段的学习习惯以及他们是否接受过补习或在特定学科领域接受过特殊辅导。

其他输入指标

但是,没有明确归入上述任何类别的其他几种学生输入特征也可能与综合输入评估有关。其中包括学生申请的大学数量、获得入学资格的大学数量、学生选择特定大学的原因(请参见前文的讨论),对大学财务、大学宗教倾向、父母宗教倾向和残障状况的关注。

最后一类特别有趣的学生输入特征可以标记为"桥梁指标"。该术语旨在指出人们所讨论的变量既可以作为学生的输入特征,也可以作为大学的环境特征(请参阅第五章)。也就是说,尽管这些变量是在学生进入大学时(入学时)进行测量的,但它们也可能是环境经历,会继续影响学生在大学期间的发展。其中包括学生对主修领域的初始选择、经济补助(例如贷款、助学金、勤工俭学)、当前所从事的工作、学生就读大学时的住所、大学与学生家的距离以及学生是非全日制学习还是全日制学习。这些变量是用作输入特征还是环境特征,部分取决于所研究的特定问题以及研究人员选择如何概念化这些研究问题(请参阅第二章和附录)。

输入指标与环境及成效指标间的关联

如我们在本章前文和第二章所述,需要在环境影响研究中控制输入指标的主要原因是输入往往与成效指标和环境指标都相关。这些相关性的普遍性如何?研究人员应该如何控制输入呢?回答这两个问题的最好方法可能是检查学生的输入特征样本,并查看它们与输出特征和环境特征之间的关系。

输入输出关联

除了极少数例外,成效后测试指标与其他自变量的相关性都低于成效后测试指标与其对应的输入前测试指标的相关性。但是,这些预测试与后测试的相关性可能存在由高到低的变化，这取决于所考虑的指标的可靠性以及预测试与后测试间隔的时间。间隔时间越长，相关性就越低。

我们可以通过标准化测试、兴趣量表和客观人格测验获得一些最高相关性数据，其中每个量表均含有多项指标（每个量表包含 20 个甚至更多指标）。例如，我们在第六章中将呈现学业能力倾向测验（实际上是美国研究生入学考试的一种预测试）与四年或更长时间之前进行的美国研究生入学考试的相关系数约为 0.85。

和机构研究合作计划新生调查中使用的问卷项目有关的预测试与后测试的相关性有多大呢？表 4.2 显示了预测试与后测试（或输入与成效）的相关性，其中包括 2004 年进行的机构研究合作计划新生调查中选定的项目样本，以及三年后（2007 年）对同一学生进行的跟踪调查。

表 4.2 预测试（输入）与后测试（成效）指标之间的相关性
（关于 2004 年调查的 14527 名新生的跟踪调查）

指标		2004 年与 2007 年各指标之间的相关系数
平均绩点（高中与大学）		0.44
政治自由主义（相对保守主义）		0.53
每周花在学习上的时间		0.35
每周花在看电视上的时间		0.40
参加宗教仪式的频率		0.59
帮助有个人问题的朋友的频率		0.33
自我评价	数学能力	0.68
	学术能力	0.50
	写作能力	0.50
	领导力	0.57
	智力自信	0.41
价值观和态度	堕胎是合法的	0.62
	联邦军事支出应增加	0.40
专业选择	工程学	0.78
	美术	0.38
	教育	0.52
	农业	0.32

续表

指标		2004 年与 2007 年各指标之间的相关系数
专业选择	历史或政治	0.46
	数学	0.39
	英语	0.42

高中成绩与大学成绩之间的相关系数似乎不大，为 0.44，但考虑到三年的时间差距以及高中和大学之间的评分标准差异很大，这个相关系数实际上是相当合理的。表 4.2 中的第二项是政治自由主义（相对保守主义），显示预测试与后测试的相关系数较高，为 0.53，这表明在大学期间，学生在政治取向上的差异保持相对稳定。表 4.2 中的第三项，即每周花在学习上的时间，显示了预测试与后测试相关性最低，为 0.35。尽管相关性较低表明某项指标可能不可靠，但也有可能是学生在大学期间的学习习惯发生了巨大的变化。有一种方法可以区分某项指标是不可靠还是随时间变化，即将在短时间（几小时或几天）内的预测试与后测试的相关性与较长时间内的相关性进行比较。这两个数据差异越大，则学生显示出的变化越大。

我们称这种变化为"差异变化"（differential change）。预测试与后测试呈显性相关证明被测个体的相对位置和距离与时间呈现出一定的一致性。（有关相关性的更详细的讨论，请参见第六章和附录。）换句话说，如果所有个体都随时间发生变化，但是所有个体变化的幅度大致相同，则它们的相对位置和它们相隔的距离将保持相对稳定，从而产生较高的预测试与后测试相关性。因此，预测试与后测试的相关性因变化而减弱是指一个人与另一个人之间的差异变化：有些人分数提高了，另一些人分数下降了，而其他人则没有变化。这种差异变化会改变受试者从预测试到后测试的相对位置（排名）。个体之间的这些变化越不一致，则预测试与后测试的相关性越低。

表 4.2 显示，在给定的调查项目类别中，不同项目之间的一致性可能会随时间的变化而产生很大差异。例如，在学生的自我评价中，相关性大小不等，高值是 0.68（数学能力），低值为 0.41（智力自信）。

专业选择的预测试与后测试的相关性甚至会出现更大的差异。工程学专业的预测试与后测试显示出的相关性最高（为 0.78），而农业专业显示的相关性最低（为 0.32）。工程学相关性比较高的主要原因是几乎所有在后测试中选择工程学的人在预测试中也选择了该专业。因此，即使在大学期间有很多人从工程学转向其他专业领域，也很少有人在同一时期内从其他专业领域转向工程学。而英语专业则情况不同，这个专业的相关性相对较低，为 0.42。不仅有许多学生从英语专业转向其他专业，还有更多的新生从其他专业转向英语专业。换句话说，从预测试到后测试，选择英语专业比选择工程学专业的变化混乱得多。

通过将几个相关的调查项目合并为包含更大规模的项目，来测量更一般性的学生特征的调查问卷，可以获得更高的预测试与后测试相关性。如果组合起来的项目具有相似的测量特性，则包含多个项目的测量通常比单个项目的测量误差更小，可靠性更高。

输入与环境之间的关联

预测试的输入指标往往与后测试的成效指标相关联，这不足为奇。换言之，人们在特定的测量类型的相对位置倾向于保持稳定，不会随时间变化而变化。环境影响分析所面临的真正问题不是由输入与成效之间的相关性引起的，而是由输入与环境之间的相关性引起的。正如我们在第二章所说的，人们很少随机分布在不同的环境中；他们通常会自己选择环境，在一定程度上环境也选择他们。因此，在现实生活中，我们通常看到的是处于不同环境中的不同类型的人（根据输入特征做出这种判定）。简单来说，输入特征往往与环境特征相关。

那么，哪些输入特征与环境特征有关，相关度有多高呢？为探讨这些问题，我们就需要计算特定的输入和环境指标之间的相关性。表 4.3 显示了四种输入指标与各种环境指标的相关性。实际上，与表 4.3 中所报告的结果相比较，这些指标与环境指标的统计相关性更高。

表 4.3　四种学生输入指标与环境指标的相关性

输入指标	环境指标	相关性
父母的收入	选择性	0.20
	四年制公立学校	−0.09
	私人非宗派机构	0.05
	机构规模	0.08

续表

输入指标	环境指标	相关性
父亲的教育偏好	选择性	0.28
	四年制公立学校	−0.18
	私人非宗派机构	0.11
	机构规模	0.08
高中阶段的外语学习年限	选择性	0.21
	四年制公立学校	−0.28
	私人非宗派机构	0.17
	机构规模	0.10
	罗马天主教机构	0.08
在私立独立高中就读	选择性	0.15
	四年制公立学校	−0.12
	私人非宗派机构	0.15
	机构规模	−0.03
	罗马天主教机构	0.05

表 4.3 中仅显示了具有五个一般机构特征的相关性样本。数据表明，那些挑选学生条件更为严格的院校的学生比来自挑选学生条件相对宽松的院校的学生更有可能来自受过良好教育且经济条件良好的家庭。

私立非宗派机构也存在类似的情况，这些机构也能吸引到来自富裕的且受过良好教育的家庭的学生，以及那些就读于私立高中并学习过外语的学生。大型学院的模式是类似的，只是入学的学生不太可能上过私立高中。

与就读于严格挑选学生的院校和私立非宗派机构的学生相比，进入四年制公立大学的学生截然不同：他们往往来自受教育程度较低、收入较低的家庭，不太可能上过私立学校，也没学习过外语课程。最后，就读于罗马天主教机构的学生上私立高中且学习过外语课程的可能性比普通学生要高得多。

请注意，就读于私立高中的学生比公立高中的学生更有可能上罗马天主教大学和挑选学生条件严格的大学。相比之下，公立高中的学生比私立高中的学生更有可能上公立大学。

简而言之，这些相关性表明学生的输入指标与环境指标显性相关。显然，在没有一开始就控制几个学生输入特征的条件下，试图评估大学的选择性和其他环境特征对学生成效指标影响的努力是没有意义的。甚至在各个机构内部，输入指标与相关的环境指标之间也存在显性相关，这些环境指标包括在学校宿舍居住、参加荣誉计划、参加课外活动、工作时长、通勤时长以及学生的主修领域（Astin，1993）。同样，评估此类环境经历对学生成效的影响可能会导致错误的因果推断，除非先前已经控制了相关学生的输入指标。

总　　结

在本章中，我们回顾了不同类型的学生输入特征，并说明了如何在 I-E-O 模型中使用这些特征指标。最关键的输入是对各种学生成效的预测试。如果我们无法对某项特定的成效开展预测试，那么一个很好的替代方法是评估学生对该成效的期望。输入指标还有许多其他用途，例如用于课程审查、建议、招生、招聘以及公共信息。

控制学生输入很重要，因为我们已经证明输入与成效和环境指标都有关。此外，依据预测试之外的其他输入几乎总可以预测给定的成效，因此重要的是尽可能控制输入指标，以最大限度地减少大学环境对学生成效影响评估带来的偏误。

第五章　环境评估

迄今为止，环境评估是评估领域中最困难、最复杂的内容，很具挑战性。同时，环境评估也是评估领域中最容易被忽略的话题。

从最广泛的意义上讲，环境涵盖了学生在教育计划过程中发生的一切，而这些因素都可能会影响成效。因此，环境不仅包括我们所说的教育计划的任何部分，如计划、人员、课程、教学方案及设备，还包括开展该计划的社会和机构环境。因此，对于大学生来说，环境可能包括他们所学的课程、教授这些课程的教师的个性和教学方法、教室和校园其他地方的自然环境、室友和朋友的行为、学生加入的组织和参加的其他课外活动，以及学生参加的任何特殊计划（例如定向、注册、咨询、补习和荣誉）。因此，评估大学环境的任务包括对这些外部环境和事件的识别和量化。

在讨论高等教育环境评估的特定方法之前，我们首先需要讨论几个概念和方法论问题：观察单位、相关性、自产的环境以及环境数据的来源。

观 察 单 位

我们在评估任何学生环境经历前，需要考虑的首要因素之一是确定需要关注的人或事物。在评估术语中，所有测量都涉及的实体被称为观察单位。

在收集诸如学业能力倾向测验或美国研究生入学考试分数之类的输入和输出信息时，学生通常是指标中的"单位"（或者，在教师案例研究中，教师个人就是单位）。也就是说，我们收集每个学生的实际相关数据，例如考试成绩和人口统计学特征。但是，在试图了解任何学生的环境经验的本质时，我们可能希望测量或表征其他几个对象。例如，我们可以尝试根据以下单位来描述学生就读的教育机构的情况，如规模（招生人数）、选择性、位置、控制类型（公立、私立、宗派）、所提供的学位（大专、学士、硕士、博士学位）、学生的花费、教师特征（拥有博士学位教师所占的百分比、性别构成等）、学生整体特征（种族构成、平均年龄、入学考试平均分等）、师生比例，以及图书馆规模等。对于所有此类环境指标，我们要描述的观察单位是整个机构。

如果我们想对这些指标进行更多个性化的设置，则可以在较小的观察单位获得这些指标，例如机构内学生的专业和所在的系。或者，我们可能会测量学生所在的班级特征，例如班级规模、教师特征、课程内容和教学方法。在个体的层面上，我们可以衡量学生的室友、指导教师、顾问或好友的特征。我们也可能会收集该学生所属的特定组织的相关信息。

当然，此处描述的是一种环境指标的连续体，从远端观察单位开始，例如从整个机构到与学生关系最密切的近端单位，这些单位能够反映学生接触的教师、同学或课堂等经验。这些指标与学生的关系越密切，对大多数学生成效的意义就越大。但是，与获得反映对每个学生体验有直接影响的近端的特定人员、特定事件的信息相比，获得以整个机构为分析单位的学生环境的远端指标通常容易得多，成本也更低。

环境评估仍处于初始状态的一个主要原因是，在实际操作中，我们很难收集与每个学生的环境最紧密相关的数据。在较大、较复杂的教育机构中，环境指标的关联性可能比在较小、较统一的机构中更为重要。也就是说，相对于大型城市社区学院，小型寄宿学院对机构整体环境中个别学生的环境的测量可以描述得更准确。

相 关 性

大学环境的某些方面与某些学生的相关性比与另一些学生的相关性更大，这取决于学生个人的家庭和生活状况。最明显的个人因素是学生的住所，学生是否已婚或育有孩子以及学生是否在校外工作。居住地可能是最重要的个体因素，因为它可以缓和许多其他环境变量可能产生的影响。例如，住校生比非住校生更有可能经常接触到其他学生、教职工以及校园的自然风景和资源。另一方面，和父母住在一起的非住校生比住校生更容易受到上大学前的家庭、邻居和朋友的影响。驾车上学的非住校生比住校生更有可能受到校园所在地、校园停车设施和法规等环境因素的影响。在很多方面，住在自己家或租住在公寓里的已婚学生与非住校生的相似之处在于，前者对校园社区的接触有限，但又有其他区别，他们需要维系自己的家庭、与配偶建立关系以及照看孩子。但是，当学生在线学习大学课程时（这种经历现在越来越常见），可能会出现最独特的个人情况，这种情况实际上消除了"校园环境"这一潜在环境的影响，而"校园环境"正是一种重要的影响因素。

显然，学生同伴群体、教职工和校园物理设备等环境因素的相关性将在很大程度上取决于所有特定学生的个人生活状况。

自产的环境

我们在评估学生环境时，面临的另一个问题是，任何学生的环境在一定程度上都是自产的。换句话说，学生可以选择并形成自己的环境体验。例如，如果我们以三个大学新生为例，他们正在学习相同的课程，并且他们居住的宿舍位于同一楼层，那么如果其中一人选择夜晚待在宿舍学习，一人选择夜晚在图书馆学习，第三个人选择夜晚参加学生会活动，这三个人的实际环境体验可能仍然大不相同。组队学习与单独学习，主要在周末而不是工作日学习，这些都会产生类似的体验差异。自产的环境经验能够产生重要影响的情景数量几乎是无限的。

由于许多环境经验是部分自产的，因此有时它们也可以被视为输入成效变量。以学生的专业为例。如果新生选择工程学专业，那么该选择将被视为环境变量，因为与刚进入大学时选择其他专业的新生相比，该学生可能会面临不同的课程、教师和学生同伴群体。另一方面，由于大一工程学专业的学生进入大学时就已经选择了专业，所以该选择也可以被视为输入变量。

不论学生最终选择什么专业，他最终都会获得该专业的学士学位吗？因为学生最终选择的专业就像新生选择的专业一样，对学生所接触的同龄人、教职工和课程都具有重大意义，所以我们一般将其都视为环境变量。同时，由于学生最初两年的本科环境经历很可能会影响该生最终的专业选择，专业选择也可以用作成效变量。简而言之，自产的环境变量本质上没有内因可以决定其作为环境变量；是否选择将学生选择的专业作为环境变量，在很大程度上取决于我们如何概念化这些研究问题。

自产的环境体验带来了许多其他技术和概念上的挑战。首先，不能期望我们可以用更少的指标来列举典型的高校学生可能遇到的全部甚至大部分重要的自产环境体验，这显然是不现实的。其次，由于自产的环境体验也可以被视为成效，这给 I-E-O 模型带来了类似于鸡与蛋谁先存在的大难题。尽管某些分析此类环境经验的方法可以缓解其中一些概念上的困难，但没有任何一种方法能完全令人满意，因此其成效本质上是模棱两可的。[7] 我们最希望做的就是测量其中一些经验并探索其可能带来的影响，同时还要充分了解和认识其固有的模糊性。

环境数据的来源

我们从哪里获得信息以制定每个学生的环境体验指标？显然，数据的来源与观察单位密切相关，但也对自产环境变量问题产生了影响。有关整个机构的数据（例如机构的规模、管理、选择性和设施）通常是从机构本身获取的。但整个机构的相关环境数据也可以通过对教职工的调查获得。这种方法为机构中的人员样本提出了一系列标准问题，而受访者给出的平均答案成为环境指标。（我们将在本章中详细介绍此类指标。）我们也可以将教职工本身作为信息来源。因此，我们可以用拥有博士学位的教师所占的百分比、他们与学生的课外平均联系次数或发表文章的平均数量来描述高校环境。

当我们同时研究多个机构时，描述整个机构的环境指标很有用；在单一机构研究中，由于每个学生所处的环境都相同，这些指标的价值就较低。在这种情况下，环境指标将是一个常数（即所有学生将获得相同的分数），而不是一个变量（即不同的学生将获得不同的分数）。为了克服这一问题，我们可能会从机构内可定义的子环境中收集类似信息，例如学生的规划或主修领域。例如，我们可以根据教师的一般性特征或部门规模来描述机构中的不同部门，或者我们可能希望根据学生课程中的班级规模、一天中的上课时长、教师或教学方法来描述他们所选择的课程。

潜在环境信息的极其重要的来源是单个学生在机构中的记录。实际上，所有机构都保留着每个学生的相关学术经历（例如所修课程、成绩、学分）和经济补助等大量记录，许多机构还保留了学生的居住地、参与特殊服务和计划以及参加课外活动的记录。

学生最丰富的环境经历数据来源也许是学生自身。在这种情况下，我们基本上是将学生作为观察者或信息来源，以获取他的环境经历。通常，此类信息是通过问卷进行收集的，这些问卷是学生在接触环境后完成的。通过这种方式，我们能够获得大量机构记录中可能没有的学生环境经验信息。

我们还可以汇总来自学生记录或单个学生的数据，以产生能在本质上描述学生群体特征的环境指标。因此，在将多个不同机构进行比较和对比的多机构研究中，我们可以将整个学生团体（或每个机构的学生团体的代表性样本）的机构记录或问卷调查答复进行汇总，用计算得出的平均分来描述整个学生团体。或者，如果是单个机构研究，我们则可以根据学生的专业领域、宿舍或组织将数据汇总到较小的子组中。因此，任何单个学生的环境都将成为主修同一专业、居住在同一宿舍或参与同一组织的所有学生的平均分数。在更为细小的层面上，我们可以根据室友或好友的平均特性来描述学生的环境（Antonio，2001，2004；Wallace，1966）。这有无限可能性。

两种指标类型

我们发现可以很方便地区分两大类环境指标：① 至少从理论上讲，整个机构的特征（其规模、选择性等）可以影响该机构的所有学生；② 机构内的特定教育经历（例如，生活在特定的宿舍中、是特定学生组织的成员、参加补助计划），这些只有那些特定机构中的部分学生可以接触到。后一类指标包含机构内环境变量，而前者包含机构间环境变量。本书主要针对在单个机构中工作的人员，而不是针对同时研究多个机构的研究人员，所以大多数读者会对机构内变量更感兴趣。但由于许多用于机构间比较的指标也可以在单个机构中使用，我们将先研究一些机构间指标。

机构间指标

大部分已发表的关注不同类型机构影响的研究都使用了社会学家所采用的机构结构特征：规模、选择性（例如，机构接受的申请者在所有申请者中所占的百分比、新生学业能力倾向测验平均分数）、管理类型（例如公立、私立、宗派）、所提供学位的最高级别（例如大专、学士、硕士或以上学位）、性别（例如男子大学、女子大学、男女同校）、支出（通常按学生人数计算）、图书馆规模、教师的学历水平（例如，获得博士学位的教师所占的百分比）、师生比例、学费、学生组成（例如，女性百分比、各种族/族裔群体的百分比、获得佩尔助学金的学生所占的百分比）和地理位置。除少数例外，这些特征的相关信息可以从美国教育部进行的年度调查、商业大学指南、大学概况或大学网站中获得。显然，这些指标在单个机构中几乎没有用处，因为不同个体学生的分数是相同的。

但是，在高等教育领域，研究人员开发了另一类机构间环境变量，可用于单个机构研究。此类指标的主要目的是用比上文所列的结构特征更为个性、更为复杂的方式，来描述机构的环境或氛围的信息。例如，许多教育工作者认为，机构的规模（以注册学生的人数来衡量）会对学生个人的发展产生重大影响。然而，很少有人会认为规模本身就是重要的变量。相反，他们可能会争辩说，学校的学生数量多少会倾向于创造一种特定氛围，进而会影响学生的成长。因此，我们可以说，与大型机构相比，小型机构的氛围更有可能具有强烈的社区意识。研究人员不仅要用规模指标代替社区，还应尝试直接衡量机构对社区的感知程度。

实际上，这是一位已故的同事罗伯特·佩斯试图在其高校环境量表（College and University Environmental Scales，CUES）中采用的做法（Pace，1960，1963）。在佩斯的高校环境量表中，特定大学环境中的社区程度是通过对教师、行政人员或学生群体进行调查来确定的，以了解他们在多大程度上认同以下观点：环境具有凝聚力和友好共融的氛围；在这种氛围中，教职工和学生拥有共同的价值观。佩斯评估工具中的社区量表包含30个判断题和4个环境量表：学术成就、意识、适用性和实用性。佩斯的高校环境量表源自更大的环境评估工具，即大学特征指数（College Characteristics Index，CCI），其中包括300个判断题，采用30种不同的指标来衡量大学的环境压力（Pace and Stern，1958）。最近，佩斯开发了大学生体验问卷（College Student Experiences Questionnaire，CSEQ），该工具旨在衡量学生在大学学习和发展过程中使用设施以及获取使用设施机会所付出的努力程度。与佩斯的其他环境评估工具一样，大学生体验问卷由机构中的人（此处是学生）管理，以生成一系列数据，衡量学生在课程学习、交友、社团、图书馆经验以及教师经验方面投入的努力的质量。大学生体验问卷包括14种努力程度量表，每个量表平均含10个项目。给定机构在每个量表上的分数由学生对量表中每个项目的综合回答决定。

国家学生参与度调查（NSSE）部分基于佩斯的努力程度概念，是此类测量目前最广泛使用的方法（Kuh，2001）。目前，国家学生参与度调查每年在700多个学士学位授予机构内开展调查，它使用行为导向项目来反映学生的经历，纵向研究已表明这些经历与学生的积极成效相关。机构运用"基准"指标提供规范信息，这些指标反映了多种项目因素，例如主动学习、合作学习以及师生互动。

佩斯开发的几种工具使用了完全不同的项目。在大学特征指数和高校环境量表中，受访者主要报告他们对制度氛围的看法（例如，"在校园中团体精神很常见"）。另一方面，最近的大学生体验问卷和国家学生参与度调查主要依赖于行为导向问题，这些问题会获得更多与学生自身活动相关的事实信息（例如，"在课堂上进行详细记录"）。

西尔维亚·乌尔塔多与她的同事们开发了一种更专业的工具，该工具提供了与学习成果相关的各种校园环境指标。多样化的学习环境调查（例如，"多样化的学习环境"）记录了学生对种族和族裔多样性的制度氛围的看法、学生的种族歧视和种族偏见体验、与多样化相关的学生互动行为及校园实践。与国家学生参与度调查和大学生体验问卷一样，该调查主要包含行为指标，这些指标可以直接用作衡量具有多样性的学生个人经历的指标，汇总所有受访者回答的信息后，也可以用作机构水平指标。

以前使用的行为导向项目环境评估工具是大学活动清单（Inventory of College Activities，ICA）（Astin，1968a）。大学活动清单基于这样的假设，即所有学生的环境都包含大量、多样的刺激。刺激的定义为机构的任何行为、事件或其他可观察到的特征，这些特征"能够改变学生的感觉输入，并且其存在或发生可以通过独立观察加以确认"（Astin，1968a，p.18）。大学活动清单包含27种刺激指标，涵盖4个一般性领域：同伴环境、教室环境、管理环境和物理环境。大学活动清单中还包括8种图像指标，这些指标基于类似于高校环境量表中使用的感知项目。虽然大学活动清单中的每一个图像量表平均只有3个项目，但它们似乎能够获得与含有30个项目的高校环境量表相同的信息（Astin，1971）。

评估机构间环境变量的另一种方法是环境评估法（Environmental Assessment Technique，EAT）（Astin and Holland，1961）。环境评估法基于可以用来评估环境的学生特征方法，因为它尝试根据该环境中其他学生的一般特征来表征单个学生的环境。环境评估法使用8个量表调查就读于某机构的学生的兴趣和能力。在246个四年制教育机构中，人们主要使用环境评估法对学生发展进行纵向研究（Astin and Panos，1969），这为比较这些不同的大学环境评估方法的异同提供了可能。一般而言，成效支持这样一种假设，即与感性、结构特征或学生特征方法所造成的环境差异影响相比，基于可观察的学生行为的刺激方法所产生的环境规模对大学的影响更大。即便如此，应用其他所有评估方法似乎都可以获得一些刺激方法未能完全反映的重要信息。

尽管这种方法很受欢迎，但是通过感知方法来测量环境特征存在一个重要困难：学生对大学环境的感知可能会受到真实环境的影响，同时也受到该环境影响学生的方式的影响。也就是说，学生对大学环境的主观看法可能很好地反映了大学成效。用研究术语来说，我们可以说感知方法在某种程度上"混淆"了成效与环境。因此，如果发现基于学生感知的特定环境量表与某些学生成效的变化有关，我们不能确定量表能够解释这种变化仅仅是因为因果关系方向的颠倒；也就是说，学生的看法可能实际上已受到成效本身的影响。

我们可以用一个简单的例子来解释这个问题。假设在学生输入得到控制之后，大学环境中的社区感知程度与该感知程度的持久性（成效指标）呈正相关。尽管我们可以合理地得出结论，认为大学氛围中的社区感知程度对大学的在校率有积极影响，但可能还有另一种解释：社区的感知程度很可能已受到在校率的影响。

如果几乎所有的学生都完成了学业，那么学生是否会认为社区环境很好？难道有大量学生辍学的大学不是缺乏好的社区环境吗？换句话说，大学环境的感知指标本身可能会受到大学成效的影响。环境变量与成效变量不太可能在结构、学生特征和环境评估的刺激方法中被混淆，因为它们不依赖于学生的看法和印象。[有关此问题的进一步讨论，可参阅相关文献（Astin，1970c，pp.440-441）]。

另外两个曾经广泛用于评估大学环境特征的工具是机构功能清单（Institutional Functioning Inventory，IFI）(Peterson et al.，1970) 和机构目标清单（Institutional Goals Inventory，IGI）(Peterson and Uhl，1972)。机构功能清单的产生源于许多杰出的教育工作者的系统性尝试，其目的是开发一种评价机构活力的指标（Hefferlin，1969）。该清单包含132个基于多项选择的"感知型"项目（例如，"此处权力往往分散，而不是高度集中"），这些项目组合起来产生了11个维度或比例的得分，例如对社会进步的关注、对大学学习的关注以及制度精神。机构目标清单旨在帮助大学确定其基本目标以及这些目标的优先级。其中90个目标陈述（goal statement）（例如，"帮助学生实现更深层次的自我理解"）组成了20个目标领域，例如学术发展、职业准备、研究及社会平均主义等。受访者根据每个目标的重要性及其在机构中应有的重要性来评价目标陈述。鼓励使用机构目标清单的机构管理不同的成员组（例如学生、教师、管理人员和委托人），以便在每个组对不同目标给出的优先级进行比较。与本章中介绍的其他环境评估工具不同，机构目标清单的目标是衡量整个机构，但它并不用于机构之间的常规比较。相反，该清单建议各机构利用它来确定各个目标的本地优先级。机构目标清单是唯一没有提供将单个机构与其他机构进行比较的标准的工具。机构目标清单和机构功能清单在20世纪70年代都被广泛使用，但近年来它们的受欢迎程度明显下降。我们在这里提到它们，是因为我们相信，它们衡量的是大学环境中潜在的重要方面，而这些方面在目前使用的工具中没有体现出来。

尽管本节讨论的大多数工具都是为机构间比较而设计的，但它们通常与机构目标清单非常相似：用于评估单个机构。通常，机构研究办公室将使用其中一个工具来管理学生、教师或管理人员样本，并将他们的综合答复作为一种环境描述。我们可以将量表分数的剖面图绘制出来，并与标准进行视觉对比，以确定该机构的环境是否比得上其他机构的环境。该机构中严重偏离规范的领域可以被视为该机构环境的显著特征。

同时，可以审查单个调查问题的回答的综合情况（例如，赞同该项目的百分比），以确定答复者之间达成共识的具体领域和对环境状况有重大分歧的领域。百分比越接近 100 或 0，就越可能达成共识，对于该机构的环境来说，目标陈述就越有可能是正确的或错误的；越接近 50，意见分歧越大，就越不确定该项目是否准确描述了环境。这种关于机构环境的描述性信息可以有效地用于引发学术团体内关于机构政策和实践的讨论和辩论。如果以这种方式使用环境信息的最终目的是通过改善教育环境来改善教育成效，那么我们相当于有了一个环境评估及评价模型。如第二章所述，该评估模型使从业人员必须假设特定的环境情况会产生特定的成效，即使此类假设没有独立的经验基础。

我们可以用一个例子来说明该评估模型是如何运行的。假设我们为一些学生提供了线索，发现环境中的社区程度实际上低于类似机构的标准。我们不妨进一步假设，教师和管理人员随后针对这些成效的讨论得出的结论是，社区得分太低，应该采取措施加强校园的社区意识。这样的结论是基于以下推理：因为校园中的社区程度与一个或多个期望的成效（学生满意度、学生在校率、教师士气等）有因果关系，通过增强社区程度，我们就可以促进这些期望成效的实现。当一个或多个成效（例如学生在校率）也被判定为不可接受的低值时，人们最有可能相信这种推理。即使没有独立的证据表明所讨论的环境变量（社区）与期望的成效变量（在校）相关，而且与因果关系的相关性更小，这种环境评估法也使我们不得不做出这样的因果假设。

提倡使用有关大学环境或氛围的纯描述性信息的教育工作者可能会在最后一次讨论中做出回应，认为环境信息有用，而无需对成效做出未经证实的因果假设。我们认为描述性环境信息具有重要的价值，该信息可引发教职工、管理人员、委托人和学生之间关于机构的重大讨论。最终，此类讨论必定会导致政策、实践、态度或信念发生重大的改变。否则，环境数据除了有趣之外毫无意义，没有任何价值。有趣而无价值的评估数据可能会使人们产生"那又如何"的反应（请参阅第七章）。

抛开其他数据，单独使用环境评估工具所带来的另一个问题是缺乏有关机构氛围变量成因的信息。使环境保持原状的先决条件是什么？为什么某些大学环境中比其他大学环境中的社区更多，而有些则更少？如果缺乏大学环境起源的相关知识，任何改变或改善环境的尝试都是盲目的。这不仅对于以线索或机构功能清单之类认知为基础的指标是问题，对于基于学生行为的大学生体验问卷或国家学生参与度调查等工具也是一个问题。此类指标未解决的最重要的问题是机构对它们的控制程度。同伴环境的特征和学生表现出的努力在一定程度上（可能在很大程度上）都取决于就读于该机构的学生的特征。对于任何机构中注册的特定学生团体，该机构实际上对这种环境情况有多大的控制权？例如，最近的一项研究表明，人们将国家学生参与度调查类型项目的机构性信息汇总后发现，学生花费在学习上的时间与学生刚进入大学时的特征有很大关系（Astin and Lee, 2003）。即使我们可以假设学生的努力程度和学生同伴群体的行为并不完全取决于进入该机构的学生的类型，但是机构可以采取哪些具体措施来增强这些环境变量？这些是当今高等教育研究领域中最易被忽视的问题。

机构内指标

机构间指标的主要局限性在于它们的目的通常是评估整个机构的环境，而不是评估该机构中个别学生实际所处的环境。毫无疑问，任何高校都有许多不同的子环境，尤其是较大的机构。所以总体机构环境指标可能并不是特别有用，因为它们会混淆这些子环境的差异。

相关研究已经表明，在单个机构中，环境评估最明显的分支是学术部门，而较复杂的大学中还有不同类型的学院。但是，从学生的角度来看，学术部门或学院等组织单位的存在不一定意味着不同的单位在功能上是独立的。例如，在某些大学中，就读于技术学院的学生可能与该大学其他任何学院的学生或教师几乎没有联系。在其他大学中，此类学生可能住在宿舍，并与许多其他学院的学生一起上课。

机构内的大多数环境变量跨越了机构内的正式下属组织单位。也就是说，并非给定系或学校内的所有学生的经历都相同，并且这些经历通常将至少适用于每个组织子单元中的一些学生。当然，有很多大学内部的环境经验涉及组织的子部门，例如学校或学院。对于研究人员而言，这给研究方法带来的挑战是要识别并设计出一种适当的手段来衡量此类经历，同时确定每个学生在入学时是否有过每一种经历。尽管此处的列表并不详尽，但它提供了一个初步框架，用于确定机构可能希望评估和评价的机构内部环境经验。

- 学生所在的各个班级的特征（例如班级构成、班级大小、教学方法）；
- 学生的同伴、室友或好友的特征；
- 机构其他重要成员（例如教授、导师、顾问、行政人员）的特征；
- 校园服务和设施使用（例如卫生服务、学习技能中心、图书馆）；
- 所修课程（各种形式的单个课程或综合课程成绩分析）（Boyer and Ahlgren, 1987; Ratcliff, 1988; Zemsky, 1989）；
- 花费在各种活动上的时间（例如学习、课外阅读、发短信/发送电子邮件、娱乐、睡觉）；
- 收到的咨询意见的类型和数量；
- 参加特殊教育项目（例如荣誉计划、独立学习、出国留学、发展项目或补习项目、华盛顿学期计划）；
- 生活安排（例如住在宿舍、参加大学生联谊会或女生联谊会、有独立的房间、走读）；
- 使用酒精或毒品（例如镇静剂、安眠药、烟草、迷幻剂）；
- 收到的经济补助的类型和金额；
- 就业状况（例如工作类型和地点、工作时间、工资）；
- 是否有私人汽车；
- 婚姻状况和子女数量；
- 参加学生组织和其他课外活动。

其中一些环境内经历的相关信息可以从机构记录中获得，尽管其中许多信息可能必须通过问卷直接从学生那里收集。

总　　结

在本章中，我们讨论了一些用于评估学生的环境经历的概念和实践问题。尽管已开发出的几种用于评估环境特征的工具主要用于评估整个机构的环境，但它们在评估学院或系部等子环境时也可能有用。

迄今为止，最重要的环境信息来自部分而不是全体学生所接触的机构经验。尽管院校通常不会系统地记录此类信息，但它为我们研究特定的教育经历如何影响学生发展提供了机会。即使学生自己可以通过后续调查表提供大量机构内信息，机构也需要找到更好的方式来记录此类信息，以便所有学生都可以使用。（我们将在第八章讨论将环境数据纳入学生综合数据库的相关问题。）

第六章

评估数据的分析

我们认为本章和第七章是本书中最重要的部分，这至少基于两个原因。首先，对于不能正确分析数据或正确使用成效的机构，即使有最全面、最复杂的评估程序，也无济于事。其次，在不能明确评估数据的分析和使用方法时，我们的评估对象或评估方法可能是错误的。如果我们仅限于对当代评估实践进行批评，那么我们会说，在典型的机构中，关于评估实践的重大决策很少或根本没有考虑到分析和使用问题。

首先，重要的是厘清评估数据的分析（第六章）和评估成效的使用（第七章）之间的区别。"分析"主要是指应用于原始评估数据的统计或分析程序，以及将这些分析成效进行可视化显示的方式；"使用"是指教育工作者和政策制定者实际如何运用评估分析成效来改善人才培养过程。设计统计分析时，必须考虑到用户；但是，无论潜在的用户对象如何，通常都必须满足最低限度的统计要求。我们的经验是，即使是最复杂、最深奥的统计分析成效，也可以以学者能够理解的方式呈现，即便他们对统计方法并不精通。尽管我们讨论了适合进行 I-E-O 模型评估的统计分析，但我们并不打算列举所有可用的方法。本章的目的是帮助读者大致了解我们的教育评估理念与进行评估的分析工具之间的关系。

统 计 流 程

假设许多读者对统计分析方法不熟悉，我们认为引入统计概念可能会让读者感到迷惑，备受打击。但是出于两个重要原因，我们决定保留本章（以及附录）。首先，数十年来与机构在评估问题方面合作的经验使我们确信，大多数学者只有充分了解当今一些基本的统计工具，才能更好地利用评估成效。了解统计概念不仅有助于我们理解评估成效的意义，而且能够使我们基于评估结果提出合理的措施。

我们决定将统计概念纳入本书的第二个理由是基于这样的信念，即基于多年的教学经验，这些教育者对统计知识知之甚少，甚至对学习的了解也很少，而掌握一些基本的统计思想只需稍稍花费点精力和时间就可以。

分 析 方 法

多年来，我们发现可以很方便地区分两种完全不同的信息分析方法。假设我们针对两个人的能力、兴趣、背景特征、才能和行为收集了大量评估信息。分析此类信息的最简单方法是根据各种指标对两个人进行比较和对比：A 更有才智和野心，来自条件更好的家庭；B 在政治上比较自由，并且更有幽默感。评估数据分析基本上是描述性的，因为它只是描述了两个人的相似之处和区别。另外，我们可能希望了解两个人在某些方面相似或不同的原因。例如，我们可以调查两个人的家庭背景、童年的经历以及他们所就读的各种机构，以了解他们在某些指标上相似或不同的原因。

后者是因果分析，因为它有助于我们了解人们为什么如此。描述性分析通常聚焦在"是什么？"这一问题，而因果分析与"为什么？"和"怎样？"这两个问题有关。两种方法密切相关：描述性分析通常会提出因果问题，而因果分析则以对调查现象的描述性知识为先决条件。评估数据的描述性分析和因果分析通常使用的统计略微有所不同，因此现在我们分别讨论如何进行两种统计分析。

描述性分析

与因果分析相比，描述性分析涉及的统计数据通常要简单一些。最简单的描述性分析仅含有一个指标。我们可以举一个具体的例子。近年来，在高等教育中备受关注的一项成效指标是机构的学生在校率。在授予学士学位的机构中，学生在校率的得分采用简单的二分法获得：学生在指定的时间段内获得了学士学位（1 分）或学生未获得学位（0 分）。因此，我们的原始评估数据由 1 和 0 组成，每个学生的得分是 1 或 0，这取决于他们是完成了学业还是辍学。如果我们将给定入学班级所有学生的得分相加并除以学生人数，我们将得出学生在校率（即完成学业的学生所占的比例）。我们刚刚描述的是将统计程序（均值或平均值的计算）应用于单个成效指标（在校率）。在校率显然是一条简单的信息，但它比每个学生的 1 和 0 的粗略统计更有趣，也更重要。换句话说，基本评估数据（每个学生的在校率得分）已通过简单的统计程序应用（均值计算）转换为更有用的形式。除了将平均值乘以 100 以获得百分比和使用"虚拟"变量（一个变量只有两个可能值）的平均值（例如在校率得分）外，基本没有其他形式。

另一个有趣的通过应用描述性分析获取单一指标的例子是新生的入学分数（即学业能力倾向测验分数或美国大学入学考试分数）。正如我们在第一章所指出的那样，此类分数吸引了教师和管理人员的广泛关注，这主要是因为它们被视为衡量机构质量或声誉的指标。许多机构密切关注新生每年入学考试平均成绩的变化。

与在校率得分一样，如果将新生的原始学业能力倾向测验分数作为一长串的单个分数简单列出，那么这些数据很难被理解或使用。一旦我们应用同样简单的统计程序，即计算平均分，这些得分将更有意义。但是，单个的学业能力倾向测验和美国大学入学考试分数可以采用许多不同的值，因此除了可以将其应用于原始分数的均值以外，还有其他描述性分析方法。我们可以计算出该模式的中位数（最常见的分数）。我们还可以通过计算范围（从最高到最低）或标准差（请参阅附录）来确定分数有多大变化。此外，我们可以通过生成频率分布（请参阅附录）直观地查看分数的变化，该频率分布向我们展示了多少学生拥有不同的分数。最后，我们可以使用更多深奥的统计数据来得知学业能力倾向测验分数的分布形状是对称的还是不对称的（偏度），以及分布的形状是有峰值的还是平坦的（峰度）。后面的统计数据很少使用，但我们在此处提及它们是为了指出可以通过多种不同方式对单个指标（例如学业能力倾向测验）的得分进行分析。

任何输入、成效或环境变量几乎都可以进行单变量描述性分析。除在校率外，其他可能的成效指标包括综合考试的成绩、研究生或专业学校的入学考试分数，或研究生院、职业学校的入学率。可能吸引机构或学生兴趣的个人输入指标包括少数民族学生的入学率、中学阶段学生在班级的排名、盖氏人格评估成绩或高级进阶测试成绩。可能具有重要意义的多种单独环境指标包括班级人数、教职工工资、教学工作量以及学生与教职工的比例。我们知道，在有些情况下，使用以上某种变量进行描述性分析（均值或百分比计算）已引起很多机构的关注，甚至导致了机构政策或实践的修改。

更有趣的是，即使最简单的描述性分析成效也常常需要进行因果分析。当计算出的在校率太低时，我们自然而然地会问两个因果分析问题：为什么它这么低？如何提高在校率？同样，如果我们为最近一批新生计算学业能力倾向测验的平均得分，并认为该得分太低，我们可能同样会问两个因果分析问题：为什么这么低？怎样做才能提高？请注意，尽管描述性信息会引起因果关系问题，但是基于单一指标的描述性信息本身无法为任何因果关系问题提供答案。

当我们同时分析两个或多个变量时，评估数据的描述性分析变得更复杂、更有趣。我们可能要分别计算男女本科生的在校率。此处的两个变量是性别（男性与女性）和在校率（完成学业与辍学）。或者，我们可能希望分别计算理科、文科等专业学生的学业能力倾向测验平均分数。同样，我们可能想计算理科和非理科学生的班级平均人数。涉及多个变量的描述性分析特别受到人们的关注，这是因为它们使我们能够评估变量之间的关系或关联程度。

那么，我们可以采用哪些统计分析来描述两个变量之间的关系？到目前为止，最常用、最流行的方法是交叉表和相关性。下文会依次讲解这两种方法。

交叉表

交叉表是一种统计程序，用于确定一个指标类别是否与另一指标类别相关联。假设有两个简单的分类变量，例如性别（男性或女性）和在校率（完成学业或辍学）。通过相互对照，我们可以确定学生的性别是否与在校率有关。例如，交叉表分析可能表明，女性完成学业的可能性比男性大。换句话说，这表明完成学业的学生中女性所占的比例更高，而男性辍学的比例更高。相同的交叉表还会显示，女性完成学业的比例要比辍学的比例高，而男性辍学比例要比完成学业的比例高。换言之，涉及两个变量的交叉表的成效可以用两种不同的方式来描述。

为了使讨论更为具体，我们来检验一些来自西部大型州立公立大学（我们将其称为西部大学）的实际评估数据。我们从入学时完成机构研究合作计划新生调查的全日制新生中选择了 472 名学生，他们在四年后也完成了机构研究合作计划跟踪调查。除了新生调查和跟踪调查数据，我们还从学业能力倾向测验分数、累积的本科平均绩点、最终的专业选择和其他信息中获得了数据。表 6.1 根据 I-E-O 模型汇总了不同的变量和数据源。因为这种数据可以形成数百种双向交叉表，我们将选择其中几种来说明这种分析方法。跟踪调查是指大学入学四年后进行的年度后续调查。

表 6.1　用于西部大学本科生评价数据分析的变量

输入（新生）数据	机构研究合作计划调查数据（种族、性别、父母的收入和受教育程度、高中阶段的成绩、未来的计划、价值观） 学业能力倾向测验成绩
成效数据 （入学四年后）	针对特定机构研究合作计划的态度和价值观的后测试（跟踪调查） 大学平均学分绩点 在校率

续表

环境数据	专业 居住地（跟踪调查） 经济补助（跟踪调查） 参加特殊计划（跟踪调查） 大学活动（跟踪调查）

注：机构研究合作计划是指合作机构研究计划的年度新生调查（Pryor et al.，2010）。

我们可以采用一种简单的成效测度（在校率），将其与一种简单的环境测度（学生的专业）综合考虑，并绘制交叉表。部分成效如表 6.2 所示。为了简化成效显示，我们选择只显示在校率截然不同的两个主要领域（英语专业和工程学专业）。表 6.2 实际上显示了每个专业三种不同的在校率，其中最严格的在校率指标是要求学生在四年内获得学士学位。第二严格的在校率指标是将那些四年后没有获得学位但已经完成四年本科学习的人也归类为在校生。最宽松的定义是将那些被记录为已入学但未完成四年学业的学生计算在内。无论采用何种衡量标准，英语专业的学生的在校率都较高，尽管使用最严格的衡量标准（四年内获得学士学位）时差异最大。另一方面，在最严格的指标上，工程学专业的学生的在校率低于平均水平，但在两项更为宽松的指标上，其在校率却处于平均水平。造成这种差异的原因可能是，与其他专业的学生相比，工程学专业学生完成学位所需的时间更长。但是，为什么英语专业的学生在校率要比一般学生高得多？是因为他们进入大学时就做好了充分的准备或更有动力吗？我们可以用输入特征来解释更高的在校率吗？

表 6.2 西部大学各专业在校率：四年后的新生（%）

在校指标	全体学生	英语专业新生	工程学专业新生
获得学士学位	42.4	68.8	35.6
获得学位或完成四年学业	64.2	85.1	64.0
获得学位或完成四年学业或仍在就读	74.8	88.8	75.5

注：数据由本部大学提供。

与英语专业有关的项目是否有利于提高在校率？显然，如果没有其他数据，这样的因果问题很难回答。

表 6.2 使用了机构内部的环境指标，即学生最终的主修专业。如果要

采取三种相同的在校成效指标并通过机构间环境指标将它们制成交叉表，我们该怎么做？表 6.3 将西部大学的整体在校率与两组机构的在校率进行了比较，分析了四年制高校与选择学生要求严格的公立大学（西部大学是其中一所）的在校率。

通过使用最严格的指标，我们发现西部大学的总体比例（42%）略高于所有四年制高校（39%），但比同等水平的所有严格选拔学生的公立大学（47%）略低。然而，在最宽松的在校率指标上，西部大学学生在校率实际上与公立大学基本相同，并且远远高于所有四年制高校的在校率。

在这里，我们又遇到了一个有趣的因果问题：为什么西部大学的学生获得学士学位的比例比某些公立大学的学生略低？为什么西部大学在两项更宽松的在校率指标上的比率比所有四年制高校高得多？同样，如果不将输入数据添加到分析中，我们就很难准确地回答上述问题。

交叉表非常适合在离散类别中自然产生的变量，例如性别、种族、民族、在校率或完成学业、参与特殊计划（例如荣誉计划、补习计划）以及主修专业或职业的选择。如果某个变量不是在此类离散类别中自然产生的（例如美国大学入学考试分数），并且我们愿意将此类变量划归到更广泛的离散类别（美国大学入学考试分数可能按间隔分为以下类别，例如 400～499 分、500～599 分等），我们仍然可以使用交叉表的方法。

表 6.3　三种在校率计算方法：入学后四年期间

在校率百分比			
国家标准			
在校指标	西部大学	公立大学	所有四年制高校
获得学士学位	42	47	39
获得学位或完成四年学业	64	67	52
获得学位或完成四年学业或仍在就读	75	74	61

注：在校率标准是基于全国高校样本所提供的数据（Dey and Astin, 1989）。

相关性

相关性是描述两个指标之间关系的另一个方法。相关性基本上用一个系数来描述两个变量之间的关联的强度和方向，该系数的范围可以从 -1.0（一个完美的负相关关系）到 $+1.0$（一个完美的正相关关系）。相关性为 0.00 意味着两个变量之间没有关联。相关系数有很多种类型，但使用频率最高的是皮尔逊相关系数（Pearson product-moment correlation coefficient），

通常用字母 r 表示。除非另有说明，研究人员一般使用通用术语"相关性"和"相关系数"来指代皮尔逊相关系数。任何变量（例如美国大学入学考试分数、美国研究生入学考试分数）都可以与任何其他变量相关联。

相关性到底指什么？也许，理解此概念的最好方法是举一个具体的例子。假设我们有 20 个人，并且我们测量了每个人的两个变量：身高和体重。如果我们按身高对这 20 个人进行排列，最高的人将排在第 1 位，最矮的人将排在第 20 位，而其他 18 个人将介于第 2 到第 19 位之间。如果我们再根据他们的体重使这 20 个人重新排列，这时他们的排名将有所变化。但是，高个子的体重通常比矮个子的体重大，因此，高个子的人在体重排列中的排名往往靠前，而矮个子的人在体重排列中的排名往往靠后。同时，较重的人在身高排列上往往会比体重较轻的人排得靠前。如果我们要计算身高和体重之间的相关性，它将为正而不是零（因为身高和体重呈正相关），但将小于 1.0（因为有些高个子的人很瘦，有些矮个子的人很胖）。该系数向我们展示身高和体重排名的相似度。换句话说，相关系数告诉我们在相关的两个指标上一组人的排名有多么相似。[8] 零相关告诉我们两个变量上的人排名之间没有对应关系，而负相关告诉我们它们存在负相关关系；也就是说，在一项指标上排名靠前的人往往在另一方面排名靠后，反之亦然。如果我们将 20 个人的收入排名与家庭规模的排名进行比较，我们可能会发现它们呈负相关关系，因为高收入者的孩子往往比低收入者的孩子少。（关于更多相关系数的含义和计算的详细讨论，请参见附录。）

相关系数是一个强大的统计数据，因为它不仅告诉我们两个指标之间是如何相关的（即正相关、负相关或根本不相关），而且还显示了关系的强度。因此，大多数更复杂的统计分析（例如多元回归和因子分析）将相关系数作为其基本统计数据（参见下文）。相关系数的一个局限性在于，它所基于的数学模型假定两个指标满足一些相当严格的假设（例如，它们的频率分布形状是正态的）。但是，许多技术性研究表明，相关系数非常稳健，这意味着即使指标不满足经典假设，它仍然是非常有用的统计数据。[9]

描述两个变量之间关系的交叉表、相关性和其他统计都可以被称为描述性分析和因果分析之间的桥梁统计，因为它们既可以是描述性的，也可以具有因果关系。例如，我们可能会发现，学生在美国研究生入学考试定量测试中的分数与他们在大学学习的科学课程的数量之间存在正相关关系。保守的研究人员可能只是将此相关性称为描述性统计数据，而没有说明两个变量之间的因果关系。但是，其他研究人员可能会将这种相关性作为证据，认为学习科学课程可以提高学生的美国研究生入学考试定量测试的成绩。正如我们在第二章所指出的那样，对环境和成效指标之间的相关性进行这种因果解释是危险的，尤其是在没有控制学生输入变量的情况下。然而，教育者可能并且确实对许多这种简单的相关性进行了因果关系解释。的确，环境指标和成效指标之间的简单相关性报告往往会使人产生这种因果关系思维。

因果分析

就评估问题与各种机构进行多年合作的经验使我们逐渐意识到，以描述为主要目而进行评估数据分析用处不大，因为它们很容易被误解，并且可能会阻碍机构进一步进行系统评估。纯描述性分析最多被解释为"有趣"；最糟糕的是，此类数据会使人们产生"那又如何？"的反馈（请参阅第七章）。

因果分析则不太可能导致这种反馈，因为它们通常直接处理关于教育成效的"为什么？"和"怎样做？"等问题。换句话说，因果分析与了解学生的发展（从输入到成效）如何受到教育实践（环境）的影响有关。显然，与描述性分析相比，因果分析对教育政策的制定和教育实践的改善有更直接的影响。

如第二章所述，I-E-O 模型为我们使用评估数据进行因果分析提供了便利的框架。现在，我们可以运用一些实际的评估数据来说明如何使用交叉表和回归分析来运用 I-E-O 模型。

交叉表

我们在上文讨论的交叉表分析示例仅涉及两个变量。如果我们希望将交叉表应用于 I-E-O 模型，则至少需要三个变量，分别为输入、环境和输出。我们需要思考如何使用交叉表对环境变量如何影响成效指标进行简单的因果分析。为了说明这一点，在后续调查中，我们选择将学生对"促进种族理解"这一价值观的回应作为因变量或成效指标。相关的输入变量是四年前学生入学时对同一价值观问题的回答（即预测试）。环境指标是一个简单的二分法，通过选择两个专业的学生在大一和大四时最大的差异变化（见表6.4）来确定。当他们作为新生进入大学时，认为促进种族理解有必要或非常重要的工程学专业学生人数占比（44%）约为美术专业学生的两倍（20%）。四年后，这两类学生的相对位置实际上发生了逆转，美术专业的学生（占比65%）比工程学专业的学生（占比23%）更有可能认同这一价值观。

表6.4 促进种族理解的重要性：两种不同专业的对比

作为新生时的专业	N	回复比例			
		必须或非常重要		不那么重要	
		新生	大学四年级	新生	大学四年级
美术	42	20	65	10	5
工程学	68	44	23	9	23

注：表中没有给出"比较重要"回答的数据。

对于"不那么重要"这一回答，出现了一种互补的模式。美术和工程学专业的新生比例大致相等（分别为10%和9%），这些数据表明他们认为促进种族理解并不重要。而到大四时，给出此答案的美术专业学生的比例降至5%。做出同样回答的工程学专业学生的比例增加了一倍以上，达到23%。应该强调的是，表6.4中的对比可能不恰当，因为美术和工程学专业学生的许多其他输入特征也可能导致了这种差异的变化。例如，美术专业女性所占比例可能比工程学专业高得多。也许在大学期间，女性可能比男性对促进种族理解更感兴趣。确实，美术和工程学专业的学生在进入大学时可能还有很多其他区别。从理论上讲，任何差异特征都会影响他们大学期间的价值观发展。然而，差异变化是如此之大，以至于在本科期间，美术和工程学专业学生的环境经历促使他们对促进种族理解的重要性产生了截然不同的态度。

表6.4中所示的三向交叉表可以对第四个变量（例如性别）进行详细说明。只要有足够大的样本量，我们就可以使用交叉表控制任意的输入变量。但是，结果显示不太可能使用交叉表来控制大量变量，这不仅是因为任何类别的实例数可能因为变得太小而无法获得可靠的成效，还因为多维交叉表会变得非常难以解释。尽管如此，输入、环境和成效变量的交叉表对人才发展评估还是有用的。它们有助于我们初步了解哪些发展领域对于给定的人群可能很重要，哪些环境可能导致学生之间发生差异变化。最重要的是，它们可以帮助分析师提出因果问题，以便于使用更复杂的多变量技术来探讨这些问题。

相关分析和回归分析

多元回归分析是一种可以同时控制大量变量的更强大、更有效的技术。在多元回归分析过程中，研究人员可以使用两个或多个相互独立的指标（输入和环境）来预测因变量（成效）。此处使用的多元回归分析是一个简单示例，旨在说明如何运用该技术进行 I-E-O 模型分析。读者若需要更多信息或与此技术应用相关的复杂示例，建议查阅附录。

假设我们对寻找更好的方法帮助本科生为进入研究生院或职业学校做好准备感兴趣。许多研究生院都将美国研究生入学考试（GRE）分数作为录取申请者的标准之一，因此，能够帮助学生获得更高的分数对于将要去研究生院学习的学生具有很大的实用价值。此外，如果我们假设美国研究生入学考试衡量的是学生在本科期间试图发展的重要技能和才华，那么该考试分数可被视为评估本科课程有效性的成效指标。

那么，我们如何才能找出影响学生的 GRE 成绩的环境因素呢？为了说明这一点，我们将选择以下指标：① 两种成效指标，即 GRE 口语（GRE-V）测试和 GRE 定量（GRE-Q）测试；② 一种环境指标（将学生本科阶段的专业分为科学与工程学或科学与非科学专业）；③ 三个输入变量，分别为美国大学入学考试口语（SAT-V），美国大学入学考试数学（SAT-M）分数（美国大学入学考试，即 SAT，一般被称为美国研究生入学考试的"预测试"），以及学生的性别（女性＝1，男性＝0）。通常，我们需要使用三类以上的输入变量来控制尽可能多的输入偏差，但为阐述简便，我们在此将仅使用这三类变量。

多元回归和其他多元统计程序中使用的基本要素是自变量之间的相关性。表 6.5 展示了两个成效指标和三个输入指标之间的所有相关性。最大的相关性是每个成效指标与其相应的输入（预测试）指标之间的相关性，这不足为奇。

表 6.5 输入指标与成效指标之间的相关性（$N=97$）

指标	SAT-V	SAT-M	GRE-V	GRE-Q
SAT-V				
SAT-M	0.23			
GRE-V	0.85	0.30		

续表

指标	SAT-V	SAT-M	GRE-V	GRE-Q
GRE-Q	0.21	0.84	0.27	
女性	0.00	−0.50	0.07	−0.43

注：相关资料来源于大学本科生的研究生院申请数据。

此处的时间间隔为四年，因此它们之间的相关性很高，这表明 SAT 和 GRE 测量质量基本相同。女性与 SAT-M（−0.50）和 GRE-Q（−0.43）呈显性负相关。女性与 SAT-V 呈零相关（0.00），与 GRE-V 呈弱正相关（0.07），这意味着女性的 GRE-V 得分略高于男性，而女性和男性的 SAT-V 平均得分几乎相同。

下一步是将两个 GRE 分数作为因变量单独进行两个回归分析。多元回归的一个特点是，尽管自变量（输入变量或环境变量）的数量受样本量的限制，但在任何给定的分析中都只能使用一个因变量（成效变量）。[10] 这一观点是指在任何给定的回归分析中，我们试图对特定因变量进行最佳预测或估计。因此，在本示例中，我们分别对两种 GRE 得分进行了回归分析。在每次分析中，两个 SAT 分数和性别被用作三个自变量（输入）。

任何回归分析的主要结果都是一个数学公式，当与自变量结合使用时，该公式可以获得对因变量的最佳估计或预测。表 6.6 展示了两个回归分析公式。请注意，用于预测 GRE-V 分数的公式使用了三个输入变量。这意味着三个输入变量均能独立完成对 GRE-V 分数的预测或估计。要使用此公式预测 GRE-V 分数，只需将 SAT-V 乘以 0.85，SAT-M 乘以 0.23，性别（女性）乘以 41.7。相比之下，预测 GRE-Q 分数的公式要简单得多，因为只有 SAT-M 分数被证明具有预测作用。因此，要估算一个人的 GRE-Q 分数，只需要将 SAT-M 乘以 0.997，然后将成效加到 35.4。

表 6.6 预测 GRE 分数的回归公式

GRE 分数		相关系数的乘法		
因变量	常量	SAT-V	SAT-M	女性
GRE-V	−121.0	+0.85	0.23	41.7
GRE-Q	35.4		+0.997	

如何运用这些公式估算学生的专业对 GRE 成绩的影响？使用回归公式解决以上问题的逻辑如下。给定学生四年前入学时的 SAT 分数和性别，利

用表 6.6 中的公式，我们能够估算出学生的 GRE 分数。换句话说，这使得我们能够回答以下问题：考虑到四年前大学入学时的 SAT 分数和性别，我们希望该学生获得怎样的 GRE 分数？例如，一个 SAT-V 为 650 分且 SAT-M 为 600 分的女性新生的 GRE 分数将为 611.2。对于 SAT-M 得分为 400 的任何性别的学生，我们可以预计其 GRE-Q 得分为 434.2。（欢迎读者自己检查这些计算，以了解公式的实际运用方式。）

如果我们要对样本中的每个学生进行这样的计算，则我们将根据每个学生的入学新生特征估算每个学生的 GRE-V 和 GRE-Q 分数。这些估算出来的分数有一个重要特征，即如果我们将样本中所有学生的分数平均，则平均估算分数将与平均实际分数相等。（更多详细信息，请参见附录。）但是，平均估算分数不必与任何子组学生的平均实际分数相等。如果我们仅考查科学或工程学专业学生的平均 GRE 成绩呢？该子组的平均估算分数是否也等于其平均实际分数？如果主修科学或工程学专业对 GRE 成绩没有影响，我们希望科学或工程学专业学生的 GRE 平均成绩与基于 SAT 和性别的平均估算成绩相同。但是，如果科学或工程学专业对 GRE-Q 分数产生积极影响，那么我们应该期望发现，根据这些专业新生的特征，其实际 GRE-Q 分数会高于估算分数。

表 6.7 展示了科学或工程学专业分析成效对学生 GRE-V 和 GRE-Q 分数的影响。请注意，这些学生在 GRE-V 上的估算平均分数为 536.6，但他们的实际平均分数为 491.8，比估算成绩低 44.8 分。

表 6.7 科学或工程学专业对 GRE 分数的影响（$N=56$ 个科学或工程学专业）

GRE 分数	实际平均分数	估算平均分数	分数差距
GRE-V	491.8	536.6	44.8
GRE-Q	700.1	642.0	+58.1

注：估算平均分数是根据表 6.6 中的公式计算得来的。

这一成效表明，主修科学或工程学的学生在 GRE-V 考试中的成绩不及根据入学时的 SAT 分数和性别估算的成绩。在 GRE-Q 分数方面存在相反的模式：实际平均分数（700.1）比估算平均分数（642.0）高出 58.1 分。因此，尽管这些学生在 GRE-Q 考试中的估算平均分数高达 642.0 分，但他们的实际平均分数为 700.1，比估算平均分数高出近 60 分。

这种效果模式正是人们可以预测的：在本科期间攻读科学或工程学专业的学生，相对于刚进入大学时的技能水平，其量化技能将有所提高，而他们的语言能力不会如依据新生特征所估计的那样发展。正如人们所期望的那样，与非科学领域专业相关的效果模式恰恰相反：这些学生在 GRE-V 上的表现比预期好，而在 GRE-Q 上的表现比预期差。

多元回归分析是一种出色的实施 I-E-O 模型评估的方法，因为它使研究人员能够控制大量可能有偏差的学生输入特征。注意，回归公式允许研究人员根据预期的输出分数来展现学生进入大学时的特征。通过比较经历不同类型环境（例如专业、居住地、经济补助和特殊计划）的学生的预期得分和实际得分，我们几乎可以评估所有环境变量对目标成效的影响。教育者对这些影响的信心主要取决于是否能适当控制潜在的学生输入特征偏差。表 6.5、表 6.6、表 6.7 中的示例说明，如果分析中没有包括认知预测试分析（例如 SAT），那么我们所得到的任何对成效的判断的可信度都会大打折扣。另外，尽管目前为止成效指标预测试是需要控制的最重要的输入特征，但预测试从来不是唯一的输入性特征偏差。请注意，此处给出的简单说明性示例中，学生的性别大大增强了 GRE-V 分数的预测性。如果我们在分析中使用更多的学生输入特征，肯定会发现其中一些特征会增强对两种 GRE 分数的预测。评估因果分析的一般经验法则是，控制的输入变量越多，人们就越有把握认为所观察到的环境影响是真实的。（有关此问题的更详尽的讨论，请参见附录。）

上述示例将 GRE 分数作为因变量，旨在测试大学内部环境变量对科学或工程学专业的影响。另一种评估数据分析方法是将自己机构的成效与其他机构的数据进行比较。例如，我们可能想知道我们机构的在校率与该州或全国其他机构的在校率相比是好还是不好。为了解释如何运用回归分析测试上述大学间的成效，我们可以使用表 6.2 和表 6.3 中所示的三种相同的在校指标。所有学生进入大学时都完成了机构研究合作计划新生调查。四年后，大学提供了这些新生随机样本的在校数据。将机构提供的 SAT 分数和新生问卷中的项目作为（输入）自变量逐步进行回归分析。学生在高中阶段的成绩和 SAT 分数这两个输入变量显示的预测能力最强。表 6.8 展示了在校率如何随高中阶段的成绩和 SAT 分数而变化。在高中阶段的成绩和考试分数均最高的学生中，有超过 80% 的人在四年内完成了学业，而在高中阶段的成绩和考试分数最低的学生中，只有不到 10% 的人完成了学业。请注意，各行和各列中的百分比均在不断增加，因此高中阶段的成绩和考试分数对学生完成学业的比例均独立产生影响。（其他两项在校指标成效显示出的模式类似，因此我们接下来将集中讨论最严格的在校指标，即在四年内获得学士学位。）

表 6.8　按高中阶段的成绩和考试分数划分的在四年制大学中获得学士学位学生的百分比：新生入学四年后的跟踪调查

高中阶段的平均分数	低于700分	700～849分	850～999分	1000～1149分	1150～1299分	高于1300分
A，A+	—	—	40	58	68	82
A−	—	45	39	55	64	65
B+	—	25	38	50	55	63
B	12	26	29	41	46	—
B−	10	15	27	34	—	—
C+	7	17	—	—	—	—
C	—	7	—	—	—	—

注：资料来源于高等教育研究所合作机构研究计划。

实际的回归分析最终使用了33个变量来预测在校率。换句话说，在逐步回归中，33种不同的学生输入特征均具有一些独立的预测权重。迄今为止，与学生的学业准备有关的变量在分析中占据最大的预测权重，这不足为奇。图6.1中展示了这些变量，以说明它们的相对预测能力。图6.1左侧栏中展示了九个入学新生的特征标识。每个特性对应的是长度或长或短的水平条。水平条的长度表示该变量对在校率的相对影响。

每个水平条的长度与该变量对在校率的影响呈正相关。（每条的宽度与其标准化回归的回归系数或Beta权重呈正比。）图6.1中靠右的垂直黑线对应每个变量的均值或平均分数，以及39%的平均预期在校率。如果一个人在每个新生特征上获得的都是平均分数，则我们可以估计他的在校率为39%。我们可以使用第一个变量，即SAT得分来说明如何解释图6.1。如果某人的得分极低，大约在400分左右，那么其预期在校率将会降低四分之一，从39%降至约29%。另一方面，如果一个人能够获得1500分的高分，其预期在校率将增加与上述大致相同的量，预期在校率约为49%。如果我们采用下一个变量，即高中阶段的平均分数，它将使四年内获得学士学位的机率提高近11%，而平均成绩只有C的学生获得学士学位的机率则降低了20%。

SAT分数和高中阶段的平均分数的水平条比其他变量的水平条长得多，因此这两个入学新生特征显然比其他变量重要得多。其他大多数预测指标与学生高中阶段所学的各个学科领域课程的数量有关：除了艺术或音乐课程外，学生在任何领域修读的课程都是越多越好。从水平条的长度来

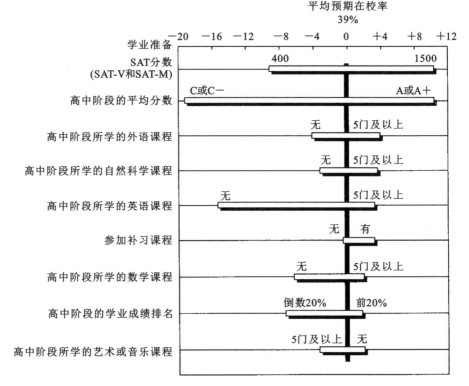

图 6.1 学业准备对在校率（获得学士学位）最终回归方程式的影响
（影响大小以百分比为单位，学生进入大学后四年进行了跟踪调查）

看，高中阶段所学的英语课程对在校率的影响比其他学科课程的影响都大。

读者可能想知道为什么代表平均预期在校率的垂直黑线不会将图 6.1 中的每个水平条一分为二。原因是水平条已根据其平均得分位置进行了定位。也就是说，第二个变量，即高中阶段的平均分数，水平条更多地在垂直黑线的左侧而不是在右侧，这是因为高中阶段的平均分数更接近连续成绩的 A 端而不是 C 端。

从理论上讲，我们有可能开发出一个图表，可显示 33 个可预测在校率的新生特征，而不仅仅是图 6.1 中所示的 9 个学业准备特征。但为节省篇幅，我们将不在此处展示这些内容。读者需要注意的是，其他输入特征还包括学生对大学的期望、社会经济背景以及价值观和态度。除了少数例外情况，其他 24 个变量的水平条都相对较短，表明它们单独对预期在校率的影响不大。

请记住，这个包含 33 种变量的方程是根据美国数百所院校的学生数据得出的。可以使用相同的公式来计算美国任何大学的预期在校率；唯一的限制是该机构必须获得每个入学新生的 33 种学生输入特征相关信息。如果要计算参加年度新生调查的数百家机构的预期在校率，我们会发现它们之间差异显著。一些机构的预期在校率低于 20%，而其他机构的预期在校率却高于 70%。考虑到美国高等教育机构招收的学生在特征上存在巨大差异，这不足为奇。

回归方程不仅可以帮助机构计算其预期在校率，还可以弄清为什么预期在校率可能会偏离 39% 的平均水平。我们可以从一个预期比率很高（61%）的机构（而不是平均比率为 39% 的机构）中看出这一点。我们为何会预估该机构的新生在校率比其他机构更高？

通过查看该机构入学新生在相关变量上的平均分数，我们可以准确地找出该机构的学生在校率可能比平均在校率高得多的原因。图 6.2 说明了如何解决这个问题。这一机构（我们可将其称为西方神秘大学）拥有较高的在校率的主要原因是学生的 SAT 分数比较高。其他因素包括父母拥有高

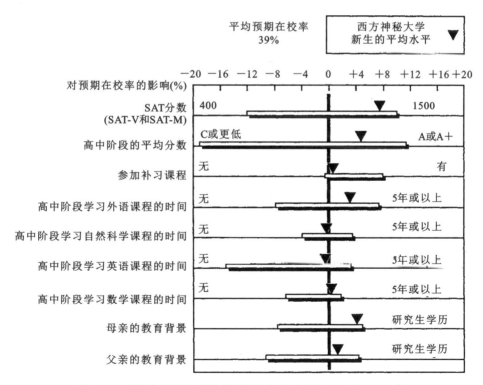

图 6.2　对西方神秘大学的高预期在校率的理解：61% vs. 39%

学历、学习过几年外语的学生比例比较高,以及他们的高中阶段的成绩都高于平均水平。

在根据学生输入特征计算出预期在校率之后,机构现在可以评估其实际在校率。实际在校率是高于预期、低于预期还是大致符合预期?机构的实际在校率与预期在校率比较一致也不足为奇。但是,在一些机构中,这两个比率相差很大,这表明这些机构有些不同,导致它们的实际在校率与预期在校率有所不同。这些机构中有什么环境因素会导致偏差呢?为回答这一问题,我们来研究另一所我们称为 ACME 学院的机构,以了解根据入学新生特征获得的预期在校率(33%)为什么远远高于其实际在校率(22%)。回想一下,用于预测在校率的回归分析确定了 33 个预测在校率的入学新生特征。一旦通过计算预期比率并将其从实际比率中减去来控制这些入学新生的特征,我们就可以确定机构的可测量环境特征是否提高了预期在校率。结果发现,在分析这些相同的数据时,我们选定了多个这种类型的环境特征。通过研究 ACME 学院的环境与一般大学环境的不同之处,我们更有可能解释其实际在校率低于预期在校率的原因。

我们可以用图 6.3 来解释或至少部分解释为什么 ACME 学院的在校率低于预期。图 6.3 中的水平条是成对出现的:白色水平条显示了 ACME 学院的数据,黑色水平条显示了全国机构在同一环境变量上的数据。为便于说明,我们选择了那些展示大学生参与程度的环境变量。[成效发现参与度是影响学生在校率的主要因素(Astin, 1975, 1977, 1982, 1993)]。

看来 ACME 学院的低在校率至少可以从以下三个环境变量中得到部分解释:在俱乐部或其他团体的参与度相对较低,通勤时间要多于平均时间,并且在校外从事兼职工作的学生的数量要高于平均水平。ACME 学院会采取措施改变这些参与度变量以提高其在校率吗?就通勤时间而言,大学可能无能为力,因为它不能很好地控制这一因素。当然,从长远来看,大学可能会考虑建设更多的住宿设施,但短期内不太可能完成。一种不大可行的方法是尝试将通勤时间作为一种可能的学习经验。可以鼓励学生将一些课堂授课内容进行录音,或者鼓励教师为学生提供录音材料,以便他们在通勤时间听。另一种可能是为必须远距离通勤的学生提供特殊的指导或咨询,以帮助他们更好地利用他们在校园里的时间,了解通勤带来的问题,并制订补偿性策略。

其他方面的偏差更有可能引起重大变化。关于参加学生俱乐部或其他团体活动的问题,有几种可行的办法。一种明显可行的方法是在特别关注 ACME 学院学生独特兴趣和需求的基础上,增加学生组织的数量,提高学

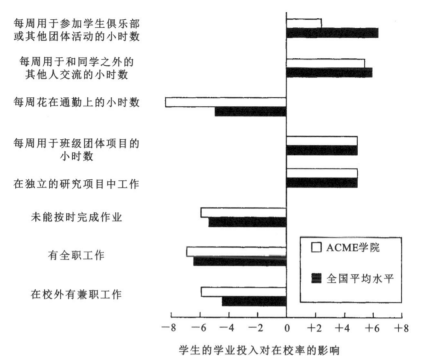

图 6.3 对 ACME 学院的实际在校率低于预期的理解：22% vs. 33%

生组织的质量。在学生入学和注册期间，也可以特别鼓励他们加入学生组织。

对于最后一个因素，即在校外有兼职工作，其含义很明显：如果 ACME 学院能够找到方法在校内为学生提供更多兼职工作机会，那么其在学生在校率方面可能会获得双倍收益。首先，此举将消除学生在校外从事兼职工作的需求（这对在校率有负面影响），使更多的学生从事校内工作，先前的研究已经表明这种方法对在校率有积极作用（Astin，1975，1977，1993）。

此处展示的预期在校率和实际在校率示例来自全国所有类型机构的回归分析。可能有些机构宁愿将自身的学生在校率与它们眼中的同类机构进行比较（例如州立学院或天主教文理学院）。高等教育研究所为不同子类提供了与上面的说明相似的回归公式，也为全国各类高校提供了类似的回归公式。（Dey and Astin，1989；Astin and Oseguera，2002）。这类公式也适用于不同性别和不同种族的子类，我们希望关注特定人群的机构也可以采用针对该人群制订的特定规范。

读者应注意的是，我们刚刚描述的机构间特征分析也可以针对当地单个机构进行，不需要任何国家层面的数据。也就是说，如果一个机构要收集其学生的数据，就像高等教育研究所为全国新生和后续调查收集数据一样，它可以制定机构公式并将其应用于机构内不同环境子单元。子单元是指学院、系部、住校和通勤人群、全日制和非全日制学生、教育机会计划项目，以及其他单位。通过将面向机构的公式应用于这些不同的子群体，机构可以为每个子群体制定预期在校率，以与其实际在校率进行比较。同样，只有在机构拥有包含输入、环境和输出数据的数据库的情况下，我们才有可能进行这种机构内部分析（请参见第八章相关内容）。

I-E-O 模型的快捷解决方案

I-E-O 模型的一个缺点是通常需要在一段时间内收集纵向（输入和成效）数据，然后才能产生有效的结果。从决定采用 I-E-O 模型到获得成效之间存在时间差，这通常使机构不愿意收集数据以运用这一模型。尽管我们认为，最好的长期解决方案是从现在开始建立一个全面的纵向学生数据库（请参阅第八章），但有一两个短期解决方案可以激发和维持教师在执行纵向评估计划时的评估兴趣。这两种策略是对人才发展的满意度研究和粗略的增值分析，后者就是后文中的"快捷"人才发展评估。

满意度研究

学生成效评估的最重要领域之一是学生对本科阶段各方面经历的满意度。我们可以通过简单的项目清单来评估学生对本科阶段各种经历的满意度（例如指导、学生配套服务和设施），让学生对满意度量表进行回答（例如非常满意、满意、基本满意、不满意；请参阅第三章）。与机构研究合作计划相关的后续调查（Wingard et al.，1991）是一个全面满意度调查实例，该调查评估了学生对 27 种不同方面的本科阶段经历的满意度。

到目前为止，在所有大学影响力研究已经分析过的学生成效中，学生满意度与学生输入特征的相关性最弱。大多数满意度指标与学生输入特征之间的多重相关性往往较低（通常远小于 0.20），比满意度与环境经验的相关性弱（Astin，1977，1993）。几乎所有其他类型的成效指标与学生输入特征之间的相关性都比与环境特征之间的相关性强。换句话说，学生满意度似乎是唯一不严重依赖学生输入特征的大学教育成效指标。

学生输入特征与学生对大学满意度之间的相关性弱这一现象，实际意味着与大多数其他类型的成效指标的因果推理相比，基于环境特征与学生满意度之间相关性的因果推理带来的错误风险更少。这并不是说，当我们研究学生满意度成效时，就完全不会做出错误的因果推理（毕竟，学生输入与大多数满意度成效之间确实存在微弱但显著的相关性）（Astin，1977，1993）。也就是说，当满意度和环境经验之间有很强的相关性时，出错的风险较小。

我们可以看一个具体的例子。在这个例子中，学生的专业再次作为环境变量。表 6.9 中的前两列显示了学生对 13 个不同专业的总体满意度。传播学与社会学专业的学生总体满意度最高，而生物科学、历史与其他工程学专业的学生总体满意度最低。令人惊讶的是，自称中立或不满意的学生所占的比例与自称非常满意的学生所占的比例并不十分接近。确实，绝大多数学生表示满意或非常满意，因此专业之间的主要差异在于他们说自己是非常满意还是满意。请注意，走读生与住校生、新生与高年级学生、正常录取的学生与发展或补习计划中的学生、运动员与非运动员、互助会成员或女生联谊会成员与非组织成员、其他环境变量可能会显示出相似的百分比。

表 6.9　高年级学生对大学整体经验和专业课程的满意度

专业	对大学整体经验的满意度		对专业课程的满意度	
	"很满意"（%）	"中立"或"不满意"（%）	"很满意"（%）	"中立"或"不满意"（%）
传播学	52	17	64	9
社会学	50	5	60	5
政治学	44	6	44	6
经济学	43	11	38	14
英语	41	5	55	5
心理学	38	9	54	16
其他专业	37	24	44	16
（所有专业）	(37)	(14)	(46)	(14)
数学	36	18	36	14
美术	35	25	42	16

续表

专业	对大学整体经验的满意度		对专业课程的满意度	
	"很满意"（%）	"中立"或"不满意"（%）	"很满意"（%）	"中立"或"不满意"（%）
电气工程学	33	17	33	22
其他工程学	32	18	32	26
历史	31	6	63	6
生物科学	21	14	40	17

注："满意"类别已被省略。资料来源于高等教育研究所。

通过输入特征（例如性别、种族或社会经济水平）来列出满意度可能也很有趣。

表 6.9 的最后两列显示了对学生专业课程的满意度。此处我们发现，极端性回答的一致性更高，在表示非常满意的百分比最低的专业中，报告中立或不满意的百分比最高。尽管表 6.9 最后两列中的专业排名与前面两列中的排名相似，但它们之间仍存在一些明显差异。历史专业在整体满意度方面排名为倒数第二，但该专业课程的满意度（63%）位列第二名。有趣的是，表 6.9 表明，那些包含定量分析内容的课程（生物科学、工程学和经济学）获得的评分往往较低。

通过展示满意度成效来激发各个专业和院系学生兴趣的一种方法是为多种满意度问题提供一个结论。为了解释这一分析方法，我们仅从七个满意度项目（专业课程、与教师交流的机会、与教师的联系、整体教学质量、学术咨询、图书馆设施和计算机设施）中选取成效，并将其显示在表 6.10 中的三个不同专业中。数学专业的学生往往对专业课程、图书馆设施和计算机设施不满意，但他们对学术咨询非常满意。事实上，数学专业的学生对学术咨询的满意度最高，其成效可能促使我们对他们的咨询服务进行进一步调查，以确定其他部门是否能够在学术咨询方面学习数学专业。这对美术专业而言尤其如此，因为他们倾向于采用的学生满意度模式受到较低的学术咨询评分的影响。

表 6.10 高年级学生三个不同专业的满意度模式

专业	高评级	低评级
数学	学术咨询	专业课程 图书馆设施 计算机设施
美术	与教师的联系 与教师交流的机会 整体教学质量 图书馆设施	学术咨询
电气工程学	计算机设施	专业课程 与教师的联系

表 6.10 呈现的另一个有趣的特征是美术专业学生给予与教师的联系的评价很高，而电气工程学专业学生给予与教师的联系的评价比较低。也许专业不同与两个专业不同的咨询量、班级规模或学生是否容易获得资源有关。不管是什么原因，这些对比强烈的结果都表明，讨论美术和电气工程学专业的不同评级的可能原因是有意义的。请注意，如果我们列出 27 个满意度项目和每个专业的成效，则不同专业进行此类后续调查和自我学习的可能性会更大。

"快捷"人才发展评估

输入数据和成效数据收集之间的时间差是实施 I-E-O 模型的主要因素之一。教育工作者和政策制定者不愿意收集那些不会立即产生有用成效的数据。解决此问题的一种简单方法是让学生自己估计输入和成效之间发生了多少联系。多年来，机构研究合作计划一直通过其国家级跟踪调查来做到这一点，其内容为："与刚进入大学相比，您如何描述您自己当前的情况？"其中列出了九种技能、才能或其他素质，例如常识、分析和解决问题的能力、批判性思维能力、外语技能以及其他与工作相关的技能。学生们给出答案，说明他们认为自己当前的技能水平与新生（输入）水平相比是强很多、更强、没有变化、更弱或弱很多。

这种增值或"快捷"人才发展评估显然不能替代对输入和成效技能水平的实际前后评估，但它们可以为机构层面的辩论和讨论提供一些有趣的信息。一项研究（Astin，1989）指出，尽管此类回顾性报告存在大量错误，但它们确实具有一定的有效性。那些报告说自己的某一项才能增强很多的学生比那些报告"没有变化"或"变弱"的学生更倾向于表现出更大的真实预测验-后测验收益。即使这样，我们也不应不加批判地用这种回顾性自我报告完全替代真实的前后评估，这是因为报告中存在大量错误，准确度会因具体的评估质量而存在很大的差异（Astin，1989）。

这种自我报告成效可以为自我评估和讨论提供有趣的材料。表6.11展示了西部大学一项自我报告增长指标成效：写作技能的提高。英语专业的学生在写作技能方面的提高速度最快，这并不奇怪。与位列第二的政治学专业学生（37%）相比，英语专业的学生的写作技能水平（73%）约为政治学专业学生的两倍。最后提到的是生物科学和电气工程学，这两个专业的学生不太可能获得大量练习以提高写作技能。电气工程学专业的学生中，超过一半的人表示，和大学入学时相比，他们的写作技能在后期没有变化或变弱。

表6.11 不同专业高年级学生写作技能增长的自我报告

专业	更强（%）	不变或更弱（%）
英语	73	0
政治学	37	3
社会学	35	10
传播学	35	13
美术	30	20
其他专业	30	14
经济学	27	22
（所有专业）	(26)	(18)
历史	25	6
数学	18	23
其他工程学	18	39
心理学	12	14
生物科学	12	24
电气工程学	6	56

我们也可以对情感成效进行"快捷"人才发展评估。表 6.12 展示了西部大学在情感成效上的评估成效：独立工作的能力。我们发现，政治学、美术和传播学专业的学生能力增长率最高；电气工程学、生物科学和心理学专业的学生能力增长率最低。在这几个领域中，报告独立工作的能力"不变"或"更弱"的学生要比报告"更强"的学生多。当然，这些发现应该引起这些专业的教师的关注。

表 6.12　不同专业高年级学生独立工作的能力增长的自我报告

专业	更强（%）	不变或更弱（%）
政治学	55	8
美术	55	15
传播学	48	9
社会学	40	15
历史	38	13
（所有专业）	（33）	（22）
英语	32	41
生物科学	31	21
心理学	29	24
其他专业	29	27
数学	23	18
电气工程学	22	28
经济学	22	30
其他工程学	21	29

交 互 作 用

交互作用是评估数据分析中最重要的成效之一。此处我们必须弄清两个问题：交互作用的含义及其实际意义。

什么是交互作用？

确切地说，这个问题是：我们所说的交互作用是什么？首先，我们必须精确理解这个术语。通常，我们可能会说学生之间、教师之间或师生之间的"交互"通常是一种互惠互让的方式：双方可能进行对话，可能共同度过某段时间或一起参加其他类似的活动。但这并不是我们在评估数据分析中所说的交互作用。在数据分析中，当一个变量对另一个变量的影响取决于第三个变量的值时，它们之间就会发生交互作用。如果环境变量（例如机构规模）对学生成效变量（例如满意度）的影响对于男性和女性而言是不同的，那么我们可以说机构规模与性别之间存在交互作用（即机构规模对满意度的影响取决于学生是男性还是女性）。假设环境变量是居住地（校内或校外），而成效变量是在校率（继续学习或辍学），如果在校内生活对女性的在校率有很大的积极影响，但对男性的在校率的影响不同，我们就可以说，就其对在校率的影响而言，居住地和性别之间存在交互作用。只要居住地对男性和女性的影响不同，就会产生交互作用。

请注意，交互作用始终至少涉及三个变量：成效（因变量）和两个（相互作用的）自变量。这些自变量可能由任意输入变量和环境变量组成，因此就有三种简单的交互作用（见表 6.13）。[11]

任何简单的交互作用都可以用两种方式来描述。在表 6.13 中的第一个交互类型中，我们可以说居住地对男性与女性的影响不同，我们也可以说性别对在校率的影响与性别对走读生和住宿生的影响不同。对于表 6.13 中的第三个交互类型，我们可以说，居住地对荣誉计划参与者与非参与者的在校率的影响不同。到目前为止，我们一直在讨论类别变量或"虚拟"变量的交互作用，即诸如性别之类的变量，这类变量只有两个可能的值（男性或女性）。涉及连续变量（例如 SAT 或 GRE 分数）的交互原理完全相同，但这种交互作用更难解释和描述。例如，如果我们发现学生的居住地和 SAT 分数之间存在交互作用，那么我们可以说居住地（住校与走读）对高分学生与低分学生的在校率有不同的影响。假设再次将在校率作为成效指标，我们会发现居住地（住校或走读）和 SAT 分数之间存在交互作用。交互作用是在 SAT 分数的哪一个连续位置上产生的呢？居住地对高分、中等分数或低分学生的在校率是否均有不同的影响？例如，我们可能会发现，住在校内会对低分和中等分数学生的在校率产生积极影响，而对高分学生则没有影响。应注意，环境变量和输入变量之间的交互作用通常是在前者的意义上描述的，即环境如何根据学生类型对成效产生不同的影响。（检测交互作用需要在评估数据分析中使用特殊程序；具体内容请参见附录。）

表 6.13　简单的交互作用

交互类型	
输入-环境	居住地（住校或走读）对男性与女性在校率的影响不同
输入-输入	性别对黑人和白人在校率的影响不同
环境-环境	参加荣誉计划对走读生与住校生在校率的影响不同

交互作用的实际意义

在某些情况下，相对于环境变量影响的简单（"主要"）[12]知识，交互作用的知识对教育政策和实践具有更大的价值。例如，尽管我们知道在校内住宿（与走读生相比）可以为学生带来很大的好处，但建造足够的宿舍来容纳所有学生的提议可能并不可行。在这种情况下，了解哪种类型的学生最有可能从住宿经历中受益可能特别有用。这些知识对决定应选择让哪些学生住在校园宿舍具有重要价值。交互作用的知识在各种其他实际决策环境中具有重要价值，但这种知识在两种一般情况中特别重要：选拔和定位。

美国高校需要做出很多选拔性决定，包括决定录取哪些申请者，是否将其录取到机构内的各个学术部门（工程学专业、护理学专业等）以及选择谁来享受特殊待遇（补助、试用、荣誉等）。正如我们在第一章所指出的那样，任何选拔性决定（尤其是录取决定）都可以基于两种不同的模型做出，这里说的选拔性决定主要指最大化成效绩效和最大化人才培养。因为前一种决定只关注选择最有可能在成效指标上表现良好的个人，忽略人才培养问题，所以不需要考虑输入-环境交互作用。因此，我们将重点讨论交互作用信息如何促进最大化人才培养决定。

首先要考虑的是如何选择参与特殊计划的学生这一问题。如果我们建立荣誉计划并决定只有平均绩点达到一定水平以上的学生才有资格参加该计划，则我们无疑会假设与平均绩点较低的学生相比，此类学生将从荣誉计划中受益更多。这种推理假设环境变量（参与荣誉计划或不参与荣誉计划）与输入变量（平均绩点）之间存在交互作用。成效指标可以是学习量、在校率或这些指标的某种组合。重要的是，我们要意识到，当我们建立需要选拔决定的特殊程序时，很少会明确阐述这些假设。的确，我们大多数参与此类计划实施的人可能并不了解构成选择决定的隐含假设。如何知道诸如最小平均绩点之类的任意选择的标准确实有效呢？如何知道不满足这些条件的学生将不会比那些满足条件的学生受益一样多甚至更多？

特定的入选学生群体将比其他（被拒绝的）学生受益更多，这种想法确实是一个棘手的概念。这并不意味着平均绩点较高的学生在荣誉计划中会比在常规计划[13]中做得更好（这不一定是一种交互作用，因为平均绩点较低的学生可能也是如此）。这也并不仅仅意味着，如果所有学生都被允许参与荣誉计划，那么平均绩点较高的学生就会比平均绩点较低的学生表现得更好。[14] 换句话说，只有当一个变量（参与荣誉计划或不参与荣誉计划）在另一个变量（例如平均绩点）上对拥有不同分数的人具有不同影响，交互作用才会产生。

我们不妨思考一下这种交互作用的实际意义。请记住，我们希望运用现有计划最大限度地促进教育发展（以人才培养作为衡量标准）。如果某些学生在某些计划中比其他学生受益更多，那么如果我们能够为学生选择合适的计划，将所有学生视为一个小组，其整体人才培养效果将会最大化。如果所有学生都从给定的计划中平等受益（即如果环境与输入之间没有交互作用），那么如何选择学生实际上没有区别；无论谁参与该计划，整个学生群体的受益都是相同的。

简而言之，只有在计划与录取学生的输入变量之间存在交互作用时，教育计划的选择性录取才有利于整个人才培养过程。

定位决定与选择决定非常相似。我们在第一章指出，从更广泛的角度来看，选择性录取对于某个特定机构来说确实是一种定位，因为被拒绝的学生最终会被其他机构录取。为了使这种定位在教育（即人才培养）方面合理化，我们必须假设环境变量（例如加州大学、加州州立大学、社区大学）和输入变量（高中阶段的成绩）之间存在交互作用。如果符合加州大学录取条件的学生（排名前八分之一的毕业生）进入加州大学的教育收益不比其他学生多，那么我们就没有任何理由限制入读这些大学的学生人数。

确定公共机构录取政策的大多数立法者和其他公职人员都不知道，这些政策无疑是基于对交互作用影响的假设。因此，如果我们希望用教育术语证明加利福尼亚州的总体规划是合理的，则必须做出以下假设：

• 那些在高中排名前八分之一并进入加州大学的学生将比其他八分之七的学生受益更多；

• 与排名位于前三分之二的毕业生相比，排名前三分之一的毕业生受加州州立大学的影响更大；

• 与班上排名前三分之一的学生相比，排名位于后三分之二的学生受社区大学的影响更大。

加利福尼亚州的总体规划还建立在学生拥有选择自由的隐含假设上。不能排除符合加州大学入学条件的学生进入加州州立大学或社区大学，因此我们可以假设，与其他学生相比，这类学生比在三种大学中自由选择的其他学生受益更多。

以上列出的三个交互作用假设也可以根据环境变量重新进行叙述。例如，"进入社区大学，而不是其他任何一所大学的学生，将使高中排名后三分之二的学生受益更多"。当然，这种假设很少经过州里的教育系统的实践检验。

但是单个校园中的定位活动的交互作用又是如何呈现的呢？大多数学院会定期做出各种学生定位决定：课程设置、学生顾问分配、学生宿舍分配、室友分配。为什么这样的活动是隐性地基于交互作用的假设呢？例如，如果我们为每个新生提供一系列测试以指导课程安排决策，那么我们无疑会假设只有得分高于一定水平的学生才能在某些课程中取得更好的成绩。同样，"做得更好"是指他们将在我们所安排的课程中学习得最好或最快（即更充分地发展他们的才能）。因此，如果对所有新生的英语写作能力进行评估，我们可能会将表现最差的学生安置在英语补习班中，将表现最好的学生安置在高级创意写作课程中，而将其余学生安置在普通英语写作课程中。这样的定位系统涉及一系列交互作用假设：

- 与其他两种课程相比，该补习课程将为得分最低的学生带来更多收益；
- 与补习课程或常规课程相比，高级课程将为得分最高的学生带来更多收益；
- 与补习课程或高级课程相比，普通课程将使其余的（得分中等）学生受益更多。

尽管这些假设是所有定位活动的基础，学生都是根据其输入特征有选择地被分配到特定的教育环境中，但这些假设很少经过实践的检验。

关于统计分析

尽管全面讨论适用于 I-E-O 模型评估的分析方法并不是本书的目的，但出于两个原因，我们在此处需要对较常见的分析方法进行简要讨论。首先，我们要感谢分析师和研究人员提供的能使用或已被使用的众多技术和软件包。其次，我们要强调一个事实，即本书中提出的评估思想并不一定要求使用任何特定的统计软件包或方法。但它确实提供了一种框架,可以适当使用任何方法来评估高等教育中的人才培养。

简单多元回归

通过简单多元回归,我们可以运用一个方程估算当前已知的所有自变量(输入和环境)。该方法适当控制了输入-环境和输入-输出关系,并估计了环境变量对成效的独立影响。但运用该方法的研究人员无法轻松地检验输入如何改变环境影响,因为在考虑一个或多个输入变量的影响后,他们无法观察环境和输出的关系如何变化。例如,输入和环境变量的单个方程式可能表明工程学专业的预期GRE-Q分数较高,但掩盖了以下事实,即部分原因是工程学专业的学生进入大学时,他们的SAT-M分数较高。请注意,无论因变量是连续变量,可以使用普通的最小二乘方法进行建模,还是类型变量,需要采用多项式模型[15],它在人才培养评估方面都存在优缺点。例如,萨默斯等人使用一个逻辑斯蒂方程(logistic equation)研究了第一代大学生的同年组内的持久性,该方程包含背景特征、志向和成就、大学经历、大学费用和累积债务负担量(Somers,Woodhouse and Cofer,2004)。

分层、分块的多元回归

在分层、分块的多元回归中,分析人员运用两个或多个回归方程进行估算。第一个方程式中仅包含输入指标,分析人员可以检验成效在多大程度上与输入指标相关。在预测成效得分时,各种回归系数还能帮助分析师估计每种输入指标的重要性。第二个方程式中添加了环境度量,该方程式提供的变量回归系数估算值与分段分析中的估算值相同。同样,要适当控制潜在的有偏差的输入-环境和输入-成效关系。注意,如果可以建立有意义的时间顺序变量,分析人员可以将输入和环境细分为任意数量的变量块。例如,可以按以下顺序对两个环境变量块进行排序:一个初始块包含大学一年级的指标,另一个包含大学四年级的参与度。同样,从概念上将环境变量区分开也可以证明这种安排是合理的:第一个变量块代表学生在第一学年的住房类型(例如全日制宿舍、多班学生公寓、在家中居住),另一个变量块衡量居民生活活动参与情况。此处的概念模型假设学生居住的宿舍类型对学生的居民生活参与度有部分影响。读者若想了解在时间和理论基础上开发的封闭模型的示例,可参阅相关文献(Inkelas,2004;Saenz,Ngai and Huradodo,2007)。

逐步、分块多元回归

在（正向）逐步回归中，最终的回归方程是采用一个变量接着一个变量的方式构建的，在给定方程已有变量的情况下，其顺序通常是将变量添加到对成效预测最有帮助的方程之中。正如本书第一作者阿斯丁所倡导的那样，分步执行的过程是在单独的变量块中进行的，因此分析人员在对环境变量块进行分析之前，会充分考虑输入对预测成效的作用。同样，如果按照分块过程中的描述进行构造，这些变量块可以是多个。这种方法的优点是分析人员可以通过将每个变量添加到方程式中来监控每个指标的影响的变化。换句话说，这种方法使分析人员可以洞悉特定输入和成效之间的关系如何受到不同输入和成效之间关系的影响。同样，人们可以检验特定输入与成效之间的关系如何受到特定环境与输出之间关系的影响。从实际的角度来看，该方法使分析人员可以更轻松地确定那些特定的个人特征、活动、课程等，这些特征可能对研究成效的发展起重要作用。通过逐步添加完整的变量块来估算多个方程式并不能提供此类信息。在逐步回归分析中，我们可以控制有偏差的输入-环境和输入-成效关系，了解并改善人才培养过程。与非逐步分析方法一样，我们可以根据变化理论或概念模型来确定独立变量块并进行排序。运用该方法的示例包括李对学生在大学中改变的宗教信仰的研究（Lee，2002），以及阿斯丁等学者对跨种族互动影响的研究（Chang，Astin and Kim，2004）。我们在附录中将通过示例进一步对此方法进行讨论。[16]

结构方程模型

结构方程模型（structural equation model，SEM）是一种先进的路径分析方法，为分析人员提供了三项主要功能，而这些功能难以用于上述线性回归方法建模。首先，结构方程模型使分析人员假定发展过程同时包含多种成效指标。例如，人们可以将智力自信和社会自信的发展研究作为独立的过程，并在同一统计模型中假设它们之间的关系。其次，结构方程模型提供了一种将潜在特征纳入发展模型的方法，可以对特征的构成指标及其与测验相关的预期误差进行建模。例如，恩伯格在研究结构多样性对群体间学习的影响以及第二因变量多元取向的过程中，采用了五种独立指标来模拟潜在特征——"群体间学习"（Engberg，2007）。因为结构方程模型允许分析人员同时估计多种路径分析模型，I-E-O框架的应用自然就很适合该模型。结构方程模型适用于测试输入、环境和成效变量之间的一系列特定假设关系，包括非关系（系数等于零）以及直接和间接影响的存在。使用结构方程模型评估人才发展要注意的一点是，分析固有的路径建模可能会诱使分析人员以不适当（非时间性）的方式对横截面数据的方向效应进行建模（MacCallum and Austin，2000）。

多级分析

执行多级分析的统计软件包明确假设存在嵌套数据。嵌套数据是对观察成效进行分组的数据，不一定彼此独立。在 K-12 教育（即学前教育至高中教育）中，此类数据的经典示例是对聚集在教室中的学生进行分析，而教室本身就在学校中。学生在教室内显然会进行互动，因此他们的行为、成就等个别指标不一定是独立的。在多级分析中，这种组级依赖关系是在同步分析中获得的，该分析以教室为单位。逻辑上，同一所学校内的课堂层级指标可能存在类似依赖，因此也需要在学校层次上进行建模。与此类似，高校学生也被嵌套在专业、系、学院和大学中，因此可能需要采取多层次的方法。仅在一个级别上分析嵌套数据时（即忽略聚类），会出现许多方法论问题，包括违反观测值之间的独立性假设、聚合偏差以及无法测量跨级别成效（Burstein，1980）。[17] 例如，登森等人使用多层级模型研究了 236 个机构中校园种族多样性对教育的影响，该模型将个人跨种族互动的影响与每个机构内部跨种族互动平均水平区分开来（Denson and Chang，2009）。在人才发展评估中，当学生的聚集非常重要并且分析人员有兴趣探索跨层次效应时（例如，在对跨种族互动平均水平不同的各机构开展研究时，分析跨种族互动的区分性效果），这种模型是有利的。但大多数统计程序中的多级分析方法通常比较麻烦，因为它们难以确定自变量的间接和直接影响，但这是我们评估和理解人才发展过程时应具备的能力（Astin and Denson，2009）。

关于质性分析

本章重点介绍了定量数据的分析。在评估大学经验或计划的影响时，定量数据最适合识别和考虑输入的潜在偏差。在过去的 30 年中，统计方法的进步为分析人员提供了多种方法，可将 I-E-O 模型评估方法的原理应用于丰富的学生数据和复杂的教育环境。同时，研究学生变化的质性分析也越来越流行。尽管根据定义，质性分析并不适用于我们在此处所说的统计分析，但我们认为I-E-O模型背后的基本逻辑可以且应该应用于质性数据。例如，在单个机构的质性研究中，研究人员与教职工、学生进行了深入的访谈，为了得到教职工的行为如何影响学生的发展和变化的结论，他们至少应努力探索两组问题。一组问题关于输入在学生变化中的作用。所得出的学生变化在多大程度上是发展性的？学生如何理解和解释自己决定是否参与特定活动、选择课程和处理人际关系？第二组问题试图探索作为变化源的替代性环境变量。在这种情况下，这些学生中可能还存在哪些变化源？学生如何理解这些变化源的影响？在这一方面，除了详尽的描述、丰富的细节和上下文相关数据外，质性分析可以为特定校园的人才培养过程提供有价值的见解。

总　　结

我们在评估数据时，基本上可以运用两种类型的数据分析：描述性分析和因果分析。描述性分析仅描述事物当前的状态，而因果分析旨在评估不同环境对学生成效的对比性影响。

评估数据分析最常用的两种统计方法是交叉表分析和相关性分析。相关性分析和回归分析特别适合用于因果关系研究，因为它们使研究人员可以同时控制大量可能有偏差的输入变量。

许多统计模型和方法可用于评估数据分析。尽管本书中提出的评估哲学并不要求使用任何特定模型，但无论选择何种统计方法，I-E-O模型都可以为高等教育人才发展评估提供依据。

第七章 评估成效的使用

合理使用评估数据的主要目的是激励并最终改善我们在人才培养过程中的行为。这些行为可能包括课程设置、教学方法、咨询程序、评估工具、教职工奖励制度的变化，或者有时仅仅决定是否对机构政策或实践的某些方面进行审查。与优化使用评估成效结果相关的问题包括：确定评估成效的合适受众、选择交流成效的方法、发展教职工的评估专业知识以及处理抵触问题。但在解决这些具体问题之前，我们需要先研究一下可以用来解决评估成效使用问题的理论观点。

评估结果使用理论

尽管有些读者可能会将使用理论视为一个抽象甚至深奥的问题，但事实上，任何人的校园评估数据的使用和收集工作都以某种理论为基础。这些理论通常是内隐性的，而不是显现的。参与评估活动的大多数人可能很少关注其评估活动所依据的内隐理论。此处总结的使用理论是在我们的职业生涯中发展起来的，更是阿斯丁参与了大量国家级和校园级评估活动后总结听成果。该理论只是众多可能的理论中的一种。它不是作为使用问题的最终定论而被提出的，而是强调所有的评估都基于某种理论，并且对于每个参与评估活动的人来说，使内隐理论外显出来非常重要，这便于我们对理论进行仔细考查。清晰的显性理论使外部观察者能够了解评估活动的基本原理和目的，而且还有助于确保人们了解价值观和实践是否一致。若读者认为此理论不合适，我们强烈建议他们发展自己的理论。

从第一章和第二章提出的论证中，我们可以假设，我们的使用理论主要基于反馈原理。我们假设反馈的接收者是教职工，他们能够使用评估成效来改善人才培养过程。换句话说，我们显然参与了形成性评估。许多评估实践可能都是出于问责目的而进行的，即要求机构或计划对实现某些目标或绩效水平负责。当然，终结性评估的目的因反馈的性质和接收者不同而不同，我们在此并不预设存在这些目的。（我们将在第九章对反馈理论展开类似的讨论，该理论以学生为接收者。）

我们可以方便地将大学教师、行政人员、辅导员看作表演艺术家。教学、咨询、建议以及其他形式的师生互动与艺术活动非常相似，人们通过这些活动来学习，而学习过程却很难写进操作手册。在艺术创作中，为了发展必要的技术和技能以获得好成绩，艺术家必须有机会回顾自己的作品。人们观察画布上呈现的东西，随后调整自己的行为来学习绘画。同样，乐器演奏家或歌手也可以听演奏和歌曲，并进行适当的调整，这也是一种学习。反馈是任何艺术创作中技术或技能发展过程的核心。

毫无疑问，尽管反馈对于学习如何成为一名优秀的大学教师、行政人员、辅导员同样重要，但这些学术表演艺术家几乎从来没有像画家、舞者或音乐家那样获得同样出色或及时的反馈。在艺术领域中，有用的感官信息是通过艺术表演行为自动生成的。但是，在学术界，教学、管理或辅导程序通常不会生成所需的反馈。教师可能会发表自认为鼓舞人心的演讲，但永远无法真正知道学生听懂了多少，也无法知道学生记住了多少内容或演讲是否对学生产生其他影响。或者，行政人员可能会制定学生行为准则和规定，但不知道这些准则是否对学生产生了预期的效果。同样，辅导员或指导教师可能会花20分钟与学生交谈，却不知道该学生是否从中受益。从某种意义上来说，学会成为有效果的教师、行政人员或辅导员与学会蒙住双眼画画或学会塞住耳朵弹钢琴有点相似。

的确，教师会定期从课堂讨论、同事之间的交流，以及与学生偶尔进行的谈话中收集学生的非正式口头反馈，但这些学生通常是喜欢表达自己想法的人，而不是典型学生的代表。教师和助教会定期收到课程评估结果，但它们与学生成绩数据无关，因此几乎没有改进教学指导的作用。也许有人会争论说教师会从期末考试中收到反馈，但是根据这种反馈采取行动有点像亡羊补牢。

评估的作用是让教职工收到更多反馈，以帮助他们成为更有效的从业人员。换句话说，评估是一种技术，教育从业人员可以用它来增强有关其教育措施及政策影响的反馈。即使表演艺术家可以在没有技术援助的情况下直接产出自己的感觉反馈，但他们也确实乐意依靠技术来增强反馈，例如，舞者使用镜子，音乐家使用录音机。

如前所述，评估反馈的直接目的是采取行动，以改善教育项目。当然，这里涉及的参与者是教师、行政人员、辅导员和学术界的其他人员，他们的行为对学生产生直接或间接影响。他们的个人和集体行动有助于营造学生所处的教育环境。但是，大多数从业者没有办法将其具体行动与学生的进步和发展联系起来，因此他们很难知道他们创造的环境是否会对学生的学习成效产生预期影响。因此，评估的基本功能是提供反馈，以帮助从业者进一步了解他们的行动（环境）与人才发展过程（学生成效）之间的联系。简而言之，评估的功能是反馈教育从业者的策略和实践与各种学生成效之间的因果关系。

"那又如何？"型反应

在所有教师或管理人员对评估成效的反应中，评估专家的"那又如何？"型反应不仅最令人沮丧，而且对开发全面且有用的评估程序也最具破坏性。以下两种情况很可能引发这种反应。第一种情况是教师或管理人员因为对评估目的怀有敌意而采取负面反应，这是一种策略或游戏。（我们将在本章后文"教师的参与"部分对这种防御性策略进行讨论。）当评估成效对政策或实践没有明显的意义时，就会发生第二种更常见的情况。呈现的调查成效有时很详细，但没有清楚说明成效可能对教育政策或实践产生的影响。"那又如何？"型反应不一定明确使用"那又如何？"这个说法，但其启示及影响是相同的。有时，反应只是无反应或纯粹的沉默。在其他时候，这些发现可能仅被认为"有趣"。没有进一步的解释，也没有行动建议，仅把发现视作有趣的，这其实也就是一种针对评估的抵制。

我们曾目睹的"那又如何？"型反应的情况比我们能记住的要多得多。阿斯丁在与增值联盟项目有关的几所大学里遇到过这种反应（请参阅第八章）。在没有任何环境数据的情况下，一项不熟悉的标准化测试的一次性管理成效被展现给各位教职工。这些小组唯一可以做的就是将他们学生的表现与国家"标准"进行比较，并且在大多数情况下，比较的成效很难甚至不可能得到解释。最终成效是，教师团队普遍拒绝接受整个评估概念。

类似的反应甚至常常在评估程序开始之前就出现了。例如，在我们的许多认证评审经验中，因为不清楚评估数据的使用及评估数据与其教育机构核心使命的关系，一些教师和管理人员很不情愿，并且经常拒绝参加必要的评估活动。

除了造成了毁灭性的后果，"那又如何？"型反应有可能出现在那些较为容易明确的情形之中。此外，我们也很容易找到避免这种反应的方法。在没有环境数据的情况下报告成效数据或在没有成效数据的情况下报告环境数据，都有可能使人们产生这种反应。随着机构研究人员尝试新评估方法的热情不断提高，教师的冷漠反应变得越来越普遍。

具有讽刺意味的是，环境和成效评估工具的提供者鼓励各机构一次性地使用其工具，但提供者没有在工具中融入与学生相关的其他数据，这加剧了这一反应的严重性。

"为了应对考试而教学"

一种人们更为主动的、抵制评估活动的形式是认为使用特定的评估工具会鼓励教师"为了应对考试而教学"。当然，人们的这种反应可以反映出他们合理的担忧。我们可能会担心教授为了让学生在测试中获得最佳成绩而限制课程主题、家庭作业和教学方法。该测试也可能妨碍实验性教学。

解决以考试为目的而开展教学活动这一问题的最佳策略是使用多种学生成效指标（请参阅第三章的内容），并避免完全依赖以商业性工具（这种工具难以更改或修改）。但是，以考试为目的的教学适合某些情况，例如，当我们尝试评估学生在高度专业化的知识或专业领域的表现时，考试就是不错的选择。古典测试理论为研究此问题提供了一种有趣的方式。大多数专业考试组织都开发了所谓的成就测验，用于衡量学生在化学、数学和美国历史等特定学科领域的能力。从理论上讲，测试问题代表一个随机样本，该样本来自与该主题相关的所有可能被问到的问题。假设该领域与人们所要评估的课程或计划的目标相契合，那么只要测试问题是相关领域问题的代表性样本，以应对考试为目的的教学就似乎是一个适当的目标。

但是，许多大学教师可能忘记了大多数学生已经在"为了应对考试而学习"。在大多数情况下，我们会为期末考试精心准备测试题目，与涉及同一主题的国家标准化测试相比，这种测试中的题目可能更随意、更特殊，并且结构性更差。换句话说，与国家标准化测试相比，特定的课程考试题目包含来自该领域的代表性问题样本的可能性要小得多。关键问题是国家标准化测试所代表的领域是否适合我们所调查的目标课程。

学者们也可能忘记的一点是，我们积极鼓励中学教师为应对考试而教学。这不仅适用于入学考试（例如美国大学入学考试、学业能力倾向测验和各种成就测试），更适用于高级进阶测试。通常，中学教师在高级进阶班级的教学是否成功取决于通过高级进阶测试的学生占所有学生的比例（即获得足够高的分数以获得高等教育机构课程学分的学生的占比）。已故的埃斯卡兰特是洛杉矶加菲尔德高级中学的国家级微积分教师，他因为成功地在微积分课程中帮助大部分少数民族学生通过了微积分考试而引起人们的注意。备受欢迎的电影《为人师表》（*Stand and Deliver*）是根据埃斯卡兰特的生活和教学经历创作的。

教师亲自开发成效评估工具时最有可能接受以应对考试为目的的教学。

阿尔维诺学院（Mentkowski and Doherty，1983）和基恩学院（Kean College of New Jersey，1986）就是两所成功开发了自己的评估工具的优秀高校。

教师的参与

在没有高层管理人员支持甚至没有教师参与的情况下，我们也有可能收集和分析大量高质量的评估数据。但是，在使用成效时，如果没有教职工的参与和行政部门的支持，我们根本不可能获得不同的评估数据。强有力的行政支持至少起着两个关键作用：一是使评估专家有动力继续实施系统的评估计划，二是最大限度地将所产生的建议付诸实践。

教师的参与明显是必要的。课程或教学方法的任何更改显然离不开教师的参与。此外，教师，特别是大型研究机构的教师，更倾向于听从其所在学科部门的安排，因此，如果教师希望根据评估成效采取行动，那么任何关于这些基本学术职能的重大改变的建议都必须获得部门的支持。如果建议对学术政策或程序进行重大更改，而主要的教师没有参与规则制定，这种更改就不太可能实现。

让教师参与评估计划的制定和实施并不能保证所提议的变更能被其同事接受，因为很多教师天生就喜欢抗拒改变。有一种策略可以避免完全依赖教师的支持，即将评估活动的大部分内容集中在机构功能的非学术领域，例如招生、招聘、入职培训、咨询、工作安排、课外参与和住宿生活。与课程要求、教学方法、评分、咨询或其他学术功能的改变不同，在这些非学术领域，机构政策和实践的改变通常不需要同等程度的教师的支持。

我们需要记住的另一点是，大多数教师既不敌视评估，也不热衷于评估，他们对这些漠不关心或不参与。事实上，如果漠不关心是唯一的问题，那么传播和使用就容易得多。问题在于，评估专家通常会期望遇到一个或多个激烈反对评估的教师，这些教师常常会影响那些没有参与的同事。

学术游戏

那些试图在学术机构中进行重大变革的人所遇到的最令人沮丧的经历之一是，教师可以运用各种防御策略来避免卷入其中。很多年前，阿斯丁参与了一项重大尝试，即使用19个不同机构的本科生的纵向评估数据来改革机构政策和实践（Astin，1976）。每个机构在校园中都成立了工作组来检验评估成效，并根据评估成效设计更改建议。对这些工作组行为的分析表明，为避免采取任何重大行动，教师采用了多种防御策略。在艾瑞克·伯恩于1964年出版的畅销书《人间游戏》（Games People Play）中，这些不同的防御措施被标记为"学者玩的游戏"或"学术游戏"。在某些读者看来，识别和描述这些学术游戏似乎只是一种搞笑行为，但我们不能仅从娱乐价值角度考虑这些行为。教师们非常擅长这些游戏，并且习惯于玩这些游戏，从而使得这些游戏严重阻碍了人们运用评估数据改善机构政策和实践的所有尝试。通过识别这些游戏，读者应该可以在校园中更好地应对学术游戏之风。尽管学术游戏与伯恩描述的人际游戏有些相似，但它们在某些方面还是不同的。学术游戏的互动性并不像他们所说的那样明显，典型的学术游戏主要包括口头陈述。该陈述可能是对其他学者的陈述的回应，也可能不需要回应。因此，许多学术游戏可能是一个人玩的，因为实际上它们是自行结束的。但是，游戏还需要某种观众，因此玩家（教师）就成了表演者。

因为学术界很重视智力能力，所以许多学术游戏的直接目标之一就是使玩家显得聪明或富有创造力。然而，更微妙的成效是玩家或观众不再需要根据评估成效来行动。从心理上讲，这里的作用是缓解紧张感。这些紧张感可能直接来源于评估成效的建议，即某些教学目标或学生发展需求未得到满足，或教师对过去未能有效处理学生提出的问题而感到内疚。使用学术游戏来缓解紧张感有助于维持现状。通过抵制新提议、新见解或新想法中的行动，学术游戏的玩家也许不经意间就成为一种机构保守主义者。换句话说，不采取行动等同于认可当前的政策和程序。学者用来回避需要采取行动的问题的所有技巧并非都包含在以下学术游戏目录中，但该目录确实描述了一些学者喜欢玩的较常见的游戏。

合理化是学术界最常玩的游戏之一。合理化是一种熟悉的防御机制，因其高度言语化并且在很大程度上依赖抽象推理而特别符合学者的风格。阿斯丁先前引用的游戏技术项目表明，学者们喜欢在两种情况下合理地评估数据成效：一是数据被认为是不讨人喜欢或负面的，二是数据没有任何有关变革或改革的具体建议（Astin，1976）。典型的合理化游戏玩家会使用诸如"更改建议不现实"或"我们只是没有解决此问题的资源"之类的陈述。合理化的基本功能是避免通过以下方式根据评估数据成效采取行动，即引用实际或想象中的障碍或通过某种方式暗示拟议中的改革已经实施或正在实施。

一种特别离奇的合理化形式是用奥威尔式的术语将标记为不好的游戏视为好的游戏。这里指的是，一些学者在评论明显为负面的发现时，得出结论认为这些发现实际上是正面的。例如，许多学者可以通过暗示高辍学率反映了学术标准过于严苛来使专业或机构的高辍学率合理化。他们也可能采用类似的合理化方法来评估学生对课堂教学的不良评分："他们的抱怨正好证明了我的课程对他们具有挑战性。"

另一个常见的学术游戏被称为"推卸责任"。学者们经常试图通过组建委员会或工作组来研究这个问题。推卸责任是一个特别令人着迷的学术游戏，因为它避免了制定政策或采取行动的需要，同时又为人们营造了一种正在解决问题的印象。在学术界，我们经常发现自己从一个工作组或委员会中获取报告，却安排另一个工作组或委员会来研究该报告的含义。评估数据特别容易受到该游戏的影响，因为任何评估本质上都是不完善的，因此人们很容易对其进行"进一步研究"。

也许最令人沮丧的学术游戏是迷惑。学者是玩迷惑游戏的高手，因此在他们造成破坏前，该游戏通常很难被人察觉。已故的约瑟夫·卡茨是游戏技巧项目顾问之一，我们可以在此处引用他的评论："当面对需要改变一定习惯的行动时，学术反思通常只是纸上谈兵。学术界人士通常难以辨认这种特殊形式的懒散，因为对于学术界而言，话语毕竟也是行动，而且也许是人们最喜欢的行动"（Astin，1976，p.79）。常见的一种迷惑形式是援引陈词滥调或听起来很夸张的概括，它们虽无实际作用，但会为别人营造当事人对某事或某物真正关心和感兴趣的印象。

反问游戏可能是迷惑的一种有趣形式。此处学者提出了一个看似严肃且值得我们深思的问题，但实际上它并不需要特别的答案，我们可以转移问题的方向，或者中断进一步的讨论和辩论。这个问题就是："那很有意思，您什么时候可以完成总结报告？"

另一个学术游戏可能被标记为"补选"，这是从 20 世纪 60 年代新左派学生中借用的一个术语。补选是用来表达反对的特别有效的防御措施，因为它包含了对评估成效的无条件接受。实际上，补选包括公开接受评估成效暗示的问题，并暗示已采取纠正该问题的措施，或者极端地认为该问题已经解决。该游戏显然存在危险，它会阻止人们对此问题采取任何进一步的行动："学生调查强调了我们校园的一个主要问题，幸运的是，我们有一个专职小组来解决该问题。"评估数据特别容易受到这种游戏的影响，因为数据收集与成效呈现之间总是存在一定的时间差。补选的目的是表明该问题已在此过渡时期得到解决。使用补选并不一定能得出以下结论：该问题并没有被解决。("解决方案"实际上有可能缓解了这一问题。)但是,即使缺少证据能直接证明问题已经解决,玩游戏也常常使人们无法对此问题进行思考以及进一步讨论解决方案。

还有一种使人们着迷的游戏,这就是引用。负责审查评估数据的委员会或工作组有时会设法避免将成效与机构政策联系起来,它们所采用的方法是有条不紊地从一个成效谈到另一个成效,然后将数字转换为文字陈述,例如,"6%的受访者这样说,40%的人这么说",等等。人们通常会在博士论文的初稿中甚至在学术期刊上发表的文章中找到大量的引用。当有很多评估数据需要解释时,引用会让读者着迷,同时给人以认真关注和参与的印象。除了导致人们产生"那又如何?"型反应,引用枯燥的经验性发现也可以通过暗示无法使成效连贯来吸引大众。

合理地推迟预算看起来是一种可行的策略。通常,将针对评估成效的机构行动付诸实践的最重要的一步为非专业人士翻译分析报告、拟定易于管理的(简短的)政策文件、将报告打印出来并分发给相关行动者,以及花费大量的时间与这些行动者一起举行会议和开展情况介绍等,这些工作很难开展。由于"我们没有足够的预算来继续这项工作",评估项目就可能会中止或内容被严重缩减。当然,这种陈述的真实性取决于管理人员对评估项目本身的重视程度。

最后两种游戏是位移和投射。这些游戏包含多种策略,所有这些策略都可以将人们的注意力从评估数据可能的实质含义转移到其他外部问题上。位移和投射的基本功能是破坏人们对评估工具、工具设计人员、数据收集人员和数据分析人员的信心,从而人们避免认真考虑其成效。这是两种效果特别明显的学术游戏,因为所有评估数据都存在技术缺陷,无论其复杂程度、分析方式和呈现方式如何。这意味着在使用评估数据时,我们应始终牢记技术存在缺陷这一法则。对数据的合理批评与位移或投影的使用之间的关键区别是,批评是否以建设性的方式提出(即对解释采用适当的限制或澄清某些数据中的相关观点),或批评是否被用来破坏整个评估项目数据的准确性。

具有一定心理测试或测试理论知识的人经常玩的一种位移或投射游戏是信度-效度游戏。该游戏旨在通过使用诸如"此指标的信度是什么?"或"使用此工具进行过效度检验吗?"之类的问题来破坏人们对评估工具的信心。实际上,只有发现基本是负面的情况下,即在环境变量不会对成效绩效产生很大影响的情况下,指标的信度问题(即指标所包含的测量误差数量)才变得至关重要。同样,就像我们在第五章所指出的那样,传统的信度概念适用于个人评估和建议工具,但不适用于群体汇总数据。将多个个体分数汇总时,对个体而言相对不可靠的指标可以产生高度可靠的效度。同样,正如我们在第三章所指出的,关于效度的传统心理计量学概念根本不适用于成效评估。因为大多数大学教师都不了解测量和心理计量学的这些优点,所以他们对评估成效的信心很容易被喜欢玩信度-效度游戏的人破坏。

位移游戏的另一种形式可以被称为谨慎游戏。该游戏包括数据中的一系列技术限制,之后是一条声明,指出由于这些缺陷,试图对政策进行有意义的解释或概括是危险的。尤厄尔将此游戏称为"完美的数据谬误"(Ewell, 1988)。位移游戏的另一种形式可能被称为"红鲱鱼"。在此版本中,玩家识别出缺陷确实存在,但该缺陷不可能使成效无效。玩家的注意力不再集中在手头的解释性工作上,这表明他们对评估成效的信心受到了破坏。"红鲱鱼"的"近亲"可以被称为"影射"。这种学术游戏的玩家暗示某些小缺陷可能带来更广泛的影响,但未说明是哪种缺陷,以此来破坏评估成效。影射的目的是,通过暗示数据不可信来阻止其他人认真对待评估成效或提出行动建议。影射也会以讽刺的形式表现出来。实际上,讽刺将人们的注意力从实质问题上转移开来,并暗示数据不可信。

对策

应对学术游戏最重要的方法是及时识别它们并采取适当的对策。我们在处理学术游戏时会面临两大挑战:识别游戏种类,并采取适当的补救措施。如果我们熟悉学术界常玩的主要游戏种类并密切监控人们对评估数据的初期反应,那么识别游戏应该不是大问题。更大的挑战是如何有效应对学术游戏。如果一组教师正在审查某些评估成效,那么正面攻击游戏可能不可取,除非是在特殊情况下,即参与者是一个联系紧密的团队,彼此之间非常了解并相互信任。正面攻击是指对抗游戏的人只是在游戏出现时指出游戏并要求玩家采用更具建设性的方法。对于人员互不相识、互不尊重的团队而言,正面攻击可能会引起他们做出防御、敌对和其他非积极反应。

更有效的应对学术游戏的方法是转移玩家的注意力。当特定玩家通过玩位移和投射游戏(以技术缺陷为重点)破坏小组功能时,转移注意力的方法适用于口头交流。潜在的有效对策是转移话题,让其他玩家不能继续讨论技术或者没有足够的时间来考虑评估成效的含义。这种方法的变体是隔离游戏玩家。这种方法可能会要求玩位移和投射游戏的人准备对将要讨论的技术问题进行书面分析。要求他们对效果进行书面分析实际上终止了讨论，并在关键时刻将其转向至更实质性的问题。我们可以在报告主体内容中将不想要的部分内容（例如对技术的严肃批评）删除，并将它们放在附录中，从而完成书面报告中的隔离游戏。

我们还可以建议玩家（和其他参与者）思考某些发现的含义，以此应对大多数学术游戏（这是应对引用游戏的重要对策）。但对于某些游戏，可能的应对策略是，我们通过暗示有其他解释来直接挑战玩家（这对于合理化和补选之类的游戏尤为重要）。另一种方法是，要求玩家解释或澄清特定的陈述（这种方法在诸如迷惑之类的游戏中必不可少）。

诸如推卸责任之类的游戏经常会为我们带来巨大的战略挑战。学者们习惯于玩这些游戏，因此其他参与者可能会很愿意与这些以诈取胜的人一起，以逃避辛苦的工作，如试图解释和理解评估成效，以及制定适当的行动建议。推卸责任还可以避免为机构改革提出建议而冒险。一位教师在推卸责任时会或多或少地被直接针对，并被提醒这种行为是推卸责任。

这些策略和建议仅代表众多学术游戏对策中的一小部分。尽管使用这些对策绝不能保证完全消除学术游戏的负面影响，但只要我们在游戏开始时运用这些对策，就可以尽量减少游戏带来的负面影响。

专业知识问题

当代评估文献最易忽视的话题之一是如何寻找具备有效评估程序运行所需的专业知识的人员。这些文献中似乎存在两种不同的模式：独立评估者模式和学院模式。

独立评估者模式

许多有关评估和评价的论文都假设评估成效的收集、分析和传播应由一个人或一小群人（即评估师、评价者或研究人员）完成，并且研究成效的使用将由另外一组人（从业者和决策者）单独完成（De Loria and Brookins, 1984）。在此模式中，评估活动的设计和开展工作主要是由"专家"完成的，例如机构研究办公室主任或外部顾问。人们会先准备一份调查成效总结报告，然后将其分发给教职工。

我们认为，这种独立评估者的概念会导致最糟糕的评估成效使用模式。这不仅使评估者和从业者处于潜在的对抗关系，而且还诱使评估专家将传播工作看作一种操纵方式，就像传说中试图将冰箱卖给因纽特人的销售员一样。在最好的情况下，从业者被视为幼稚和无知的，而最糟糕的情况则是评估师对从业者充满敌对和防御情绪。从行政管理人员或教职工的角度来看，评估者通常被认为是只会处理数据的"闯入者"，他们其实不了解学术的复杂性和微妙性。因此，行政管理人员和教职工认为评估成效会对他们的学术工作产生不必要的干预，并且对其自主权构成威胁。总之，独立评估者模式是精心设计的，但注定会失败。

学院模式

另一种更有效地使用评估成效的方式是学院模式，在该模式中，教职工在评估过程的各阶段都发挥着重要作用。除了个人参与度的提高带来明显的政治优势之外，使用这种模式还增加了这样一种可能性，即评估数据将解决机构的实际问题，其发现和建议对从业者和决策者来说将是可理解的和有意义的。依靠学院模式并不会阻止机构研究人员或外部评估专家的参与；实际上，这增加了有效利用此类评估专家的专业知识的机会。两种模式之间的基本区别在于在整个评估过程中教师和行政管理人员的参与程度和控制程度。

所需的专业知识

但是，仅靠教师和行政管理人员的参与绝不能保证任何评估计划的成功（Ewell，1985b）。广泛参与评估工作以及多次参观大学校园的经历使我们相信，缺乏专业知识是在美国高等教育中有效使用评估的主要障碍。这并不是说美国大多数高校在相关领域没有专家，这些领域包括测试、评估、测量、统计、研究设计、计算机技术、学习理论、小组流程、教学方法、大学生发展、课程、行政管理和长期计划。问题首先在于很少有人发现具备这些专业知识的人才库是由一个人甚至由两个人或三个人组成的委员会组成的；其次，在学术界，挑战有效评估确实需要某种特定的专业知识，而这种专业知识是人们通过现有的教育或社会科学领域的培训项目获得的。

那么，理想的评估专家应该具备什么样的专业知识呢？我们列出了以下一些最重要的条件。

一是视野，即对机构宗旨和理想有广泛的了解，并对如何利用评估活动实现这些宗旨和理想有明确的概念。

二是对学术界的了解，即对学术机构如何运作以及教师和管理人员在机构内履行个人职责和共同职责时的独特优势和局限性有着清晰的理解。

三是具备测量和研究设计的功能性知识，即对测量理论、统计方法（尤其是多元统计）和研究设计有全面的了解。我们使用"功能"一词的目的是强调这种知识将有助于我们采取行动，即实施有用的评估和数据分析程序，而不是通过强调现实世界数据中存在的缺陷和局限性使人面对数据时无从下手。

四是具备技术知识，即熟悉多种数据收集技术（例如光学扫描纸质调查、电话调查、网络调查）、数据组织（例如使用多种数据源和复杂的数据库构造）、存储和检索方法，以及数据分析（例如 SPSS、SAS、STATA 和 HLM 等统计软件包）的知识。

五是了解相关的教育学和社会学概念，即熟悉学习理论、教学方法和理论、课程、支持与服务、学生发展理论、社会化和群体动力学等知识。

六是拥有良好的沟通能力，包括良好的听、说、写的能力，说服力，以及能够用简洁明了的语言描述复杂的想法和发现的能力。

七是拥有相关学术资格，即与终身任期制教师水平相称的培训、经验和成就。

我们还可以在此列表中添加诸如耐心、非防御性、同理心、创造力和主动性等个人素质。理想情况下，在每个希望实施实质性评估计划以改善人才培养过程的机构中，都会有一个或多个符合上述大多数条件的人来负责设计和实施综合评估计划。

受　众

针对特定受众专门设计的评估成效是最有效的（Ewell，1987）。评估成效至少面向四类主要受众：教师、学生事务人员、学术管理人员和学生。（另一类受众可能是公众；参见第十一章的相关内容。）对于每类受众群体，我们将研究有效反馈设计需要考虑的三个问题：环境变量、成效变量和学生抽样。

教师

教师最直接关注的环境变量是他们所教的课程、所用的教学方法以及所任教的系或学科的氛围。教师与他们所在的系或学科的联系很紧密，因此我们应尽一切努力在各个学科分层次汇总评估成效。机构内的成效可能会引起教师的兴趣，但学科提供的相同的评估成效会让他们更感兴趣（Kinnick，1985）。但如果我们可以将本学科的成效与其他学科的标准进行比较，则该成效对于给定的学科而言甚至更具吸引力。

课程评估成效通常很难解释，除非它们来源于同一课程的不同部分。在各个课程级别汇总的评估成效也能引起教师的极大兴趣。其原因是课程的内容和目标存在很大差异，他们很难对不同课程之间的成效进行比较，尤其是认知评估成效。课程评估也可能对教师构成威胁，尤其是当这些发现可能会被公开时。

教学方法是一项复杂、难以评估的环境变量，无法纳入评估程序。同样，除非此类信息是从同一课程的不同部分获取的，否则它往往会与课程主题混淆。然而，教学方法研究存在一些有趣的可能性。例如，教师可以进行一些小型实验，在这些实验中，他们有意在不同时间尝试不同的教学方法。同样，如果他们有可能获得大量不同课程的评估数据，他们就有可能使用该课程作为分析单位来研究不同教学技术和方法的影响。此类研究还可以涉及变量的影响，例如班级规模、班会时间、教师年龄及类似因素。

就成效指标而言，教师显然对认知成效感兴趣，尤其是与自己所教的课程主题有关的认知成效。在这方面，应该指出的是，通识教育成效领域的评估尤其难以被有效使用，因为大多数教师并不认为自己的任务是教授通识教育课程。同时，大多数通识教育领域的认知成效贯穿于各门课程，因此我们就很难确定与特定的通识教育成效相关联的课程或学科。在阿尔维诺学院，我们可以找到在通识教育领域使用评估数据的一些最有效的方法（Mentkowski and Doherty，1983），在该学院中，教师负责制定和教授通识教育课程，他们协同合作，制定适合自身的成效评估。

情感领域中有许多成效评估会引起教师的兴趣。其中最明显的也许是学术咨询、教学质量、专业课程、通识教育要求以及师生联系方面的满意度评估。教师还对情感成效感兴趣，这些情感成效包括学生对硕士和博士学位的渴望、自由学习的价值以及专业或职业选择。

就学生抽样而言，教师最感兴趣的是本系的学生、修读自己所教课程的学生以及接受其学术咨询的学生。如果可以分别汇总这几种评估成效，则数据将引起所有教师极大的兴趣。

学生事务人员

学生事务人员最感兴趣的环境变量包括他们通常负责的特定工作：个人和职业咨询、学术咨询和帮助、住宿生活、经济补助、学生活动和领导能力、职业安排以及健康服务。评估这些不同的环境经历最简单、最直接的方法是将学生满意度作为合适的成效指标（Banta and Fisher，1987）。学生事务人员还会对学生的一般性的非学术成效的满意度产生极大兴趣，例如校园社交生活、参加课外活动的机会、参加文化活动的机会以及校园生活管理法规。对于学生事务人员而言，另一个特别重要的成效是学生中的在校率。最后，尽管学生事务人员最感兴趣的学生子样本可能是学生中的领导者，但他们对普通学生也感兴趣。

学术管理人员

学术管理人员特别感兴趣的环境变量包括实验室和设备、图书馆、计算机，以及荣誉计划、出国留学和大学研究等特殊计划。大多数学术管理人员就是教师或曾经是教师，他们的兴趣往往与教师的兴趣相似，只是他们通常专注于更高层次的汇总信息，因此，学术管理人员可能对整个机构或按专业、系或学院的级别汇总的数据更感兴趣。他们可能也对部门级的成效感兴趣，但主要是将这些成效用于对各部门进行比较，而不是将其作为观察任何特定部门的一种手段。

学术管理人员对机构间的比较特别感兴趣。因此，参与机构研究合作计划的1700多家高校的代表几乎都是管理人员，而不是教师，这绝非偶然。

就认知成效指标而言，学术管理人员对通识教育领域的兴趣往往大于对特定部门或课程的兴趣。学术管理人员特别感兴趣的成效是学生在校率。在校率意义重大，它不仅具有重要的学术意义（学生们"用脚投票"），而且具有重要的财政意义。由于现在招生工作会耗费巨大的人力和财力，学术管理人员非常希望找到方法鼓励学生完成学业而不是辍学。

出于许多共同的原因，学术管理人员也对与学生满意度相关的成效进行了大量投资：满意度意味着学术课程已获得成功；这也会对未来的招生工作有影响。

学生

学生最感兴趣的环境变量是那些与他们在本科期间必须做出的决定有关的变量：住房、个人课程和教师、系或专业、兄弟会和联谊会、学生组织和特殊计划（例如出国留学、参与荣誉计划、参加补习课程）。学生还对按年级（新生、大二学生等）、社会经济地位（父母收入和受教育程度）、性别和族裔分组的评估数据汇总感兴趣。

就成效指标而言，学生对满意度、在校率、进入研究生院和专业学校、在研究生院或专业学校取得成功、工作安排和职业发展都具有相当大的兴趣。其他成效包括学生对本科阶段经历的各个方面的满意度：教学质量、校园社交生活、课程作业与日常生活的相关性、学术咨询、经济补助和其他学生服务。学生也可能有兴趣了解特定子组学生的成效，尤其是他们所属的子组，例如走读生、成年学生、非全日制学生、家庭的第一代大学生和其他种族学生。

关于评估发现的交流

一旦确定了合适的受众并产生了那些受众最感兴趣的评估成效，我们便面临着这一任务：如何最好地传播这些成效以吸引所有受众的兴趣。关于如何完成这项任务，人们已经有很多观点。然而，我们在这个问题上的亲身经历使我们相信，评估业务中没有人对这个问题有任何最终答案，并且这些已有观点中对和错的概率是一样的。

今天的传统观点认为我们必须去掉评估成效报告或展示中的技术细节。这项建议似乎与另一项传统观点背道而驰：教师（或评估成效的其他使用者）必须"拥有"评估成效（Ewell，1984）。鉴于大多数大学教师具有相当强大的批判和分析问题的能力，我们很难想象如果不提供大量的技术细节，他们如何能够对评估成效产生专业兴趣。如果不提供这些详细信息，教师可能会觉得他们高人一等，或者只是直接将这些发现当作无关重要的东西并拒绝接受它们。

解决细节过多问题的一种方法是，根据细节和复杂性分层次报告成效。第一个层次可能由行动纲要组成，该纲要中最多只有一到两页涉及重要成效。第二个层次可能以简短的期刊文章来呈现，在文章中，可以针对已选定的数据表以及相关解释和含义的扩展讨论提供更多的详细信息。最后的和最详尽的层次可能是附录，其中包含更多的定量细节，还可能包含对更复杂的统计技术和方法问题的讨论。将三个层次的细节都包含在内的调查成效报告可以有多种不同的用途。只想熟悉基本发现的从业人员只需花费少量的时间和精力。希望获得更多详细信息的从业人员可以按他们希望的具体程度来查阅报告的其他内容。

当传播是以口头形式而不是书面形式呈现时，要提供的细节数量会有所不同。基于不同机构的不同受众的数百次评估成效展示，我们建议在对此类成效进行口头展示时遵循以下五项原则。

原则一：始终有足够的时间来传递基本的方法、发现和含义。对于复杂程度适中的评估成效，通常至少需要30至45分钟才能满足此要求。

原则二：尽可能使用视觉辅助工具（例如图表、幻灯片、电影剪辑）。

原则三：尝试吊起受众的胃口，不要传递成效的每个细节。通过吊起受众的胃口，展示将可能激发更多评论和问题，以鼓励受众探求更多细节。

原则四：永远为提问和讨论留足时间。

原则五：进行设计展示，做好下一步的准备工作，最好让受众参与其中。这种要求往往能为受众营造他们将要参与其中的感觉，并表明他们可以根据调查成效采取具体行动，或者更多地参与解释或产生新的调查成效。

另一个关于技术细节问题的警告与语言有关。社会科学中长期存在的一个问题是专业研究人员和学者没有能力或不愿意用非专业人士可以理解的术语来传递他们的观点。正如多年来最优秀的学术作家向我们展示的那样，即使是最复杂、最具技术性的概念，他们也可以将这些深奥概念的意义用通俗易懂的语言传递给非专业受众，而不是故弄玄虚。即使我们试图传递纯技术性的信息，我们在语言选择方面也有很大的自由。例如，在讨论用于控制不同学生输入的多元回归分析时，我们可以使用一系列术语来传递基本相同的概念。在这个连续体的极端技术层面，我们可以说，我们使用分块的、逐步回归分析来"分部分"讨论学生输入特征的影响。这样的陈述对于非专业人士可能晦涩难懂。不那么技术化的说法是，我们"控制"了学生输入特征的影响。用一种更易理解的方式表述，就是"我们

'考虑'了学生输入特征的影响"。如果需要进一步解释，我们可以说我们使用了复杂的统计程序，根据学生的输入特征来匹配学生。

研究人员通常发现他们很难将技术和学科术语"翻译"成易于理解的语言，这与他们接受的研究培训有关，也与他们进入学术界后会遇到的奖励机制有关。社会科学家接受的是同行培训和评估。在这种情况下，我们都希望不仅能在专业写作中使用精确的技术术语和学科术语，而且能在讨论会、研讨议和座谈会上的演讲中对这些术语运用自如。草率地报告我们的研究程序和发现可能使教师面临被同事拒绝和嘲笑的巨大风险。这也就使得社会科学家和教育研究人员在与从业者交流时形成了这种不良的表达习惯。

与非专业人士交流时，大多数人都能够尽量注意语言的使用。以下只是一些 I-E-O 模型的使用示例。除了说"因变量"，我们还可以说"学生成效"或"学生成效测度"。除了说"自变量"或"处置"，我们还可以说"计划""教育实践"或"大学环境中的因素"。除了说"自变量""控制变量"或"输入变量"，我们还可以说"入学新生的特征"。这些普通人更熟悉的说法绝不会歪曲我们正在传递的内容及其含义。

更多的实用性建议

以下是一些可能有助于在校园中使用评估成效的实用建议。

重视反馈而不是评估

如果评估是以反馈的形式进行，而不是作为评估相关人员的一部分，则教职工更容易接受评估成效。术语的使用甚至也很重要：与测试和评估之类的术语相比，诸如反馈和评估成效之类的术语负载更少，威胁性也较小。

但是问题不仅仅体现在语义上。迄今为止，为创造适当氛围以有效使用评估成效，我们要考虑的最重要因素是开展评估活动的目的。正如我们在第一章所指出的那样，如果成效评估计划是建立在人才培养方法（旨在改善和促进教师教学以及学生的学习和发展）的基础上，而不是资源和声誉（本质上是竞争、比较、对抗的方法）的基础上，则评估成效可能最有效。如果学生、教职工认为评估成效将用于分配奖惩而不是促进自己的发展，他们更可能拒绝任何形式的评估。

简而言之，与重视人才奖励、惩罚和竞争的评估或问责方法相比，作为人才发展进阶基础的反馈概念创造了一种更有效地使用评估成效的氛围。这并不是说我们精心设计的评估程序实际上并没有按照第一章中该术语的正式定义被用于评估。相反，我们在这里要强调的是，如果教职工认为他们是按照该术语的使用常识进行评估的，他们就不太愿意接受评估成效。

适用于特定任务的工具

在寻找评估认知成效的工具时，许多评估专家倾向于使用一些由专业测试机构开发并已在国家或地区基础上标准化的现成工具。除非所评估的主题具有高度专业性，或者工具本身已得到国家认证（例如美国大学入学考试或美国研究生入学考试），否则我们很难说服教师认真对待成效。在所谓的通识教育成果中尤其如此，尽管最近有大量可用来评估认知功能这一重要领域的商业工具出现（参见第三章的内容）。我们可以从类似阿尔维诺学院的模型评估计划中学到许多经验教训，其中之一是本地开发的通识教育成效评估工具在教师中的口碑更好。这并不是说我们应该完全避免使用国家开发的工具，而是说本地开发的工具更有可能产生真正用于计划改进的成效。

与之相关的一个问题是，人们倾向于使用多项选择测试来评估所有内容。即使使用本地开发的工具，多项选择测试也是一种诱人的选择，因为它很容易产生定量成效，并且评分客观简便。但高等教育的许多重要成效不适合采用多项选择测试。虽然多项选择测试看起来成本低，但这其实是一种假象。尽管多项选择测试评分确实简单，但构建成本却非常高：题目编制是一种极其精致且费时的艺术，特别是如果人们希望编写出相对明确的好题目。另外，许多商业化的多项选择测试的管理和评分都非常昂贵（学生人均测试费用可能超过 20 美元）。

对教职工抵触情绪的预期

我们从一个为期三年的涉及增值财团的项目（Astin and Ayala，1987）（参阅第八章的内容）中学到的一点经验是，教师对任何新的评估活动的抵制是任何成功的评估计划不可或缺的，而且可能是必要的一部分。不习惯使用系统评估成效的教师自然会在该评估成效最初被提出时对其表示怀疑和批评。这不仅反映了教师在机构改革方面的强烈保守立场以及他们高度发达的批评习惯（Astin，1985a），而且还反映出他们在一定程度上参与了使用过程。缺乏教师的抵制或批评可能反映了评估计划无效，该计划要么没有实质性内容，要么被从业者忽略。真正的挑战是要利用这种早期的批判性参与，引导教师积极、建设性地参与其中。

促进教职工对所有权的认可

研究人员试图实现教职工所有权和参与性的建议在评估界几乎已成陈词滥调（Banta，1988；Ewell，1984；Halpern，1987；Hutchings，2010）。我们认为有效地使用评估成效并不是绝对必要的，但肯定会有所帮助。如果教职工可以学会信任和尊重执行评估计划的人员，则教职工所有权不一定是使用成效的充分必要条件。

获得所有权的最佳方法是使用本地开发的评估工具，要让教职工参与工具选择或评估设计的早期阶段，并对评估人员对教职工的合理关注和批评进行回应。如果教职工认为他们愿意参与并对评估程序提出建设性的批评，并可以决定评估程序未来的方向，那么他们更有可能在评估程序中获得最低限度的所有权。

保持灵活性

保持灵活性的警告听起来像是老生常谈，但是对于评估程序而言，它是成功使用成效极其重要的组成部分。在选择工具时，灵活性尤其重要。许多评估专家因局限于特定的商业工具而降低了其有效性。除了定期修订少数工具并允许用户在其中添加一些本地发现的问题外，大多数商用评估工具或多或少都是一成不变的。由此，评估专家很难对教职工的关注和批评做出回应，而在分析和展示初始成效时不可避免地会表达这些担忧和批评。

充分使用意外性发现

任何有效的评估程序都将产生意想不到的成效或产生新颖且出乎意料的想法。实际上，仅验证显而易见的评估程序对程序改进几乎没有用处。我们针对此问题的方法是尝试评估在理论和实证研究的指导下明显具有重要性和相关性的变量，然后主要在数据模式的基础上添加其他变量，而对如何使用成效可能会一无所知。这种日益流行的"数据挖掘"方法是适当的，因为缺乏对学生学习和发展动态的了解，我们无法假设可以通过一种纯粹理性的方法来选择工具和分析方法以获得这些信息。

在数据分析和成效解释中将偶然性最大化的最有趣的方法之一是，使用各种分析技术"玩"数据，并选择不同的变量子组和学生进行分析。通过鼓励教职工以相同的方式对数据进行实验，他们也可以获得更多的所有权。如果数据库本身包括很多输入、环境和成效变量，则这种开放式的分析方法为产生收益提供了最大的潜力。

总　　结

任何使用策略都应基于某种理论，该理论表明评估数据的用户应如何将成效转化为行动。我们建议采用表演艺术理论，教职工将成效用作反馈，以加深他们对最有可能促进人才发展的教育实践的理解。

为更好地使用评估成效，应针对特定受众（教师、学生事务人员等）进行量身定制。还应该考虑避免使人们产生"那又如何？"型反应，避免教师面对需要更改的数据时为应对各种学术游戏而选择成为游戏玩家。

有几种策略可以促使教职工积极使用评估成效，并确定最有可能有效指导评估计划的人员。

第八章 数据库建设

在前面的章节中，我们已经详细讨论了许多问题，它们与学生培养成果、学生输入和大学环境的测量有关，同时我们讨论了分析此类数据并使用成效改善教育实践的各种方法。但是，所有这些评估活动都是基于已有的数据库，该数据库包含学生成果、学生输入和大学环境数据，并且这些数据可用于我们在第六章和第七章中讨论的各种分析和应用程序。

有些读者可能会打算跳过此章节，因为他们认为创建这个数据库主要面对的是技术问题，这个问题可以由计算机专家来处理。然而，我们多次在机构中实施综合评估项目的经验表明，情况恰恰相反。建立合格的数据库是一项极其复杂和艰巨的任务，其不仅需要高层领导的参与和支持，而且缺乏合格的数据库更是任何希望实施全面评估项目的机构所面临的最严重障碍之一。阿斯丁在1984年夏季启动的一项为期三年的项目中得出了这一结论，该项目得到了美国高等教育改进基金会的资助。我们关于数据库的讨论需要从简要回顾该项目的相关发现开始。

数据库的重要性：
来自美国高等教育改进基金会评估项目的经验

本部分内容由阿斯丁撰写。

美国高等教育改进基金会项目的许多方面涉及的都是基层工作。1984年初，我遇到了两个朋友——佛罗里达州罗德岛学院的教务长威拉德·恩特曼和艾克德学院的校长皮特·阿玛斯科特——他们建议成立一个小型联盟来试验增值学生评估计划。恩特曼和阿玛斯科特都了解我的一些研究以及我撰写的有关评估主题的材料，并有兴趣在他们的校园内启动纵向学生评估计划。经过数次讨论，我们三人同意成立一个大概由六到七所不同高校组成的项目，并寻求联邦资金来支持此项目。最终，我们选择了五所高校：卡内基-梅隆大学、加州大学洛杉矶分校、斯佩尔曼学院、纽约州立大学和胡德学院。这些高校之所以被选中，不仅是因为它们的多样性，而且还因为我们中有人认识其校长或首席学术官，他们支持该项目的目标。拥有来自高层管理人员的支持，我们认为该项目有很大的成功机会。我们将提案提交给了美国高等教育改进基金会，并于1984年夏末获得了资金支持。

该项目的基础思想在许多方面与本书第一章中的论点相近。我们在提案中提出，一个机构的评估程序必然会反映其自身卓越的理念。我们认为，一个以教育为导向的评估项目，不只是在宣传资源和声誉观点，而是将重点放在学生在本科期间的变化或成长上。这样反复的评估将有可能衡量学生在学校学习和发展的实际程度。因此，提交给美国高等教育改进基金会的原始提案的正式名称是"增值：制度卓越的新方法"。（我后来更喜欢称其为"人才培养"，而不是"增值"，主要是因为它似乎更能反映出各机构在教育项目中真正想要实现的目标。）

该项目要求在1984年对每个机构的学生进行预测试，并在1985年后对学生进行后测试。学生认知和情感成效的发展变化将会得到评估。情感成效的变化将使用机构研究合作计划新生调查和跟踪调查进行评估。认知成效将使用Act-comp（一种专门设计用来评估通识教育项目成效的工具）进行评估（请参阅第三章）。输入的预测成效将用于加强早期咨询、分级和课程规划。由预测试和后测试产生的纵向增值或人才发展数据将用于评估和加强各高校的学术和学生服务项目，包括教师休养、学生-教师研讨会和相关方法。

尽管该项目产生了许多有趣的成效（Astin and Ayala，1987），但最重要的见解之一（当然也是最出乎我们意料的）是有关高校数据库的问题。1986年，我们在加州大学洛杉矶分校为来自七个机构的项目团队举办了为期两天的研讨会，通过艰苦的努力，我们了解到了机构数据库的重要性。工作坊的一个主要组成部分是关于如何分析纵向学生数据的技术性介绍。这些介绍默认参与者能够将他们的纵向评估数据与关于他们学生的其他数据联系起来。但是，这种想法很快就被证明是非常幼稚的。参与者基本上无法使用他们在研讨会上所学到的知识，因为他们的学校确实没有全面的纵向学生数据库，他们无法将联合体项目中进行的新评估与之联系起来。在接下来的几年里，我多次访问大学校园，我意识到在全国几乎没有哪所学校有任何接近完美的纵向学生数据库，这些数据库将来自招生、注册、财政援助、学生事务、机构研究、就业安置和校友办公室的关键信息连接在一起。如果没有这样一个数据库，新的评估数据很难证明其花费是合理的。在我的印象中，由于机构缺乏这样的数据库，我们在评估方面的很多用心收效甚微。随后，我们的工作人员通过校园访问，试图协助联盟院校建立这样的数据库，结果证明这并非易事。

在本章的其余部分，我们将考虑与建立全面的学生数据库有关的各种问题，并为有兴趣创建这样一种资源以更好地利用评估成效的机构提供一些具体的建议。

学生数据库的实用价值和象征价值

在这一点上,读者可能会得出这样的结论:机构需要收集学生的输入、环境和输出数据,这只是为了满足进行环境影响研究的某些方法要求。但近年来,我们越来越确信,任何大学校园对输入、环境和输出数据的需求,远比满足环境影响研究的要求更为基础。我们可以通过一系列问题来证明这种需求的确存在。

第一个问题和输入数据有关。是否可以假设某个机构应该对新生有所了解?他们的计划和期望是什么?他们大学毕业后想要什么?他们为什么选择这所大学?他们的学术优势和劣势如何?他们在高中阶段参与的活动和成就如何?

第二个问题和环境数据有关。我们是否应该期望知道我们的学生在大学里有什么样的教育经历,这合理吗?除了他们正在学习的课程,我们是否也应该对不同学生参加的课外活动、他们如何养活自己、他们中有多少人在工作和从事什么样的工作、他们的学习习惯、他们在宿舍里的经历、他们与其他学生和教职工互动的频率和方式、他们是否参与特殊教育计划、他们使用实验室和图书馆的范围和效率如何等事情感兴趣?

第三个问题和成效数据有关。我们是否应该期望了解每个学生的学习进度,这是否合理?他们需要多长时间才能修完要学习的课程?多少学生(和哪些学生)辍学或退学?学生在课堂上实际学到了什么?学生在认知、道德和品行发展方面如何进步?他们如何看待自己的教育经历?他们如何评价不同领域的教学质量?他们如何看待所接受的不同的学生服务?他们能从大学里得到想要的知识吗?学生毕业时会发生什么?他们从事哪些工作?他们是否为考研或就业做好了准备?他们是否觉得我们已经为他们成为合格的公民、结婚生子做好了充分的准备?

提出这些问题是为了强调学生输入、环境和成效数据是任何教育机构运作的基础,即使我们从来没有认真做过任何环境影响研究。事实上,不定期收集和使用学生的输入、环境和成效数据,在教育上似乎是不负责任的。

数据收集人员

尽管大多数机构确实收集一些输入、环境和成效数据，但是它们通常收集、存储和使用这些数据的方式是高度分隔和分化的。招生办公室主要收集输入数据，包括学生的申请、成绩单和招生考试的成绩。新生指导员可以在迎新会中收集各种输入数据，例如分班考试成绩和各种问卷数据。资助办公室收集一些输入数据（学生家长的财务情况、学生的助学金申请），但它们还收集和更新环境数据（学生实际受到的援助的类型和数量、毕业生就业信息）。注册办公室收集环境数据（学生的专业、所修的课程）以及有关学生的学术水平、成绩、学分、荣誉和所获学位的成效数据。学生事务或学生活动办公室有时会收集有关学生住宿、参与课外活动和学生健康的各种环境数据，尽管它们通常不会以任何系统的方式记录此类信息。校友办公室有时会收集有关以前毕业生的工作和收入的成效数据。有时，甚至同一校园中的不同办公室也会收集相同类型的数据！例如，教学和课程评估通常由注册处、学术部门、教学中心和个别教师负责收集。除此之外，机构研究人员、个别管理人员或教职工可能会收集与认证与评估或研究项目相关的各种环境和成效数据。

如何使用数据？

这些数据收集活动中的每一种活动都有重要目的（例如，对学生做出录取和资助的决定，跟踪学生的学习成绩）；但是，每个数据集在维护时通常独立于其他数据集。因此，我们很难全面了解任何单个学生或任何给定班级的学生的进步和才能发展情况。我们也许可以在注册办公室的文件中查找学生的平均分数，但通常我们必须在其他地方查找该学生的住宿、经济资助、分班考试成绩、婚姻状况、社会经济背景以及课外活动等信息。许多其他信息可能在任何地方都找不到。评估数据是否得到充分使用，取决于我们将任何学生的成绩表现与他或她的相关输入和环境数据联系起来的能力。因此这样一个分隔开来、相互之间毫无联系的数据系统会给任何试图正确评估人才发展（即开展 I-E-O 模型研究）的人带来巨大的挑战。

另一方面，由于缺乏一个完整的学生数据库，我们很难为学生提供建议和咨询。我们在这里可以借用医学上一个例子。现在大多数大学为学生提供建议的行为类似于为没有病历的患者开处方。在大多数医疗机构中，每个患者通常都有一个单一的综合文件（病历），其中包括入院或输入数据

（例如病史、症状、初始检查结果、X光片）、环境数据（例如药物、手术或其他治疗）和成效数据（例如症状的变化、实验室和X光的后期检查）。任何试图为患者提供建议或做出进一步治疗决定的医学专家都可以查阅该病历，以全面了解患者过去和当前的状况。如果一家医院或诊所没有将一个病人的所有此类数据合并在一个文件中，那将是不负责任的；如果一名医生没有首先查阅该文件就开处方进行治疗，那也是不负责任的。但是，在大多数学术机构中，顾问和建议人员很少能获得关于他们建议的个别学生的相对完整的信息资源。

显然，建立和维护一个全面的、综合的学生数据库对任何机构来说都不是一件轻松的事情。尽管综合数据库并不常见，但当前数据密集型认证要求的时代已经催生了一些企业，它们开发了可定制的、现成的数据管理系统来满足这一需求。这些企业提供的解决方案多多少少可以创建全面的数据库，这些数据库对于我们在本书中倡导的评估实践具有不同程度的作用。应该强调的是，无论选择和使用哪一种数据管理产品或服务，数据收集和分析的目的都是一种机构特权。

但是，一个综合的纵向学生数据库除了对I-E-O模型评估研究以及对学生的咨询和指导有用之外，还具有非常重要的意义。机构创建和维护这样一个全面的数据库，代表着该机构重视学生的教育和个人发展，遵守其对学生的教育和个人发展的承诺。它表示该机构有兴趣回答有关其课程的最基本的教育问题：来到这里的学生是谁？他们在这里经历了什么？他们的经历如何影响他们自身？

从另一个角度来说，包含输入、环境和成效数据的综合学生数据库的存在，象征着学生和学生教育经历的整体性。拥有这样一个数据库意味着我们不仅有兴趣了解我们的学生从入学到毕业如何变化，而且有兴趣了解为什么有些学生与其他学生的变化不同，以及他们所接触的不同程序和经历如何促成这些变化。创建、维护和使用一个综合数据库能证明学校致力于批判性学习和提高其对学生发展的影响。

数据库的结构

在讨论如何最好地开始研发学生数据库这类实际问题之前，我们应该首先考虑的问题是理想的数据库是什么样子的。综合学生数据库中应该有一系列的同期群文件（cohort file）。在这种情况下，一个同期群为任何一组新入学的学生。根据所涉及的机构类型，我们可能需要为拥有独特教育目标的学生群体创建单独的同期群文件。在大多数授予学士学位的机构中，每一批新入学的新生都将形成一个单独的队列，对于每个新的转学生群体和每一个新的研究生群体，都可能需要单独的同期群文件。另一方面，在社区学院中，可能需要为转学、职校或非学位学分学生创建单独的同期群文件。确定单独的同期群文件是否合适的最佳方法是询问以下问题：同样的项目完成标准是否适用于所有的学生？例如，在一所传统的本科文理学院中，对于所有第一次进入全日制大学的新生来说，获得学士学位可能是一个适当的衡量标准。但是，在大多数社区学院中，副学士学位证书的获得（或成功转入四年制大学）几乎肯定不是用来衡量终端职业教育或者职校学生的教育成效的标准。因此，与其为给定年份进入大学的所有学生维护单个同期群文件，不如从该队列中创建几个独立的子文件，这将更为合适。

任何单独的同期群文件都由一系列记录组成，每个学生一份。尽管我们可能无法收集所有学生的所有数据，但每个学生的记录模式都与其他学生完全相同。鉴于我们可以收集有关单个学生的大量输入、环境和成效数据，因此应设计并维护同类群组文件，以便可以相对轻松地将新数据添加到每个学生的记录中。[18]

每一个学生的记录中应该包含哪些信息？对这个问题最夸张的回答是"关于学生在入学时的情况（输入），学生在大学期间参与的教育项目和经历（环境），以及学生在入学和毕业后如何发展（成效）等任何可能值得我们了解的事情"。校园中的各个办公室已经收集了一些数据，包括入学、经济援助、学习成绩、入学状况、学业完成情况。额外的 I-E-O 模型数据必须通过特别问卷、清单和测试来收集。尽管大多数信息可能是数字形式的，但没有理由不能将叙述性话语或其他非定量信息合并到文件中。例如，项目组合评估收集的文件除了传统的调查数据、测试成绩和分数之外，还包括论文、视频。当然，学生的记录越复杂，存储和分析数据就越困难。

综合学生数据库并不是要取代招生办公室、注册办公室、校友办公室、机构研究办公室或其他行政办公室所需的其他现有的数据文件。因为每个单位都有其自己的操作需求和职责，所以它必须以最适合其特定用途和功能的方式来操作和维护自己的数据文件。但是，这些办公室必须知晓，它们必须定期提供自己的文件，以便综合学生数据库可以复制选定的信息，并将其纳入构成综合学生数据库的各种队列文件中。换句话说，综合学生数据库并不意味着要取代校园中其他运营单位所需的数据库或与之竞争。

但是，我们坚信，一旦综合学生数据库投入使用，校园中的许多办公室将依赖于此数据库进行各种评估和自学。远藤等人撰写了一篇关于科罗拉多大学波德分校队列数据库研究的有趣报道（Endo and Bittner，1985）。最近，卢米娜基金会的一份名为"实现梦想"的报告描述了一组社区大学的类似成就（Brock et al.，2007）。

为什么使用同期群文件？为什么不使用其他文件类型？或许回答这个问题的最好方法是再次回顾本书的基础思想。如我们在第一章所述：机构需要根据人才发展概念定义其卓越观。如果我们致力于最大限度地提高学生的才能发展水平，则有必要了解学生入学后的变化。换句话说，入学定义了我们的项目（输入）的初始位置。一旦学生被录取，我们将持续影响他们能力的发展，直到他们毕业。然后，每个同期群代表一个单独的I-E-O模型研究。我们可以将多个同期群（入学班级）的学生合并在一起，但是人才发展理念要求我们在学生最初入学时就开始对学生发展进行研究。

应该注意的是，同期群文件并不适合某些通常由规划办公室或机构研究办公室进行的统计研究。例如，联邦政府和许多州要求的统计报告通常要求提供所有在校学生的信息。中介机构可能希望了解整个学生团体的种族组成。同样，规划办公室可能会定期需要这样的信息，例如当前有多少学生修读补习课程。请注意，这些询问是静态的，而不是发展性的，因为它们关注的是特定时间学生群体的状态，而不是随着时间的推移学生个体发生的变化。[19]

关于同期群文件，我们要记住的另一点是，一旦学生成为同期群的成员，该学生将无限期地留在该同期群中。不能仅仅因为他们转学、辍学或毕业而将他们从同期群中移除。[尤厄尔等人描述了同期群跟踪技术（Ewell and Jones，1985）]不管学生在该机构中待了多长时间，并且无论该学生退学或辍学的频率如何，学生都仍然受到该机构环境的影响。通过随着时间的推移跟踪每个同期群，观察它们如何变化和发展，并将这些发展变化与它们特定的环境经历相关联，我们可以学到很多关于不同的课程和教育实践如何影响学生发展的知识。

因为我们在第三章（成效）、第四章（输入）和第五章（环境）中提供了有关可能包含在综合学生数据文件中的数据的可能类型的详细信息，所以我们在此处就不讨论有关综合学生数据库中同期群文件的具体内容。但是，由于机构可能无法或甚至不希望同期群文件包括目前校园中不同行政单位收集的所有可能的数据，我们在决定同期群文件包括哪些内容时必须加以区分。我们强烈建议机构首先考虑学生成效数据，因为它们选择的具体成效将在很大程度上决定对输入数据的最低要求。

如何开始

上一节中描述的理想数据库显然不能迅速建立起来。一个机构要成功整合校园中所有相关数据收集机构的数据，可能需要花费几年的时间。因此，在启动一个综合学生数据库的开发工作时，同时考虑短期目标和长期目标是很重要的。

主要的短期目标应该是发起一些评估活动，这些活动可以在相对较短的时间内产生有意义和有用的成效。削弱学校对建立一个综合学生数据库的支持的最可靠的方法，就是进行一项昂贵而耗时的开发工作，这项工作在几年内都不会产生任何有用的成效。此处描述的短期工作不仅将在相对较短的时间内产生有用的成效，而且将为构建前文所述的更全面的数据库提供基础。短期计划有两个主要组成部分：保留文件和初步的学生调查。

保留文件

对大多数机构而言，它们可以依据校园中已经存在的数据来构建保留文件。构建保留文件的基本思路是选择一个单一的新生群体，并根据机构中已有的数据来开发纵向文件。有能力的机构当然可以使用一个以上的同期群来构建多个保留文件；但构建保留文件至少是从一个同期群开始的。

该同期群应从最近入学的某些班级中选择，这些班级的学生通常会在最初的文件开发工作开始时完成学位课程。在授予学士学位的机构中，这可能是五年或六年以前的入学班级；在社区大学里，可能是三四年前入学的学生。可用的保留文件所需的数据至少需要包括以下内容：

- 成效信息（例如完成学业、退学、仍在就读）；
- 输入信息（例如人口统计学信息、高中阶段成绩的等级或班级排名、入学考试成绩以及任何其他可用的信息，如新生调查成效或分班考试成绩）；
- 环境数据（例如已修读过的专业或课程；最好包括有关居住地、经济资助和所修课程的信息）。

基本保留文件将使人们能够进行各种研究，重点是那些与在校率有关的各方面的问题：什么样的学生（在输入特性方面）完成了他们的学业，哪些学生退学了？哪些专业或哪种类型的课程可能有助于学生完成学业？特定类型的学生（在输入特性方面）是否表现得更好？

如果可以在保留文件中包含其他成效数据（例如学术表现），又不会造成很多麻烦，不会显著降低文件的开发速度，则应添加这些数据。这些数据的加入将会扩大可能的研究类型数量。还应注意，对于特定类型的机构和特定类型的学位，可能必须修改这里所介绍的示例中所使用的数据保留措施。因此，在面向从社区大学转学过来的学生的同期群文件中，副学士学位证书可能不是衡量教育项目的最合适的度量标准。使用诸如完成学年、获得的学分或学生是否转入四年制大学（如果有）之类的指标可能会更有用。

初步的学生调查

我们需要在新建的学生数据库中纳入的最重要的一项调查是对刚刚完成（或即将完成）学业的学生的后续调查。调查应至少包括三种基本信息类型：

- 学生满意度（例如总体教学质量、咨询、学生服务、与教职工的联系；请参阅第三章的内容）；
- 自我报告的人才发展情况（例如关于自进入大学以来在各个方面获得或改善了多少的学生的回顾性报告，以及特定学科的知识和批判性思维能力；请参阅第三章的内容）；
- 环境经历（例如专业、居住地、课外活动参与情况、校内日志、工作经历、接受的经济援助、参与特别项目；请参阅第五章的内容）。

在理想情况下，后续调查应与保留文件所基于的同期群一致，以便我们可以将后续调查数据与保留文件数据合并。但如果这不可行，则后续调查仍可以提供大量有用的信息便于我们进行分析（有关更多详细信息，请参见第三章和第六章的内容）。

机构研究合作计划后续调查包含了以上三种数据元素以及各种其他信息，可用于初步分析。机构研究合作计划的特殊优势是：① 机构有机会添加更多本地开发的条目，以覆盖标准问卷中未包含的后续信息；② 提供可参考的国家规范（Franke et al.，2010；Pryor et al.，2010），任何机构都可以将自己的后续数据与之进行比较。但是，如果机构认为由于某种原因，机构研究合作计划的工具不适合自身，则机构完全可以制定适合自己的后续调查。

对于目前尚未收集入学新生调查数据的机构，我们强烈建议在跟进调查的同时启动某种入学新生调查。通常，在入学新生调查中，人们至少想知道以下信息：

- 人口统计学基本信息和学生资料（例如性别、种族、家庭背景）；
- 计划和抱负（例如，可能的专业选择、可能的职业选择、期待获得的最高学历）；
- 高中阶段的成绩和曾参与的活动；
- 对可能在后续随访中进行后期测试的任何成效进行预测试

（例如价值观、态度、志向、自我概念；请参阅第四章的内容）。

与后续调查一样，机构可以制定自己的入学学生调查或从当前可用的几种国家调查中选择一种使用。大学入学考试委员会和美国大学入学考试都针对大四学生的入学考试项目提供学生调查。机构研究合作计划新生调查当然包含了上文中列出的所有建议数据以及许多其他可能有用的项目。机构研究合作计划还提供了国家规范以及添加其他适合本地情况的问题的机会。无论机构使用哪种调查，重要的一点是，这些都是机构从新生招生就开始录入的数据，在机构进行学生的纵向随访时，这可以为纵向研究提供足够的输入和预测试数据。尽管我们可以通过对新生调查数据进行横向分析来获得一些有趣的成效（请参阅第四章的内容），但我们将这种调查纳入启动阶段的主要原因是要确定这个纵向数据库的容量，以便它能用于将来的评估研究。如果针对大一新生的调查被推迟一年，进行全面纵向评估研究的可能性也会被推迟一年。

正如我们在第五章所指出的那样，在开发一个全面的纵向学生数据库时，最大的实际问题是检索有关环境经历的信息的难度。除了由注册办公室维护的有关课程模式的信息外，通常很少有环境信息可以从校园中的其他单位轻松获得。理想情况下，学生事务领域中的不同部门应该能够定期提供有关哪些学生住在宿舍以及哪些学生参与各种学生组织和活动的信息。尽管机构最终有可能制定出安排，从学生宿舍、学生健康、学生活动、经济援助和其他部门的办公室获取此类信息，但最好的临时解决方案是依靠大量学生随访问卷来获取这些数据。

安全与隐私

本章中描述的那种全面学生数据文件的开发几乎肯定会在某些教师、学生或管理人员的心中引发安全和隐私问题。重要的是，如果不是必要的话，开发数据文件的方式应以保护每个学生的隐私为基础，未经授权的人不能访问个人数据。在讨论如何保护学生数据的私密性的细节之前，我们应该了解到，本章讨论的可用于 I-E-O 模型的综合学生数据库与通常由学院或大学内不同管理部门维护的行政数据库之间存在根本区别。

我们在招生办公室或注册办公室可能找到的数据库就是所谓的行政数据库。行政数据库的基本目的是提供一种检索有关个人数据的方法，以便采取与这些个人有关的特定操作。招生办公室必须决定是否接纳特定的申请人。同样，注册办公室需要报告成绩并提供个别学生的成绩单。

另一方面，综合学生数据库并非旨在向任何人（包括在评估研究中使用该数据的调查员）提供有关单个学生的数据。相反，综合学生数据库中包含用于分析学生群体的数据。因此，与各个校园行政办公室维护的行政数据文件不同，综合学生数据库可以被称为研究文件。

我们有必要在综合学生数据库中更新和添加单个学生的记录中的信息，因此，即使从未真正需要将学生的身份与数据直接关联，我们也必须采用某种间接方式来识别不同学生。那么，我们如何才能在综合学生数据库中添加新数据并同时保持每个学生的匿名性呢？

实现这两个目标的常用方法是开发和维护两个独立的数据文件。其中，第一个数据文件可以被称为标识文件。它包含有关学生的所有标识信息：姓名、住址、出生日期和社会保险号。第二个数据文件（可以被称为评估数据文件）包括所有输入、环境和输出数据，除了数字以外，文件中没有其他标识信息。此编号是评估数据文件中的每个学生记录的一个完全任意（但唯一）的标识号。同一个任意生成的数字也可以被包括在标识文件中，以使得我们可以添加信息或更新评估数据文件。例如，如果进行了跟踪调查，则我们可以使用来自标识文件的信息将调查表发送给每个学生。输入成效后，我们可以从后续数据中剥离所有标识信息，并添加任意标识号。通过在跟踪数据中包含任意的标识号，我们可以将跟踪数据与已经存在于评估数据文件中的数据合并。只要标识文件（包含任意标识号和所有标识信息）安全，我们就几乎消除了侵犯某人匿名性的可能性。在这种情况下，我们可以将评估数据文件提供给校园各单元，以用于各种评估研究。

三层文件安全系统

本部分内容由阿斯丁撰写。

在上述方案中，侵犯学生匿名性的唯一方法是某人同时获得标识文件和评估数据文件。但是，还有另一个更复杂的系统可以用来防止这种可能性的发生。这是我在 20 世纪 60 年代后期开发的一个系统，当时我们正在进行一项关于校园骚乱的全国性研究（Astin et al., 1975）。当时，许多地方的法院和国会委员会要求我们上交与各种调查或审判有关的学生资料。由于当时我们正在收集学生抗议活动个人参与者的全国纵向数据，我们特别容易受到指控，我们可能会公布数据，以避免因藐视法庭或国会而被监禁。我在一场鸡尾酒会上和一位前联邦调查局探员讨论这个问题时，他建议道："你为什么不采用黑手党保护其财务记录所用的方法呢？"他说，为了防止他们的记录被传唤，美国一些犯罪组织的头目会将他们的记录保存在美国法院传票无法生效的其他国家。

尽管将学生数据存储在国外的想法并不特别吸引人，但联邦调查局探员的建议确实使我想到了另一种可能性：为什么不开发一个将学生身份与其存储在国外的数据相关联的功能呢？这将使我们能够出于研究目的维护学生评估数据，并维护用于收集后续信息的标识文件，还能阻止任何人（包括我们）将标识信息与学生评估数据直接进行关联。

我们设法通过创建三个数据文件来实现这个看似不可能的目标：

- 学生身份证明文件，其中包含姓名、住址、社会保险号以及任意生成的每个学生的身份证明号码；
- 研究性文件，包含所有评估数据和其他评估数据的研究文件，以及任意生成的每个学生的身份证明号码；
- "关联"文件，仅包含成对的任意标识号（来自标识文件和评估数据文件）。

"关联"文件随后被存储在国外（加拿大），美国法院或立法机构传唤时将无法使用这个文件。当我们收集任何给定学生群体的随访数据时，我们会使用标识文件来处理邮寄的问卷。当问卷数据返回给我们时，我们会将学生的回答转换为磁带，并且不包含标识信息（除任意标识号1）以外的其他信息。然后，我们将磁带发送给维护"关联"文件的加拿大代理商，要求他们复制我们的后续数据文件，用标识号 2 替换标识号 1。换句话说，副本将包含与原始数据相同的所有后续数据；唯一的变化是标识号。然后，他们会将新的后续磁带副本退还给我们，以便我们可以将后续数据与学生已经拥有的其他数据合并。当我们的加拿大同事将每个学生的身份证明文件替换为他或她从数据文件中获得的相应身份证明号码时，合并就成为可能。关联过程的安全性极高，即使我们也无法检索单个学生的数据。[有关关联过程的更多详细信息，请参见阿斯丁等人的相关研究（Astin and Boruch, 1970）]。

尽管将文件存储在外国肯定有些不方便，大多数机构可能不建议这样做，但是任何机构都可以使用我们在"关联"文件中使用的基本原理，但要进行一些修改。一种策略是将"关联"文件交给外部数据处理机构或合作机构维护。或者，我们可以简单地将"关联"文件保存在极其严格的安全条件下，只有在需要将后续数据与现有学生数据合并时才可以解锁这些文件。

《家庭教育权和隐私权法案》与"二十个问题游戏"

1974 年的《家庭教育权和隐私权法案》（Family Educational Rights and Privacy Act，FERPA）旨在限制教育机构未经学生或未成年人父母的同意而发布学生的个人信息。自 20 世纪 90 年代以来，该法案经历了几次修订，这些修订引起了公众对学生记录安全性的进一步关注，并加剧了各机构对他们是否遵守《家庭教育权和隐私权法案》的担忧。人们仍不清楚如何、何时以及是否将学生调查数据视为必须保护的"教育记录"，而确定学生记录何时需要真正匿名也是一件棘手的事情。例如，即使我们使用此处描述的安全性程序，还有另一种违反学生匿名的方式。这就是著名的"二十个问题游戏"，在游戏中，我们可以根据学生的已知特征缩小可能性，从而识别出某些学生。"二十个问题游戏"不适用于所有学生，但可以用于识别具有独特特征的学生（例如，主修不寻常或非主流专业的学生、少数族裔群体或非常小众的学生组织成员）。通过根据学生的已知特征（例如年龄、性别、种族、专业）设置某些要求，我们就可以识别一些学生。尽管可能没有绝对确定的方法来阻止人们提出二十个问题，但是我们可以遵循某些经验法则以确保不会无意间泄露学生的个人身份信息。也许最重要的要求是不报告基于个体或两三个人的小组的数据。只要没有报告这样的数据，我们就可以消除无意间透露单个人数据的可能性。无论是发布、存档学生数据还是对其进行报告，保密性应是我们首先要考虑的问题。建立合适的保护措施（如此处建议的保护措施）来构建数据库是解决该问题的重要步骤。

战略性考虑

在尝试建立一个全面的综合学生数据库时，我们应牢记一些战略性问题：项目的可预见性、使用现有数据、数据收集方法、项目内容、调查工具、数据访问和成本。

项目的可预见性

目前关于校园评估的传统观点认为，这应该是整个校园范围内的事情，并且校园的所有部门都应参与该过程（Ewell，1984）。尽管校园广泛参与数据使用是一个重要目标，但我们认为，在开发数据库的初步阶段，我们应尽可能不要过于张扬。一些大学未能建立一个全面的数据库，要么是因为这项声明引起了偏执狂的注意，要么是因为某些官员认为它过于昂贵或根本不可行。

这里涉及几个问题。首先，数据库的价值很难抽象地体现出来。（我们不能指望所有感兴趣的人都能读到这本书！）因为许多校园研究成员对任何形式的评估或数据收集都持怀疑态度，他们首先需要确信，这样的项目至少可以创造一些价值。如果不对综合学生数据库的潜在价值有所了解，那么许多人可能会因为预想的成本或时间而拒绝该想法。

另一个问题是这种项目可能引发人们的怀疑和偏见。在没有定期评估学生或教师表现的传统校园中，宣布正在建立一个全面的学生数据库的计划可能会引起教师对要被评价的担忧。同样，在至少能够最低限度地证明项目的潜在价值之前，在那些推动项目的人的动机被清楚地理解之前，数据库的建立很可能会面临很大的阻碍。

我们在这里真正要指出的是，在建立任何类型的综合学生数据库时，校园成员之间必须进行大量的学习与了解。需要有足够的时间让机构建立起对项目开发负责人员的信任，并认可项目的某些潜在价值。因此，在试图以更宏大的项目理念"推销"综合学生数据库之前，我们首先必须经历项目的初步阶段——保留数据库和初步学生调查。

使用现有数据

如今，评估领域中的另一个传统观点是，开发综合学生数据库的第一步应该是将校园中的所有现有数据汇总到一起（Ewell，1984；Jacobi，Astin and Ayala，1987）。尽管从理论上讲这是值得称赞的目标，但在实践中，它可能会产生许多问题。除了来自招生办公室和注册办公室的数据外，大多数有关学生的校园数据要么不可用，要么难以检索，或者两个困难都存在。除了试图对整个同期群进行系统调查的项目（例如机构研究合作计划新生调查）以外，大多数现有的学生数据要么是通过偶然的样本获得的，要么是以一种难以通过机器检索的形式获得的。

一种更有效率的方法是鼓励其他校园管理部门（例如校友办公室）以一种可以轻松地将其添加到综合学生数据库中的形式来收集数据。这是一个长期提案。在说服其他数据收集部门修改其数据收集或数据存储技术之前，我们可能首先需要证明项目的某些潜力（例如保留数据库的价值）。

我们需要特别考虑认知测试数据的使用。考虑到学生所花费的大量时间以及大多数标准化测试的可观成本，我们投入大量精力将从这些测试中获得的信息转换为人才发展的环境是值得的。最明显的方法是在合适的时间内对同一名学生进行后测验。大多数机构已经采用了某种入学考试程序，并且许多机构还使用了分班考试。从人才发展的角度看，这些入学和分班考试可以作为一种输入预测。这种情况尤其适用于分班考试，因为它表明了学生的入学表现和水平。例如，如果某个学生由于在分班考试中表现不佳而被安排在补习或发展课程或项目中，为什么我们不在课程或项目结束时重复该测试以查看输入的缺陷是否已被消除呢？对于入学考试，尤其是对于录取过程中可能需要的成绩测验，我们也可以提出类似的论点。尽管使用相对昂贵的工具（如大学理事会的成绩测试）进行后测试的成本的有效性可能更难以证明。同样的道理也可以适用于标准化考试，即在高年级或毕业班进行的考试。

最后一种可能性涉及用于专业认证（例如国家教师资格考试）或用于研究生或专业学校入学（例如法学院入学考试、研究生管理科学入学考试、医学院入学考试和美国研究生入学考试）的国家标准化测试。例如，一些大学实际上通过美国研究生入学考试对新生进行预测试（Paskow，1988）。使用这些工具进行预测试可以提供一个基准，用于确定该机构如何有效地为学生做好进行专业学习或进入研究生院或专业学校的准备。同样，当这种纵向认知测试成效被合并到更大的综合学生数据库中时，我们就可以确定各种其他学生的输入和环境特征对测试成绩的影响。一些用于研究生入学的考试与美国大学入学考试非常相似，因此后一种工具很可能被用作预测试，从而避免了额外测试的需要（Astin，1993）。

数据收集方法

在制定从学生那里收集数据的策略时，我们首先需要考虑的是时机问题。到目前为止，从学生那里收集数据的最佳时间是他们与该机构初步接触的时候：注册或迎新会。刚入学的学生通常有一种非常合作的心态，所以此时他们是理想的预测试或分级评估对象。我们需要尽可能充分地利用这一机会，并尽可能多地涵盖一个完整项目所需的评估内容，这是很重要的。后续评估总是比较困难，因为学生可能再也不会在同一时间、以同样的合作精神集聚在同一个地方。尤其是在认知测试中，我们可能有必要要求学生进行后续的测试后评估。阿斯丁在美国高等教育改进基金会增值联盟的工作经验表明，后续的认知测试需要我们做出大量的规划工作。由于学生不愿合作，采用自愿参加后续测试的方式可能会导致大量的数据流失。然而，强制要求学生参与会带来协调和伦理问题。为一个同期群中的所有学生安排后续测试环节可能既困难又昂贵。此外，如果教师和管理人员还没有意识到大型评估项目的潜在好处，他们可能会质疑是否需要进行必要的测试。重要的是，在学术界的所有部门都认识到需要这种后测试之前，我们有必要避免使机构参与广泛的后续认知测试项目。

无论是师生自愿进行还是我们强制要求他们进行后续的认知评估测试，重要的一点是要对教师和学生进行教育，使他们了解可能的好处以及他们积极参与与合作的重要性。即使这样，我们也应该为学生和教师提供一定的激励措施，以确保他们积极合作。对于学生，参加认知后测试可能会被纳入课程要求。寻找合适的教师激励机制可能会更加困难。也许最明显的策略是找出那些赞同评估概念的教师，并让他们从一开始就参与到项目中来。在这里，我们要提出一个重要的观点：虽然让教师正式参与初步保留数据库的开发可能不是必要的，甚至是不可取的，但绝对有必要从一开始就让他们参与一些数据收集的工作。原因很简单：大多数大学课程都涉及某种认知功能，而教师对任何直接影响认知功能的评估活动都感兴趣。即使认知成效评估可以为教师提供重要的信息反馈，但如果教师认为它将被用来评估他们的教学表现，它也代表着一种潜在的威胁。

教师的早期参与也有助于确定特定的认知评估程序是否确实与课程目标相关。通常，教师会认为外部开发的标准化测试不足以评估认知学习。发生这种情况时，我们应邀请教师设计自己的评估技术。这在阿尔维诺学院（Alverno College Faculty，1985）和新泽西州肯恩大学（Kean College，1988）等学校得到了使用，并取得了巨大的成功。

最终的数据收集问题涉及后续问卷的使用。管理后续问卷最方便的方法是使用高年级课堂，在那里，学生是忠实的听众。该方法的主要缺点是，它排除了所有辍学对象，从而将成效评估限制在"满意的客户"范围内。这对于学生在校率极高的院校来说可能不是问题，但对于大多数院校（学生在校率低于60%）而言，仅考察完成学业并获得学位的学生可能会导致严重的抽样偏差。

课堂管理后续问卷这一传统方法往往被邮件和网络替代。邮寄问卷进行调查和在网络上开展问卷调查当然也有其自身的问题，最严重问题的是无回答误差。事实上，已有研究也表明，辍学者是最不可能响应邮件跟踪调查的人（Astin and Molm，1972），并且在过去的几十年中，总体的回答率也急剧下降（Dey，1997）。然而，我们可以采用一种有用的方法来纠正邮寄问卷中出现的大部分回答误差。此技术仅要求提供有关未答复者的大量个人数据（例如机构研究合作计划新生调查中的数据），以便我们可以调整来自答复者的数据，使得那些在个人特征上与未答复者最类似的受访者数据（在人口统计学数据、学业成就、行为、价值观等方面）获得最大的权重。通过这种方式，加权问卷数据可以模拟所有学生都回答后的成效［有关技术细节，请参阅相关文献（Astin and Molm，1972；Dey，1997；Wingard et al.，1991）］。显然，能够进行这样的统计调整的唯一要求是，我们已经拥有大量开展后续问卷调查需要的学生的输入数据。戴伊对利用这种加权程序进行纵向评估的效果进行了出色的分析（Dey，1997），斯蒂文森等人对学生参与问卷调查的问题进行了一般性讨论（Stevenson，Walleri and Japely，1985）。

课堂管理的另一种选择是在线或基于网络的调查。后续调查和其他评估工具的在线版本已经可以使用，包括机构研究合作计划的大学高级调查和大学学习评估。一项研究估计，有85%的大学生拥有个人计算机，超过70%的人每天查看电子邮件（Jones，2002）。毫无疑问，这些数字在这项研究完成后有所增加，这预示着基于网络的调查具有良好的可行性，并且这些调查能与它们在管理和数据库建设方面的较低成本相结合，成为一种效益很高的数据收集选择。但是，基于网络的调查确实也表现出类似书面调查的效果（Carini et al.，2003），并且会产生较低的回答率（Sax, Gilmartin and Bryant，2003）。

项目内容

在构建问卷时，编制项目内容是一个棘手的问题，需要我们做出大量的思考和规划。这些年来，我们参与了大约100种学生问卷的设计，并且这些问卷已被1500多家机构的1200万学生使用。这些经验帮助我们针对项目内容制定了一些"经验法则"：

- 最好的调查问卷和最好的项目是由合作小组开发出来的，在这个小组中，人们可以公开地讨论和辩论每个项目的内容和措辞。一个人要成为小组成员，主要要求是他有兴趣开发尽可能好的问卷。
- 最糟糕的系统是由一个人或一个团体编制一份问卷，然后必须由第二个人或团体，如顾问委员会或学术参议院审查和批准。
- 关于调查对象的任何问题都可以被视作侵犯隐私。
- 对问卷内容的投诉更多地来自教师或家长，而不是学生。
- 所有的"事实性"问题，比如父母的收入，都会出现报告错误，但这些错误不一定会减少，也不一定能够通过详尽的解释和说明来改进问卷获得更"准确"的报告。学生不一定会遵循非常详细的指导或资格限定条件，这也会带来其他风险，如会使得学生产生挫折感，或完成问卷的积极性降低。
- 学生更有可能被很难回答的问题或很耗时的问卷调查"拒之门外"，这比学生因为"令人反感"的项目内容而被"拒之门外"的可能性更大。
- 应避免提出与非法活动相关或与明显的性行为相关的问题。询问学生对这些问题的态度似乎不会产生什么问题。
- 对于敏感问题，不能提供诸如"我不想回答"或"我认为此信息是个人信息"之类的标识。这些标识所提供的信息是该类问题无关紧要或并不适当。如果担心学生被强迫提供个人信息，那么我们最好在问卷开始时以警告的方式处理这些问题，说明学生的参与是自愿的。
- 在可能的情况下，项目应要求最少的阅读和最多的回应。这些项目会在最短的时间内生成最多的信息。

• 不应该将关于社会身份的项目（例如种族、性别、宗教信仰）放在问卷的开头。这可以确保你没有系统地将一个特定的社会身份作为后续问题的背景。

调查工具

随着高等教育中考试和评估活动的发展，已经出现了许多"现成的"调查工具供有兴趣收集有关其学生和教职工（兴趣稍弱）各种数据的机构使用。除了从现有机构记录和数据库中收集到的任何数据（例如注册办公室的数据）外，我们在设计综合学生数据库时需要重点考虑的因素是，是否将使用"内部"调查、商业调查或来源不同的组合调查来收集数据。与选择调查有关的主要问题与 I-E-O 模型中评估工具的适当性有关。对于任何潜在的工具，我们都会提出至少两个问题。调查是否从纵向角度衡量学生的发展情况？调查是否收集输入、环境或成效数据？如果设计调查工具的目的不是收集 I-E-O 模型需要的数据，那么这些评估机构或项目对人才发展的影响是非常有限的。我们将讨论目前在高等教育中流行的五种评估方法。

第一种是机构研究合作计划。该计划在发起时考虑了大学生的纵向研究。该计划包括四项调查：新生调查、第一学年调查、多元化学习环境调查和大学高级调查。新生调查于 1966 年首次进行，旨在收集即将入学的一年级学生的输入数据。调查内容包括他们在高中阶段的行为表现、学业准备和成绩、对大学经历的期望、价值观和目标，以及学生自我观念。这些内容中的一些前测项目被设计为与其他三个调查中相同的后测项目。第一学年调查是对新生调查的后续调查，旨在收集大一学年末学生的环境和成效数据。最近开发的多元化学习环境调查的构想与此类似，其重点是测量环境、经历和与校园经历的多样性相关的成效。大学高级调查是一项相对传统的后续调查，旨在收集有关大学生涯快要结束的学生的环境和成效数据。它是一个适用范围广泛的工具，收集有关以下方面的信息：学业成就和参与、认知和情感发展、目标和价值观、大学中的各种经历和行为，以及对大学经历的满意度。所有调查均以纸质或在线形式进行。在机构研究合作计划中，所有成效指标都是个人报告式的，既有经验支持（Anaya，1999；Astin，1993），又有该领域的警告性批评（Pike，1996）。高等教育研究所还进行了为期三年的教师调查，该调查的部分目的是收集可以合并到学生数据库中的其他环境数据。总之，机构研究合作计划有助于收集大量的输入、环境和成效数据，这些数据是许多评估项目的基础。

第二种是国家学生参与度调查。该调查于 2000 年启动，旨在为高等院校提供评估教育质量的工具。该调查收集了有关教育经历的学生水平数据（"良好实践"），这些数据已被证明与大学的各种成就相关。最初的调查部分基于罗伯特·佩斯的工作，特别是他的"努力质量"概念和他开发的测量工具——大学生体验问卷（Pace，1984）。它收集有关学生参与各种课程和课外活动的信息，这些活动被选为学习成果的"过程指标"，能展示学生对与成就、毅力和满意度相关的大学环境的看法（Kuh，2009）。国家学生参与度调查的目标人群是大学一年级或高年级的本科生。这种抽样策略可以使机构进行跨群体比较（例如，今年的新生与三年前的新生相比），并推断机构的有效性（Chen et al.，2009）。作为关注学生参与大学活动的一种工具，它最适合用于收集环境数据。其也有社区学院版本，即社区学院学生参与度调查。因为国家学生参与度调查（以及社区学院学生参与度调查）不是为学生变化的纵向研究或学生成果的直接测量而设计的，所以它最常见的用途是作为学生参与各种有益于教育的活动的横向指标。使用这些工具衡量机构有效性的一个潜在前提是，人们已经证明大学期间的"参与度"行为是由学生的输入特征决定的（Astin and Lee，2003）。因此，我们观察到的机构间学生参与程度的差异很可能反映了学生入学时的特征差异，而不是机构"有效性"方面的差异。

我们可以通过在国家学生参与度调查中新增一项功能，即"大学新生入学调查"来减少此类推论问题，该功能使研究人员可以将学生在大学中的参与度与以前在高中的参与度以及对大学参与度的期望进行比较。此外，人们还开发了教职工调查，以提供由教师进行的对学生努力程度和校园环境的度量。与机构研究合作计划一样，所有学生调查都可以通过纸质或网络方式实施。就 I-E-O 模型而言，国家学生参与度调查在参与推断成效的准确性方面仍然尚不清晰。尽管一些研究表明国家学生参与度调查基准量表的参与度和相关教育成果预测效度不错（Carini et al.，2003；Pascarella et al.，2010），但其他研究发现它们预测效度不佳（Campbell and Cabrera，2011；Gordon，Ludlum and Hoey，2008）。

第三种是大学生学习评估。该评估是一个相对较新的项目，由于其作为评估工具的独特性和在高等教育质量研究中的突出地位，其在《学术上的漂流：大学校园的有限学习》这一高等院校质量研究成果中具有一定的知名度（Arum and Roksa，2011）。大学生学习评估旨在通过评估以机构为分析单位的学生成果的增值收益来衡量机构的有效性（Klein et al.，2007）。该工具侧重于只测量批判性思维、分析推理、解决问题和书面交流的技能。因此，它特别适合用作评估这些能力的前测和后测工具。教育援助委员会（大学生学习评估的管理者）不主张在重复测量设计中使用它，而是建议使用高年级学生与新生的对比来预测学生的发展（Klein et al., 2008）。与机构研究合作计划和国家学生参与度调查不同，大学生学习评估只包含学生学习的直接测量，并且没有李克特量表、多项选择响应查询或其他类型的个人报告数据。取而代之的是，大学生学习评估为学生呈现了生成性任务和问题，学生为这些任务和问题撰写的论文会由教师按照既定的评分标准进行评分。大学生学习评估不收集任何环境数据，因此在 I-E-O 模型中使用大学生学习评估还需要其他数据的支持。

最后两种是大学学术能力评估和教育测试服务能力透视测试。大学学术能力评估被称为美国大学入学考试的产物。大学学术能力评估和教育测试服务能力透视测试本质上是作为美国大学入学考试和学业能力倾向测试的后测而设计的。每一个都评估通识教育的成效。大学学术能力评估和美国大学入学考试一样，分为六个独立的测试模块（即阅读、写作技巧、论文写作、数学、科学和批判性思维），而教育测试服务能力透视测试是一项考试，分为两个部分，涵盖批判性思维、数学、写作、阅读、人文、社会科学和自然科学模块。两种工具都可以采用纸质和在线两种形式进行，除了大学学术能力评估的论文写作模块外，其他所有模块都只有多项选择题。两种工具的一个显著特征是它们是标准化和国家标准的测试，比较有利于开展单个机构的评估项目。与大学生学习评估一样，大学学术能力评估和教育测试服务能力透视测试最适合作为前测和后测，尽管美国大学入学考试和学业能力倾向测试也可以用作各自的前测。需要将附加的环境数据与两种测试结合使用，以最好地评估环境对人才培养的影响。

诸如大学生学习评估、大学学术能力评估和教育测试服务能力透视测试之类的工具的潜在严重局限性是在使用时需要有受监督的环境。因此，学生必须有足够的动力在指定时间和地点参与测试，并愿意花费规定的时间（90 分钟到两个小时）以完成任务。即使很多机构为学生提供了参加活动的金钱奖励，但它们还是发现，很难确保大部分已完成其中一项测试的指定学生小组中的学生参与后续的后测。因此，这些问题使得这些工具的使用极为昂贵。

数据访问

我们理想中的全面的综合学生数据库还包括这样一个想法：数据将被

校园中的所有成员广泛使用。只要我们保护好个人数据，我们就没有任何理由让任何学生、教职工或管理员无权访问数据库。

理想情况下，应该鼓励任何对学生发展感兴趣的人使用该数据库。例如，从事学生服务或学生活动领域工作的大多数人应该对数据分析感兴趣。这些研究可以帮助学生事务工作人员确定他们提供的各种服务中哪些最有效，哪些最需要反思或修改。

每个教职工和部门可以通过多种方式使用数据库。除了用于学习课程或对项目有效性等进行检验外，该数据库还可以被教师用作教学工具。例如，他们可以将数据用于教育或社会科学课程中的课堂学习项目。教师还可以使用这些数据来帮助学生理解数学和统计学课程中的度量、统计和概率原理。

具备数据统计分析专业知识的教师和管理人员可以通过学校的计算机或服务器访问数据库，或获取包含适当的数据子文件的便携式媒体（如DVD和闪存驱动器），以便在其个人计算机上使用。我们还可以鼓励那些缺乏这方面专业知识的人使用这些数据，可以让他们寻求他们部门的信息技术人员或机构研究办公室有这方面专业知识的人员的帮助。

最大限度地利用学生数据库的最终目的是鼓励学术界的所有成员将注意力集中在最基本的机构功能上：学生才能和能力的发展。这种关注不仅有助于帮助学术界了解教育项目的优势和劣势，而且还将在整个校园形成一种探索和自学的精神。

成本

建立和维护数据库的成本是一个复杂的问题，具有政治敏感性。几位评估专家（Ewell and Jones，1985；Lewis，1988）曾试图估算某些评估活动的成本，但根据估计过程中的假设，估算值相差很大。路易斯建议使用成本-收益分析，将成本分解为直接、附带和机会成本，将收益分解为直接、附带和次要收益（Lewis，1988）。

每当我们使用外部开发的测试和评估设备时，都会产生一定的自付费用，我们可以相对轻松地计算出这些费用。在计算其他成本时，主要问题是如何计算教师的时间。在阿尔维诺学院和纽约州立大学等机构中，对学生表现的评估被视为每个教师日常职责的常规部分（Alverno College Faculty，1985；Lehmann，1988）；与计算课堂教学、咨询、研究或委员会工作的成本相比，计算教师的时间成本毫无意义。

在其他机构中，教师参与评估可能会被视为不产生额外的费用，因为这被视为其正常职责。在这种情况下，有必要雇用更多的人员，或在评估活动和其他常规职责之间找到某种权衡。

建立定期开展的评估项目，可以大幅降低评估成本，该项目由人员配备良好的机构研究办公室管理和执行。随着时间的流逝，定期评估可以带来规模经济，并有助于发展机构专长，从而有助于降低成本。当然，建立这样的项目和办公室并不能减轻教师和其他人员的评估责任，因为沟通、管理、分析和报告过程需要许多人和机制的协作。事实上，如果要使评估成为教师有意义且重要的职能，则最终必须将其作为教师日常职责的一部分。

一些技术上的考虑

在设计和运行综合学生数据库时，我们需要考虑几个技术方面的问题。这些问题包括硬件和软件、采样、数据缺失以及项目数据的使用。下文将依次进行讨论。

硬件和软件

快速变化的商用硬件和软件市场使得制定严格的标准化的建议极其困难。自本书第一版出版以来，硬件和软件解决方案都发生了翻天覆地的变化。然而，有一些原则是负责开发综合学生数据库的人可能希望考虑的。

存放和操作数据库的最合适的地方，十之八九是该机构的计算机中心。这样的中心通常被称为信息技术办公室，通常会有大型服务器，其中存储了数据库和系统软件。当然，一些超大型的研究型大学会设有多个信息技术办公室。在这些集中化的计算机中心工作的人员最有可能熟悉那些由招生办公室、注册办公室和其他负责整个机构的行政单位维护的数据库。大型计算机中心开发、维护和更新大型数据文件的能力一般都会很强大。

请记住，一旦我们开发出代表不同输入类别的多个同期群文件，整个数据库可能会很大，尤其是在输入、环境和成效数据种类繁多的情况下。信息技术部门维护的大型计算机的最重要的特性，可能是数据安全性通常很高。

使用整个机构的计算机中心的一个潜在缺点是它可能会失去控制。这些中心的技术人员对如何设计和维护数据文件有好的想法，但根据我们的经验，这些想法常常与评估专家和其他未来要使用综合学生数据库的专家的需求相矛盾。主要的问题是计算机中心的工作人员最熟悉的数据库是基于信息检索原理而不是数据分析原理而构建的。这类似于本章前面讨论的问题，我们区分了为行政用途设计的数据库（在需要查找个人信息的情况下）和为学生的纵向统计研究设计的数据库。如果将大型计算机中心作为综合学生数据库的核心，那么评估专家保持对数据库设计的控制是非常重要的。最重要的是，必须实现同期群设计，并且评估专家可以相对轻松地独立访问每个同期群文件。

在大学主机中存储数据的另一种方法是使用专用服务器，在理想的情况下，其位于机构的研究办公室或注册办公室。这样一来，数据的控制就可以由评估小组的专职人员控制。如果我们使其处于注册办公室的管理之下，则可以考虑集成来自各个办公室的数据，以便于我们统一管理数据库。随着企业服务器解决方案容量的增加和成本的降低，这种选择可能会越来越有吸引力。

一个相关的问题是如何在更大的学术团体内便利地访问数据。无论使用大型计算机还是服务器，一个主要问题是为任何特定用户或办公室提供有用的数据的子文件的访问路径。这一问题有两个方面：对数据的有效分析要求用户不能一次性地访问整个数据库，并且需要保护数据不受未经授权的访问。除了合适的数据库结构和常用的数据安全协议之外，专门的数据管理员也许是解决这两个问题的最佳方法。同样，如果数据由一个负责机构研究和评估的办公室集中管理，这可能是最好的。

为了使整个校园的用户最大限度地访问数据文件，必须满足两个条件。首先，每个同期群文件必须有大量的文档，这样任何外部用户都可以相对容易地知道文件包含的内容。其次，必须有可用的软件来帮助用户获取适当的子文件。

用于分析同期群文件中数据的统计软件涉及许多软件包。在社会科学中最受欢迎的是 SPSS、SAS 和 Stata。每个软件都有相似的建模功能，包括对更专业的软件［例如 HLM（多级建模）或 EQS（结构方程式建模）］中的模型进行估算。在本书所述的背景下，SPSS 是更可取的，因为它会为逐步回归程序中的所有变量生成逐步成效。

采　样

如前所述，基本保留文件应作为构建综合学生数据库的核心。我们应尽一切努力确保这一基本档案涵盖某一特定群体的所有学生，包括那些可能在入学后不久辍学的学生。即使同期群中某些学生的重要数据（如入学考试分数）丢失，这些学生也应与完整数据一起在文件中表示出来。换句话说，保留的文件中应该包含评估涉及的所有人群。

使用商用的标准化测试进行认知测试或进行邮寄的问卷调查会花费大量费用，因此我们有必要对学生进行抽样而不是评估整个同期群。这种情况在大型院校尤其如此，因为任何给定的队列中都可能有几千名学生。但是，用户应认识到，通过抽样获得的案例数量较少，可能难以进行一些最有趣的分析，例如部门比较。另外，出于一种目的的采样（例如问卷调查的跟进）具有局限性，这些数据难以用于涉及使用独立采样（例如某种认知测试）的评估分析。因此，如果对25%的样本进行问卷调查跟进，并且对来自同一同期群的25%的独立样本进行认知测试，那么我们预计仅能获得原始队列中6%或7%的测试和调查问卷数据。因此，重要的是要跟踪对不同同期群所做的所有不同评估，以便在设计任何新的评估时最大限度地与已经收集的其他数据重叠。这样，机构便可以最大限度地利用其不同的评估活动。

数 据 缺 失

困扰所有评估活动乃至整个社会科学研究的技术问题是数据缺失。（不会参与实际开发数据库的读者可以跳过本部分内容。）从录取到分班考试，再到问卷评估，可以肯定的是，某些输入、环境和成效变量会在一些情况下丢失，而某些学生的全部数据（例如问卷回答）也会丢失。问题是如何最有效地处理这个问题，使得其对评估和分析过程造成的损害最小。

一个实际的问题是，如何在不同的学生数据文件上标示缺失的数据。我们倾向于对所有缺少数据的变量使用通用指标。多年来，我们倾向于用0来表示缺失的值。当然，这种特定方法的唯一问题是某些变量可能合法地具有零值。例如，对伪变量进行编码的传统方法是0和1。为了将丢失的数据保留为0，阿斯丁通常将伪变量编码为1和2（顺便说一句，该过程对变量的多元关系没有影响）。无论哪种选择，我们都强烈建议为丢失的数据开发某种通用代码，并在整个数据文件中使用一致的代码。

一个更困难的问题是，如何在数据分析中处理缺失的数据。尽管这个高度技术性的问题最好在附录中进行介绍，但我们将在这里讨论它，因为本部分讨论的是数据缺失问题。数据缺失的主要原因有两个：① 当所使用的分析程序要求所有受试者对所有变量都具有数值时，容易发生数据缺失；② 当缺少数据的人被包含在分析中时，可能出现偏差，导致数据缺失。

一些经验有助于我们处理数据缺失问题。首先，对于需要计算相关性的成对的数据，我们通常需要避免使用多元分析。有时基于这种相关性的成效很奇怪，特别是在某些变量有大量缺失的情况下。其次，切勿替换因变量或成效变量上缺失的数据。这样的做法对我们了解环境如何影响成效没有任何帮助，并且在多变量成效中引入了不必要的错误（以及可能未知的偏差）。出于类似的原因，在替换有关环境变量的缺失数据时，我们应当非常谨慎。最后，除成效测量的预测试（如果有）外，我们可以替换所有其他自变量上缺失的数据。

那么，如何替换缺失的数据呢？我们使用什么赋值？有许多技术可用于替换缺失的数据，从简单技术到非常复杂的技术，大多数软件包都包含了多个教程，用于为缺失的数据赋值。最简单的方法是对有相关变量数据的学生使用平均值。但是，在某些情况下，平均值不是最合适的值。一个更复杂但可能更有效的过程是通过回归分析替换缺失的数据。它借助的是回归方程，该回归方程让使用所有其他输入变量来估计每个输入变量成为可能。因此，如果某个特定的输入变量的信息对于某个特定的主体缺失了，我们可以使用该变量的回归方程来估计缺失的值，具体方法是插入该特定主体可用的其他变量的信息。除此之外，还有更复杂的技术。当然，分析人员必须结合数据类型、数据缺失的方式，采用合适的分析方法。

现在我们来讨论同期群数据文件是否应包含缺失数据的替代数据的问题。每次我们使用同期群文件时，替换输入变量上的缺失数据可能会非常耗时，尤其是在有很多输入变量的情况下。因此，如果在主文件中替换输入变量上缺失的数据，这对文件用户来说将是相当方便的。不同的用户对丢失的数据可能有不同的需求，因此我们不建议定期替换丢失的数据，但可以为那些需要的用户提供一个选择。

项目数据的使用

标准化考试需要巨大的成本，大多数学院和大学也严重依赖这种考试，但不幸的是，这些考试中所包含的信息很少用于教育目的。单个测试项目中包含了一个特别重要的信息源。如果有可能知道学生在个别项目上的表现（他们发现哪个项目最难，哪个项目相对容易），那么这些信息对于评估特定课程的有效性、评估课程大纲具有非常重要的价值。

标准化考试的承办人员拒绝提供学生在单项考试中表现的信息，理由是这些信息不可靠。如我们在第四章和第六章所指出的，这类"不可靠"论点对个别学生而言可能是有效的，但与以汇总形式提供的信息无关。也就是说，对于教师来说，了解一组学生在每个测试项目中的表现是非常有价值的。虽然大多数提供测试的公司不会定期提供此类信息，但我们相信，如果机构坚持要求他们提供相关信息，并把这一要求作为使用这些测试的前提条件，那么他们就可能被说服。通过确定和分析学生存在特殊困难的项目，教师可以知道学生选择了哪些不正确的替代方法，也可以更好地设计课程目录，改变他们的教学方法。

用于支持使用单个测试问题的理据也可用于支持校本工具开发。如果这些测试项目信息包含在综合学生数据库中，那么这些信息的潜在价值就会大大增加，因为这样就有可能确定哪些学生（根据性别、种族、专业、班级等）在哪些类型的测试问题上有特殊困难。

总　　结

综合学生数据库的缺乏大大限制了一个机构可能进行的成效评估活动的潜在价值。除其他功能外，此类数据库还可以确定学生的表现与各种环境经历（所学课程、住宿地点等）之间的关系，同时控制数据录入时（输入）的学生特征。但是，即使某机构对环境影响研究没有兴趣，我们也有充分的行政理由来建立一个同时包含 I-E-O 模型数据的综合学生数据库。

一个全面的综合学生数据库应该围绕一个同期群原则来设计，每进入一组学生，便需要创建一个新的同期群。数据库的实际开发工作应分阶段进行。第一阶段应包括一个保留文件，该文件将每个学生的保留状态信息与招生办公室、注册办公室的数据相结合。在创建更大、更全面的文件时，我们可以更多地实际使用此类文件。

其他需要考虑的实际问题包括文件的安全性和保密性、在校园内的可见度、使用现有校园数据的方式、数据收集的方法、项目内容、硬件和软件、缺失的数据和抽样。

第九章

评估是对学习者的直接反馈

到目前为止，我们主要将评估视为一种告知或启发教育者的手段：通过提供各种教育方案、实践和政策如何影响人才发展的信息来帮助教育者更好地做出决策。在本章中，我们将探讨如何利用评估来直接影响人才发展，即将其作为反馈和对学习者的激励。我们把学生和教职工都视为潜在的学习者。

从 I-E-O 模型的角度来看，直接反馈是可以用于提升表现的环境变量之一。最初生成反馈的学习者表现可以被视为输入或前测变量，而学习者的后续表现（在反馈之后的表现）可以被视为成效或后测变量。

尽管测量专家从未提出正式的理论来解释评估是如何或在何种条件下影响学习过程的，但似乎存在一些隐含的理论，这些理论是许多讨论和辩论评估的基础。每种理论都暗含着某种评估方法，因此了解每种理论背后的推理过程很重要。为简单起见，我们主要讨论两人类理论：激励理论和信息理论。

作为激励的评估："胡萝卜加大棒"

基于"胡萝卜加大棒"推理的理论认为，评估主要是一种学习的外部激励，既可以作为奖励，也可以作为惩罚。

在促进学习方面，我们在高等教育中进行的大多数传统评估都可以根据其激励价值得到充分证明。当然，基于该特定理论的最常见评估范例是评分。高等教育的评分涉及几个不同的级别：我们对课程任务、考试和整体课程表现（最终成绩）进行评分，并将课程最终成绩汇总为累积平均分数。我们已经指出，高等教育的评分通常是合理的，因为它在筛选和认证方面是有用的。在某种程度上，它在学习过程中是有用的，它应该主要作为一种激励：学生们应该更加努力地学习，因为他们知道他们的表现会被评分。反过来，成绩对学生来说很重要，因为它们不仅会影响学生随后的就业和教育，而且它们对学生的自尊心有影响。获得好成绩可能有利于学生提升自我价值感，而获得差成绩可能有损学生的自我价值感。因此，评分既可以作为"胡萝卜"，也可以作为"大棒"，这取决于学生的目标是获得成功还是避免失败。尽管标准化测试和其他类型的学生筛选方式被视为人才发展过程的辅助手段，甚至比评分更不常见，但如果以目前的形式进行此类考试可能会影响学习，那么它们将在"胡萝卜加大棒"的原则下再次运作。因此，人们认为高中阶段的学生为在学业能力倾向测试和美国大学入学考试中获得高分而努力学习,因为他们想进入最好的(即最负盛名的)高校。本科生也会努力学习,目的是通过各种职业考试或美国研究生入学考试等其他评估,因为他们想被录取到最好的研究生院或专业学校。最后,专业学校的学生也会努力学习,因为他们想通过州律师或医学许可考试。在所有这些情况下,这些考试可以被视为外部激励或动机。

对学院和大学教师的大多数评估都遵循学生评估的模式:假设它们在培养教师方面具有价值,那么它们应该主要作为激励措施。教师知道他们的学术工作将由他们所在的大学联盟进行评估,这大概有助于激励他们撰写质量更高的论文,出现更多更好的图书。他们意识到学生将对他们的课程进行评估,这也会激励他们努力做好教学工作。另外,"胡萝卜加大棒"的作用也会显现:大学教师希望得到同事的尊重和学生的敬仰,他们希望避免因为没有获得终身教职而丢掉工作,或者,如果他们已经获得了终身教职,这就会被他们视为"死胡同"。

同样,许多州政府对高等教育进行授权评估活动(参见第十一章的相关内容),背后的理由也是"胡萝卜加大棒"原则。对一些州政府官员来说,学生成绩评估像是一种俱乐部活动,可以用来激励教师对学生的学习"更负责任",并迫使学校在教学活动中"更负责任"。因此这些官员认为,如果其教学工作的成果向公众展示,那么机构及其教师就可能迫于压力做出更有效的教学工作。(20世纪80年代,在佛罗里达州和佐治亚州建立的评估项目似乎至少部分基于这种推理。)当然,这暗含着一个不好的假设,即目前的教学成果并不是成功的。否则,为什么需要成效评估呢?

国家规定的评估活动也可以像"胡萝卜"一样运作。田纳西州就率先采用了这种方法。当评估成效表明一个机构做得很好时,它会从州政府获得额外的资金。当然,一旦这样的机制建立起来之后,大多数机构都会获得激励资助(例如田纳西州),"胡萝卜"和"大棒"之间的区别就变得越来越难以区分。因此,没有得到充分的激励资助被视为一种惩罚(即资金的实际损失)。(我们将在第十一章详细讨论国家激励资助项目的利弊。)

作为信息的评估:反馈原则

另一种看待评估的方式是将其视为一种生成信息的方式,可以促进学习过程。这种方法基于一种成熟的学习原理,即反馈或成效知识。数以百计的有关人类学习的研究表明,如果学习者对成效有适当的了解,表明他们取得了多大的进步,并指出需要做出额外工作的具体领域,学习过程实际上就可以得到促进。没有这种反馈,学习可能会变得缓慢而困难,或者在某些情况下几乎是无法继续的。

为了说明反馈原则在实践中是如何运作的,我们可以考虑高等教育中常见的学习情况,如大一英语写作课程,并将反馈方法与激励性方法进行对比。假设我们有两个写作能力相同的学生,但是他们的第一篇论文是由不同的助教进行评分的。学生A的论文只得了C-,或者一些"激励性"的评论,例如"你需要在本课程中更加努力地学习""这篇论文内容有些欠缺""对于初学者来说还不错,但需要改进"。与此相反,学生B的文章没有评分,但是有一系列具体的评价:"第一段应该简要地告诉读者整篇文章是关于什么的""这不是一个完整的句子""修改这句话,确保它有一个主语和一个动词""试着写简短的句子""这是一个非常有趣的想法;试着多解释一下"。虽然给学生A的信息可以激励学生更加努力地学习,但学生B对自己应该做些什么来提高写作水平有了更清晰的认识。当然,我们并没有说激励原则和启蒙原则不能同时运作;我们要记住的是,这两个原则涉及不同的机制(奖惩与成效知识),并意味着不同类型的评估(评价性判断与反馈,以指导学生未来朝特定的方向付出努力)。

也许反馈原则应用于学生学习评估的最好例子是针对考试、课程论文、学期论文和其他学生作业向学生提供具体的叙述性评价。一些创新机构,例如汉普郡学院和纽约州立大学,实际上使用叙述性评价代替了传统的课程成绩和平均绩点。学生们得到的不是一个数字,而是一份书面评价,它不仅涉及他们学习的整体质量,还谈及了他们的具体的优势和劣势。这些评价通常涵盖认知技能(即思考、逻辑、写作、口语、分析)、学习习惯和动机。此外,在适当情况下,这些评价还包括具体的改进建议。

教师的表现性评估很少提供"成效知识",除了一个显著的例外情况:任期审查。在某些机构中,助教在工作的最初三年或四年后,机构会对其工作进行详细审查。此类审查的一个重要目的,是提前发现助教表现中明显的缺点,使他们有机会纠正这些缺点。然而,许多学者似乎认为,这样的审查甚至是略微负面的(特别是在助教的学术工作或研究方面),助教终身任职的可能性非常小。因此,负面评价也意味着这些助教应该开始在其他地方寻找工作。不幸的是,这种想法往往会破坏这种反馈的潜在教育价值。

高等教育评估的一种重要形式,首先就是提供反馈,这也表现为机构的认证过程。除了初次申请认证的新成立的机构之外,认证过程很少涉是否应重新评估机构存在的问题。因此，在绝大多数情况下，对重新认证做出积极的决定是必然的。大多数此类认证真正涉及的是由同行机构的同事组成的专家团队对该机构的课程、设施、计划、政策、财务状况和管理进行彻底审查。因此，大多数认证的基本目的是"启发"该机构对其主要优缺点的认识。大多数认证团队会对该机构如何加强教学项目和运行提出一些具体的建议。

激励还是反馈？

尽管没有理由认为某一特定的评估活动不能同时使用激励和反馈原则，但我们必须认识到，这两个原则是基于评估人的完全不同的认知。激励方法的倡导者认为，需要外部奖励和惩罚来激励学生和教师发展他们的才能。而反馈理论潜在地假设学生和教师自然地想要学习和发展他们的才能，他们需要的是关于他们的进步、优势和劣势的详细信息，以及最有可能促进其未来发展的具体活动类型。

到目前为止，我们一直专注于评估如何直接促进人才发展过程的理论。我们注意到一些高等教育评估被认为是基于反馈原则的案例，但我们大多数评估活动的基本教育原理，特别是学生的测试和评分以及对教师表现的评估，似乎更多的是基于奖惩而不是激励原则。我们也已经注意到，激励性评估也可以具有反馈价值，但在高等教育中，至少在两种情况下，评估作为激励的作用严重损害了评估的启发能力。

第一种情况就是课程成绩。事实上，教师既要为学生打分，又要为他们传授知识，这使得学生与教师很难建立起信任感，而这种信任感有时对双方来说是必要的，要求他们提供对方真正需要的反馈。激励原则鼓励学生用自己的知识和能力为教师留下深刻的印象，从而获得好成绩。同时，我们也可以说，这阻止了他们暴露自己的无知。如果学生对课程的某些方面感到困惑或不确定，他们可能不愿意寻求适当的反馈，因为他们担心教师会对他们给出负面评价。多年来，我们都讲授统计学方面的技术性很强、难度较大的研究生课程，我们面临的最大教学问题之一是如何让学生相信我们。如果他们对我们完全诚实，告知我们他们不完全理解的内容，他们就不会受到惩罚，也不会受到负面评价。不幸的是，教育中对激励导向评估的偏好，使我们的许多学生将教师更多地视为一个可以掌控或操纵他们的人，而不是一个可以帮助他们学习的人。另一种评估活动是学生对教学的评价，其中反馈的潜在教育价值受到激励原则的影响。许多教学人员都可以从学生期末评价中受益匪浅（发展他们的教学才能）。然而，此类评价成效通常会提供给他人并用于人事决策，因此我们通常更注重获得好的评级，而不是从评级中进行实际学习（Gleason，1986）。（这种情况类似于学生学习是为了考试，而不是学习知识本身。）这样的评级有一个明确的危害，那就是我们的教师因为害怕得到糟糕的评分，有可能会"放过"学生。因此，我们可能会为学生布置更少的作业，为学生准备更轻松的或更少的考试来获得更好的评级。或者，我们可能会在课堂上开展更多的娱乐活动，减少教学活动。简而言之，这里的问题是当这些评级被用作激励措施时，我们被鼓励操纵评级，而不是真正从中学习。

在课堂上进行有效的评估：一个典型的例子

因为课堂提供了更多直接影响学生学习的机会，现在我们需要考虑如何利用课堂评估和反馈来加强学习过程。具有讽刺意味的是，通过分析一些领域，例如美术和表演艺术，我们可以解释对学习有益的评估的大多数原则。我们可以以艺术课中的钢琴课为例。通过对一堂典型钢琴课中所发生的事情进行详细的考察，我们可以发现评估和反馈的每一条原则可以直接用来促进人才发展过程。

首先，教师和学生都对提高学生钢琴演奏的质量很感兴趣。换句话说，教师和学生都致力于达成一个共同的目标或一组目标。这些目标，至少在一定程度上，与人才发展有关：学生的成长或提高。学习过程本身应该是愉快的、令人满意的、有意义的、有趣的，或者在某些方面是愉快的或有益的。钢琴教师有时会忘记这一点，当他们忘记这一点时，从学生的角度来看学习钢琴往往会变得枯燥、不愉快，或变成纯粹的枯燥乏味之事。当学习过程中所有的乐趣和快乐都被剥夺时，唯一剩下的激励就是学习成果本身（提高演奏水平），通常这个相当遥远的目标根本不足以维持学生上课和练习的兴趣。这些问题再次强调了让教师和学生致力于达成同一目标的重要性。

那么学习过程本身呢？我们先来看一下教师做了什么。一旦教师定义了任务（如"练习这个音阶""学习那个曲子""试着这样演奏"），学生就会被要求表演，教师就会观看和聆听。基本上，教师在这里所做的是评估学生的表现。显然，成绩评估应与学习过程的共同目标相关。尽管我们可以对学生的表现（即优秀、良好、一般、差）做出单一的总体判断，但成绩评估不可避免地是基于几个标准而不是一个标准。因此，学生的演奏可以从准确度（演奏正确的音符）、节奏、力度（响度和柔和度）、触感、解释等方面来判断。这样的成效评估也可以与过程评估相结合，通过该评估，教师可以看到学生如何坐着或活动他/她的手指，观察他/她的情绪状态，或者询问他/她在上课之余的练习方式。简而言之，教师对学生表现的评估应该是多维的，并且可以包括对学习过程（环境）以及学习成果的观察。

然后，对于评估获得的信息，教师通常以口头评论和建议的形式向学生反馈。有时，这种反馈仅仅是原始的评估数据（"你应该在这里用降A而不是A调"），有时则是直接的改进建议（"在演奏时大声数数"），有时仅仅是为了鼓励别人（"这次你弹得好多了"）。无论采用哪种形式，评估和反馈都旨在服务于教学和学习的目标：促进学生的才能发展，并使学习过程本身更有意义。

提供反馈后，教师通常会要求学生再次演奏，然后评估过程继续进行。如果教师的反馈没有达到预期的目的（表现没有改善，学生感到沮丧或失落），教师可能会简单地重复反馈（"你仍然用的是A而不是降A调；再试一次"），或者教师可以尝试使用其他形式的反馈（"尝试更慢地演奏这一段"）。换句话说，评估和反馈应该是一个持续的、反复的过程，它是学习过程中不可或缺的，而不是仅在学习过程结束时进行的一次性活动。看来，至少在美术和表演艺术中，我们所谓的"教学"活动大部分是向学生提供评估和反馈。评估和反馈在其他学术领域的教学中是否应该具有同样的优先权也许值得商榷。但我们似乎可以肯定的是，评估学生的表现和向学生提供反馈应该成为任何教师教学活动的重要组成部分。

现在，我们可以从学生的角度来看钢琴课。几乎任何表演艺术的本质，都是表演本身能直接向学生产生反馈。换句话说，学生可以聆听自己的演奏（反馈）并对其做出判断（评估）。因此，学生可以在没有教师帮助的情况下学习弹钢琴（事实上，很多人这样做），因为在演奏过程中他们会自动获得大量反馈。简而言之，学生可以通过产生自己的反馈和评估来学习。然而，如果学生要达到很高的演奏水平，几乎总是需要来自其他人（音乐家、朋友、教师）的大量评估和反馈。换句话说，大多数"学习者"最终都需要"教师"来提供评估和反馈。

不论如何，强调评估和反馈在学习过程中的重要性都是不为过的。我们可以想象如果没有反馈会发生什么，例如想象一个聋人尝试教别人弹钢琴会是什么样子或想象一个聋哑人自学演奏的难度有多大。类似的问题也出现在其他艺术领域。盲人如何学习绘画或教别人绘画？如果你永远无法阅读某人的作品，你怎么能教他们写作呢？

在这里，我们可能需要补充的是，当我们互换角色并将教师视为学习者时，评估和反馈对学习过程的重要性同样重要。人们如何学习成为好教师？在其中，我们能再次看到评估和反馈的重要作用。钢琴教师可以评估学生的演奏，提供反馈，然后再次观察学生的演奏。如果学生的表现变差，无法改善或改善得太慢，教师可以尝试其他方法。渐渐地，教师就能知道什么方法有效，什么方法没有效果，以及在什么条件下什么样的方法有效。但是请注意，学生在这种情况下的表现可以作为对教师的反馈。教师仍会进行评估，如果没有定期提供此类反馈，我们就很难看到有人可以学习如何成为一名擅长教学的钢琴教师。

学习任何表演艺术都需要评估和反馈，这是不言而喻的事情。事实上，如果表演艺术构成了我们高等教育的全部课程，那么我们就不需要这本书了，因为评估和反馈的作用是支配所有表演艺术教师活动的隐含理论的基础。任何一个头脑正常的表演艺术教师都不会采用违背或忽视这些原则的技巧。但是，在大多数其他领域，教师所使用的隐含理论常常忽略了评估和反馈的核心作用。如果其他领域的教师在自己的教学活动中更充分地应用有效评估和反馈的原则，我们的高等教育的影响力将会大幅提高。

我们之所以选择表演艺术来说明评估和反馈在学习过程中的重要性，有两个原因。首先，评估和反馈的基本作用在本领域是显而易见的。没有它，教师或学生几乎不可能学习。其次，在表演艺术中，人们更容易认识到提供反馈的时机的重要性。想象一下，对于刚开始学习钢琴的学生来说，要从演奏两周后的反馈中受益是多么困难。但是，如果提供的反馈太早，时机也不成熟，例如，如果学生在演奏的任何方面出现微小的失误时，教师便阻止学生演奏，那么学生会受到打击且变得沮丧。或者，如果教师一次提供太多反馈，或要求学生在表演时注意太多不同的细节，那么学生可能会感到困惑，也不能真正从反馈中受益。

其他领域的反馈

人文、社会科学和自然科学中的反馈本质是什么？不幸的是，对于学习者而言，这些其他领域的大多数教师选择采用的教学方法本身并不能为学生或教师提供及时、适当的评估和反馈。一部分原因是领域本身的性质，另一部分原因是经济问题，学生在大型讲座中无法轻易获得个性化反馈。

那么教师可以采取哪些措施来模拟那些提供给表演艺术教学者的反馈？在过去的几十年中，少数学者开始认真采取一些促进学生学习的课堂评估实践。1989年，帕特里夏·克劳斯将课堂评估描述为"课堂研究"，或一项旨在告知教师课堂实践如何影响学生学习的工作（Cross，1989）。克劳斯的基本想法是让任课教师开展一系列小规模的评估，评估可以在课堂上定期进行，以获取有关学生实际学习内容和方式的信息。克劳斯等人编写了此类课堂评估技术的详细手册，供教师使用（Cross and Angelo，1988）。在手册中，他们提出了三种不同的评估技术：用于评估学生智力发展情况的评估技术、用于评估学生作为学习者的自我意识的评估技术，以及用于评估学生对教师和课程的反应的评估技术。在克劳斯的开创性工作之后，欧内斯特·博耶出版了《重新考虑奖学金》（*Scholarship Reconsidered*），该书由卡内基教学促进基金会资助（Boyer，1990）。博耶在他的书中将课堂研究的地位与其他学术研究相提并论，关于"教与学奖学金"的文献虽然少，但在不断增长，这些研究已经开始为发展课堂学习评估做出贡献（Hutchings，Huber and Ciccone，2011）。

对艺术能力之外的学习能力进行评价的另一方面的困难，是显而易见的。人们无法直接观察学生的批判性思维能力、理解能力、审美能力或历史及化学知识是否有提升。因此，这些领域的学生评估传统上已经依赖于被称为"测试"的间接测量。在高等教育测试中，尤其重要的一点是，大多数测试并不是为学生和教师提供反馈，也不是为了促进人才发展过程。相反，正如我们已经看到的，测试主要是为了产生课程成绩并对学生进行筛选、归类和认证。因此，大多数考试的性质及其实施的时间都不适合教学过程，所以对促进该机构的人才发展的价值有限。

为了说明最后这几个观点，我们需要看看如何根据前面几个段落中阐述的原则来测试学生。在本次讨论中，我们将考虑学生在大型公共机构提供的典型的低年级本科课程中可能会遇到的评估和反馈类型（这些课程涉及大多数本科生）。虽然我们在这里所说明的问题可能不会像在较小的院校或高年级课程中那样频繁地出现，但除了表演艺术之外，很少有课程不能通过更多地应用有效评估和反馈的原则而获得某些改进。

共同目标：人才发展与满意度

在典型的心理学或历史课程中，教师和学生是否致力于完成共同的目标？不一定。学生可能只想娱乐或满足课程要求，而教师可能更专注于帮助学生学习知识本身。或者，教师可能更有兴趣用自己的知识给学生留下深刻的印象，而学生可能更专注于取得好成绩。

评估和反馈与共同目标的相关性

即使教师和学生都致力于实现人才发展这个共同目标，但最常见的单一评估程序，即课程期末考试价值有限，因为它并不能真正说明学生学到了什么知识（即人才发展）。当然，这一原则与先前的原则是紧密联系在一起的：如果师生没有共同的致力于促进人才发展的愿望，那么我们完全不可能通过评估和反馈来实现这一目标。

多维性

在许多大学课程中，学生除了在期末考试获得一个分数（依据正确答案的数量或百分比做出），或更糟的是，有的考试仅以字母等级（A−、C＋等）的形式对学生进行相对性评估，此外学生很少收到其他反馈。即使某些课程以学期论文而不是考试作为评估依据，学生得到的反馈也往往只包含期末成绩或一些书面评论。

包含"过程"数据

这一类数据包括学生在课堂上的行为（与他人互动、记笔记）以及课外行为（如阅读、学习习惯以及使用计算机或图书馆）等信息。只有在极少数情况下，教师才会费心收集此类信息，更不用说将其用于向学生提供反馈了。诚然，许多院校现在都有提高学生学习技能的项目或中心，但此类活动通常与课程没有直接联系，学生的参与通常是自愿的，因此并没有很多学生选择参与。

学习力的增强

在表演艺术之外，最好的学习评估过程可能发生在实验室工作中，或者发生在自然科学中常见的家庭作业里。实验室工作通常受到严密监控，通常会根据个人情况评估作业（例如问题集）。另外，唯一广泛使用且可能有助于加强学习过程的评估方法是期中考试。根据此类考试的形式和所提供的反馈的类型，此类评估可能会在学习过程中具有重大价值。当然，典型的期末考试来得太晚了。

评估是一个持续的迭代过程

除了自然科学中的期中考试、实验室工作和家庭作业外，大多数评估和反馈是与特定课程相关的一次性活动。常见的测验也许是唯一的例外，但它们很少被使用。此外，很少有人会比较和对比来自不同课程的评估。因此，对于所有学生来说，他们很难确定他们正在体验的到底是哪种类型的人才培养模式。

教师花在评估和反馈上的时间和精力

在艺术领域以外，教师在评估和反馈方面的最大参与程度可能表现在英语作文课程中。但是，在讲授大多数大型本科课程的教师中，他们只会将总教学时间中的一小部分时间专门用于评估和反馈。确实，在许多大型本科课程中，教师们没有时间去评估和反馈，而是完全依靠助教来管理考试和成绩报告。当教师亲自进行评估活动时，他们经常使用多项选择测试，这些测试可以通过机器进行评分。

学生产生的反馈

最常见的学生反馈形式是学期报告和其他书面作业：学生可以阅读他们所写的内容并相应地做出调整。通过分享和批改书面作业，学生还可以彼此产生反馈。一些机构（例如位于华盛顿的长青州立大学）实际上是以这种方式组织普通教学课程的。但是，学生正式获得教师评估和反馈的机会相对很少，尤其是在大型本科生的课程中。然而，在任何类型的机构中，一个有进取心的学生都可以在课后留下来与教师交谈，并在工作时间与教师交流，从而获得相当多的反馈。不幸的是，很少有学生能利用这样的机会，大多数学校也不鼓励学生这样做。

反馈的最佳时机

大多数反馈发生在最糟糕的时间：课程结束时。一旦学生完成了期末考试，他们就会休假，为下学期或毕业做准备，因此他们对有意义的反馈（超出期末考试成绩）的兴趣就会大幅降低。如前所述，期中考试这个时机就很好。期中考试一般在课程的前几周举行，可能是最好的评估时机，但很少有人会充分利用这个时机。

在线课堂管理工具有改进传统的反馈模式的潜力，以实现基于上述原则的目标。"黑板"（Blackboard）是最常见的在线管理工具，它为教师和学生之间的交流、接收/提交作业、管理/参加测验以及提供/接收反馈提供了更方便的途径。在教室之外，有一个方便的公共界面，教师可以在其中收集各种过程数据，为学生书面的甚至创造性的工作提供个性化的评论，教师还可以及时管理测验，并让学生交换和评论彼此的作业。由于网络通信的便利性和文书工作的虚拟交换，教师显然可以节省时间。但是，根据我们的经验，像黑板这样的工具很少用于增加或改善学生的评估，它不提供有关基于网络的技术而进行的作业、测验和实践的个人反馈。换句话说，在线工具似乎可以帮助教师把课程内容"交付"给学生，但不一定有助于评估学生的学习能力。

综上，在典型的低年级本科生课程中，评估和反馈的最佳原则很少被遵循或应用。如果我们将标准化测试纳入我们的评估，情况会更加令人沮丧。当然，使用最广泛的考试是国家本科入学考试（学业能力倾向测试和美国大学入学考试），以及研究生院和专业学校入学考试（美国研究生入学考试、医学院入学考试、研究生管理专业入学考试、法学院入学考试）。这些测试的反馈主要由规范的参考分数组成，这些分数告诉学生与其他学生相比，他的表现如何。反馈是多维的（因为大多数测试都会产生一个以上的分数），但是学生通常会不知所措，因为反馈无法解释他在不同子测试中的表现。对于像学业能力倾向测试和美国研究生入学考试这样的"能力"测试尤其如此。最后，规范性的反馈几乎没有告诉学生，随着时间的推移他们学到了什么或学到了多少知识（没有两个测试产生的分数可以帮助他们通过比较得出变化的衡量标准），更没有任何测试能告诉学生他们将来如何提高自己的表现水平。

来自低年级评估活动的反馈对于教师而言同样具有一定的价值。标准化的、以答案为参考的测试成效几乎没有告诉他们自己的教学方法是否有效，并且学生的课程成绩也没有太大的提升。期末考试的成效提供了更好的信息，特别是如果它们以某种方式在学生中进行总结，以提供展现班级特定优势和劣势的图表（不幸的是，这种做法未得到充分利用）。如果我们可以将期末考试的成效与课程开始时对学生进行的预测试成效进行比较，我们获得的信息量将多得多。对于教师来说，最好的单一反馈来源是对学生课程的评估，目前该评估已在许多机构中被广泛使用。

培养教师的能力

在这本书中,我们试图强调,有效的学生评估所依据的哲学和实践论点可以在教师评估中同等有效。不幸的是,大多数评估教师的传统程序与评估学生的传统程序有着几乎相同的精神:他们是为了招聘、晋升和任职而评估教师,而不是为了促进教师的发展而提供反馈。

在培养教师的研究才能方面,现有的反馈系统可能运作良好。教师评审过程往往将研究和学术放在高度优先的位置,这无疑为教师发展研究和写作能力提供了充分的激励。此外,大多数学科都采用同行评审程序来确定谁获得研究资助以及谁发表或展示其工作才能,这不仅提供了大量激励措施,而且为培养科研人才提供了出色的反馈。教师在学术期刊上发表的文章通常会收到一种或多种详细的书面评论,这些评论阐述了文章中比较特别的优点和缺点,通常包括改进建议。在进行协作工作期间,同事也会提供有用的反馈,他们可能会被要求在成果发表或出版之前进行审查、修改等创造性工作。简而言之,同行评审系统似乎设计得很好,可以提供教师发展其研究、写作技能所需的反馈。

与资格审查过程相关的学术工作审查所产生的反馈,对于培养教师的研究和创造能力可能没有多大价值。这些评论的详细信息并不总是提供给候选人。在大多数决定未被公布的情况下,候选人不知道外部评审人员或委员会成员对他们的工作有何评价。相关部门有时会将对学术工作的评价与晋升或终身职位的候选人分享,但这些评价往往过于笼统和主观,以至于候选人很难从中获得任何有用的反馈。如前所述,这里的一个例外是,一些学院和大学会在决定是否聘请助教为终身教师的前几年就对这些助教进行职前审查。

关于提高教师的教学才能,目前最常见的反馈是学生对课堂教学的评价。在过去的几十年中,这些评价变得如此普遍,以至于大多数机构和教师现在都认为它们是理所当然的。尽管许多教师继续争辩说,学生评分没有任何意义,仅仅是人气竞赛,但越来越多的证据表明学生的反馈评分确实可以改善教学(Centra, 1973; Cohen, 1980; Feldman, 2007; Murray, 1985)。

除了学生评分,最常见的评估教师教学表现的方法是同行评议。在典型的同行评议中,教师的教学计划由同事们进行考查。不幸的是,这种评价方法与那些基于环境的评价方法一样存在多种问题（见第二章相关内容），另外，它只关注整个环境（课程内容）的一小部分。

我们可以采取几个步骤来提高教师从教学中获得的反馈的质量。首先，学生对教学的评价不应是可选的。考虑到学生评价作为反馈的巨大潜在价值，我们应该在整个机构范围内对其进行授权，但前提条件是成效只能供教师使用。我们可以采用几种方法来设计这些等级，以避免出现那些与常规典型等级量表相关的问题。特别重要的是，我们需要设计评估程序，以便每位教师都能收到关于可能改善课程的具体变化的反馈。

尽管学生评价被广泛使用，但其使用方式却常常与学生获得良好反馈的原则背道而驰。当评级被公开（例如在高校的学生指南中）或被高校用作人事决定的依据时，教师有动机去操纵评级，而不是将其视为改进教学的一种方法。因此，我们所建立的激励系统就损害了反馈的潜在学习价值。此外，当较差的评级结果被公开时，教师会试图将评级结果合理化，而不是从中学习。如果学校认为学生的评价必须公开，或者认为学生的评价是学校做出人事行为所必需的依据，那么学校最好采用两套评价标准：一套用于备案，另一套用于教师个人。由于学生对课堂教学的评价非常常见，各机构可能会投入大量精力来评估和改进它们所使用的程序。例如，在某些情况下，学生的评价会受到偏见的影响，与教学质量几乎没有关系。比如，巴辛曾指出，包含量化内容的课程比非量化内容的课程的评分要低（Bassin，1974）。

另一种可能有用的反馈形式可以由教学顾问提供（Katz，1985）。理想情况下，教学顾问会定期到所有教师的课堂，以咨询和建设性批评的形式提供反馈。如果咨询是来自一位值得信赖的同事或外部教学顾问，这种咨询可以帮助教师"在支持但具有挑战性的环境中审视和丰富他们当前的假设和技能"（Carrier，Dalgaard，and Simpson，1983，p.196）。很少有教师能够完全客观地看待自己的课堂表现；因此，直接观察课堂的顾问可以帮助教师了解他们采用的隐含理论（Argyris and Schön，1974；Hunt，1976）。如果是一名内部在职人员而不是外部教学顾问参与评估，那么这名评估人员应避免参与任何涉及教师人事行为的评估。布莱克本和皮特尼提出了一种对不同的教师表现评估进行彻底分析的方法。他们强调，如果要最大限度地促进教师的发展，那么任何形式的反馈都应该是个性化的。出于这个原因，他们对用于评估课堂教学的典型评分表的价值持怀疑态度，因为这些评分表会迫使教师为了评估而采用相同的评价尺度。例如，他们指出，大多数这样的评分表都明确强调教师在课堂中"组织良好"。在这种情况下,某些更开放的教学方法肯定会受到阻碍,教师们可能会不愿意尝试新的教学方法。布莱克本和皮特尼还强调了一点,即关于教师表现的服务方面(给出建议、参与委员会工作等)的反馈通常很少包含有关服务质量的信息。因此,尽管审查可能表明该教师参加了多少个委员会和什么样的委员会,但通常很少提及这种参与是否对委员会的活动有所帮助。布莱克本和皮特尼得出结论,最有用的反馈形式可能是个人档案,其中包含有关候选人表现的详细文档,包括候选人关于该表现的个人评价以及未来的变革或改进计划(Blackburn and Pitney,1988)。

总　　结

在许多方面,评估可以直接通过其对被评估的学生或教师的直接影响来促进人才发展。关于评估如何使被评估者受益,至少有两种不同的理论:"胡萝卜加大棒"理论(评估作为激励)和反馈理论(评估为被评估者提供学习过程中有用的信息)。给定的评估活动既可以作为激励,也可以作为反馈,因此当评估结果还用于评估被评估人的表现以进行评分、授予学分、招聘或晋升时,反馈的潜在价值可能会受到损害。

为了说明有效反馈的一些基本原则,我们从表演艺术领域借用了一个假设情景:钢琴课。通过观察一个熟练的钢琴教师如何利用评估和反馈来提高学生的演奏能力,我们可以推断出所有教师在设计课堂反馈系统时可以使用的一些效果良好的实践原则。

本章最后讨论了当前评估教师表现的流程,并对如何改进这些评估以帮助教师发展其学术和教学才能提出了一些建议。

第十章

评估与公平

对于支持高等教育入学机会均等、扩大高等教育规模的人群而言，很少有问题比考试和评估更能引起热议。鉴于以下事实，我们很容易理解他们为什么抵制在高等教育中使用评估：① 非裔美国人、拉美裔和贫困学生在美国高等教育中的代表性明显不足，特别是入学资格审查严格的学校或精英学校；② 美国高等教育机构在选择学生时，严重依赖两项指标——高中阶段的平均成绩和标准化大学入学考试的分数；③ 非裔美国人、拉美裔和贫困学生的高中阶段的平均成绩和标准化大学入学考试的成绩往往低于其他群体。显然，大学招生办公室继续依赖这些措施将使所有在教育上处于不利地位的群体难以获得平等的接受高等教育的机会。将评分和考试分数作为高等教育入学依据，除了在大学入学过程中对某些群体形成竞争劣势外，还严重影响教育公平。

其他类型的学校在选择和使用评估技术上都倾向于模仿高等教育机构，因此从小学开始，各类学校都严重依赖学校成绩和标准化测试。鉴于此类措施的标准性（学生之间基本上是相互比较的，见第三章相关内容），表现低于"标准"的学生都会收到关于其表现和能力的重要负面信息。在最好的情况下，他们被告知他们不够努力。在最糟糕的情况下，他们被告知他们缺乏成功完成学业的能力。年复一年，经常收到这些信息的年轻人不太可能以积极的方式看待学业，当然也不太可能渴望接受高等教育。为什么要继续这种惩罚式的行为？换言之，我们似乎可以合理地假设，使用学校成绩和标准化测试成绩等"标准"措施，会导致许多学生在远没有达到可以考虑申请大学的年龄之前，就选择不再继续学习。

对于即将完成高中学业并申请大学的学生，机构对高中阶段的平均成绩和标准化测试成绩的依赖也对学生选择将申请寄送到哪里产生重大影响（Astin，Christian and Henson，1975）。实际上，许多学院和大学的选拔性是通过学生申请体现出来的。很少有评级或考试成绩一般的学生申请选拔学生更严格的院校。尽管的确有一些高分学生申请了选拔学生不那么严格的机构，但大多数高分学生还是倾向于申请选拔学生更严格的机构。事实上，学生申请者的自我选择是如此极端，以至于大多数选拔严格的院校可以从他们的申请者中随机录取学生，并且实际入学的学生在高中阶段的平均成绩和标准化大学入学考试分数上与通过申请筛选程序录取的学生只略有不同（Astin，1971）。在最近与安东尼奥（本书作者之一）的一次谈话中，一所选拔学生严格的大学的招生办公室主任估计，他们的申请者中，有60%以上的人在学业标准上有资格在他们的学校申请成功。

简而言之，高校在招生过程中持续依赖学生在高中阶段的平均成绩和标准化大学入学考试分数,这严重阻碍了弱势群体获得公平的教育机会,这不仅是因为它在招生过程中造成障碍,而且因为它对学生在初入大学时的决策产生了深远的影响。

正如我们在第一章所指出的,机构在招生过程中使用学生高中阶段的平均成绩和标准化大学入学考试分数的主要驱动力是坚持资源卓越观和声誉卓越观:高分学生被视为有价值的资源(也就是说,低分学生被视为一种负担),录取高分学生会提高机构的声誉,这些高分学生被视为机构足够卓越的标志。从这一过程中演变而来的教育传统主要由等级最高或排名最前的机构组成,其顶部是最有选择权("质量最高")的机构,而底部是最不具有选择权("质量最低")的机构。学生、家长、教师和辅导员都很清楚这一传统,这反映为在申请大学之前,高中生就已经进行了大量的自我选择。

一些观察家将美国的机构等级制度比作一种事实上的跟踪系统。诸如加利福尼亚州这样的公共高等教育系统的捍卫者,会根据公共政策的选择,将机构分类,这会让我们相信其中涉及某种教育(例如人才培养)的理论基础:根据学生的准备程度的不同,为每位学生设计一种特殊类型的大学。但事实是,加利福尼亚州和其他州的教育等级在一些重要方面与真正的跟踪系统有所不同。各级教育机构都在寻找准备最充分的学生,许多机构使用自己的奖学金资源来吸引此类学生。在一个真实的跟踪系统中,准备最充分的学生会被录取到等级最高的机构,成绩中等的学生只会被录取到等级中等的机构,成绩最差的学生只会被录取到等级最低的机构。但是,正如我们在第六章所指出的那样,我们允许准备最充分的学生进入任何公共机构,而成绩中等的学生则可以进入除选拔最严格的大学之外的所有大学。只有准备最差的学生才会被限制选择单一的机构类型。

尽管它具有等级结构的性质,并且倾向于吸引准备最充分的学生,但美国高等教育界已经做出了巨大的努力,以减少选择性录取,并减少机构对标准测试和成绩的依赖而产生的障碍。首先,我们有"特殊"录取或"平权行动"录取计划,在这类计划中,机构需接受其成绩和测试分数低于招收其他学生所需的最低水平的非裔或拉美裔申请人。几乎所有的选拔机构都以某种形式进行特殊招生,并且许多机构都投入了大量资源来积极招募来自代表性不足的种族和族裔群体的少数民族学生。除此之外,大多数机构都为特殊录取的学生提供某种形式的补习或发展性教育项目。这些课程提供特殊的辅导和咨询,以帮助学生将其表现水平提高到常规录取学生的水平。然而,从非裔和拉美裔学生在入学和毕业水平上的代表性持续不足来看（Ryu，2010），这些特殊招生和教育计划未能使非裔和拉美裔学生在全体学生和大学毕业生中达到与他们的比例相称的水平。此外，有证据表明，尽管采取了"平权行动"并提供了丰富的财政援助资源，但近几十年来，高选择性的机构在增加贫困学生进入新生班的人数方面进展甚微（Astin and Oseguera，2004）。

什么样的机会？

在关于教育机会公平的讨论中，我们经常遇到的修辞学问题之一是，"机会"一词的含义存在很大的模糊性。"机会"是什么？"机会"可以用来做什么？

解决这个问题的最好方法可能是从学生的角度出发。学生进入高等院校可以获得什么样的收益？我们能看到三种主要的收益：教育收益、附加收益和生存收益（Astin，1985a）。教育收益与学生的智力、技能、价值观、态度、兴趣、心理健康等方面的变化有关，这些变化可以归因于学生在大学期间的经历。教育收益与人才培养模式直接相关：通过接受特定的教育方案，学生在多大程度上能够发展自己的才能？

从学生的角度来看，上大学的附加收益包括那些与学生所获得的学历证书有关的毕业后的成就，附加收益与学生的个人特点无关。一些教育专家将此称为"羊皮效应"（sheepskin effect）。从一个特定的机构获得学位可以赋予学生某些社会和职业上的优势，而这些优势与毕业生的个人特点或资质几乎没有关系。许多研究生院和雇主将候选人的本科院校视为招生或录用中最重要的考虑因素之一，因此，与来自另一机构的同一程度的学位相比，从某一机构获得的学位可能更适合学生以后获得的教育或职业机会。我们可能会注意到，我们判断某个助教是否有资格成为正式教师的方式，是实践"羊皮效应"的另一个例子。

最后一种收益被称为生存收益，是指本科生自身的素质，生存收益与任何人才发展（教育收益）或"羊皮效应"（附加收益）都无关。生存收益与学生的主观满意度有关，这些主观满意度来自学习过程、同伴交往、学生与教师的互动、课外和学术经历，以及娱乐活动。这样的经历固然可以带来教育收益，但是学生上大学的体验本身就很重要。

从这些不同种类的收益角度来看，教育机会公平的问题变得更加复杂。为了衡量教育收益，我们必须对学生的能力和情感特征的变化进行前后评估。为了评估附加收益，我们必须考虑学生离开学校时可获得的研究生教育和工作机会的情况。最后，我们必须通过深入了解学生的想法，了解他们如何看待他们的大学经历，来最终评估学生的生存收益。

我们强调收益问题的复杂性并不是要混淆人们对教育公平的讨论。确实，有几种简单的方法至少可以帮助我们进行一些粗略的收益估算，以衡量机会的分配方式。例如，经济学家可能会鼓励我们确定对特定学生的教育投入了多少。机构的支出确实与就读特定大学的附加收益有正相关关系（Henson，1980），但是支出与教育收益或生存收益之间却只有微弱的关系（Astin，1975，1993）。更好的教育收益指标是学生就读的大学的类型（尤其是公立大学和社区大学，这会提高学生完成学位课程的机会）和住宿设施的可用性（在校园宿舍中生活会赋予学生一定的教育收益和生存收益）（Astin，1977，1993）。

定 义 公 平

一些政策制定者倾向于用入学指标来定义教育公平。这些政策制定者相信，当少数民族学生、贫困学生和其他代表性不足的群体的高等教育入学总人数达到或接近一定数字时，将实现教育公平。按照这一标准衡量，美国在世界上所有国家中教育公平的程度最高。如果美国高等教育的"机会"确实是公平的，这样的关于"公平"的衡量标准可能是可以接受的。但是，鉴于与教育机构和等级制度有关的教育资源和声誉存在巨大差异，我们关于公平或获得平等机会的任何定义也必须考虑所提供的机会的质量。除非机会本身具有可比性，否则确保所有人都能获得机会并不能确保公平。

为了粗略地表明美国各高校之间的巨大差异，我们不妨考虑两个极端的机构群体：选择学生最严格的高校（在美国大学入学考试口语和数学测试中，入学新生的平均分数为 1300 分以上的高校）和选择学生不那么严格的高校（入学新生的平均分数低于 775 分的高校）。按生均计算，选择学生不那么严格的高校在教育和一般开销方面每支出一美元，选择学生严格的高校则会投入三美元。选择学生严格的高校的教师报酬比选择学生不那么严格的高校高 60%（Astin，1985a）。在进入选择学生严格的高校的新生中，超过 90% 的人有宿舍，而在第二类高校中（选择学生不严格的学校），拥有宿舍的学生所占的比例还不到一半。此外，有相当多的证据（Henson，1980）表明，选拔学生严格的高校的毕业生享有很多附加收益，而选拔学生不严格的高校的学生无法获得这些附加收益,这些附加收益包括获得最好的工作机会,前往顶尖研究生院和职业学校接受教育的机会,以及终生收入得到增加的机会(Solmon,1975)。

归根结底,公平与卓越的问题实际上更多地取决于我们如何定义卓越。如果我们接受声誉卓越观或资源卓越观,我们会发现它们与公平目标显然存在冲突:只有那么多资源可供选择,只有那么多拥有良好声誉的机构。如果我们将更多的资源分配给成绩不那么优异的学生,或者让更多的学生入读名校,那么我们在学业准备最充分的学生上花费就会减少,同时他们中会有更少的人被名校录取。换言之,在声誉卓越观和资源卓越观的引导下,我们在追求卓越时便是在进行零和博弈:只有这么多资源可供分配,如果我们想把更多的资源分配给毫无准备的学生,我们就必须削弱提供给最有准备的学生的"卓越"教育。简言之,在"平权行动"和扩大弱势学生受教育机会方面,最大的障碍是声誉卓越观和资源卓越观方面的观点,而不是其他。

冲突还存在于其他方面。从独立学院的角度来看,录取更多准备不足的学生会迫使我们录取更少的准备最好的学生,从而降低学校的"质量"(在这种情况下,"质量"是根据入学学生的准备水平来定义的)。相反,如果我们决定通过提高入学标准来变得更加"优秀",那么我们就必须减少准备不足的学生在我们机构中的占比。在对卓越的定义中,卓越与公平之间存在着内在的冲突。

零和博弈还会让机构之间进行大量无意义的竞争。如果机构A通过招募一些机构B的教师或国家优秀学者而成功地变得更加"优秀",那么机构B的"卓越"表现将成比例降低,并且机构A和机构B在这场博弈中投入的资源会在系统中损失,它们都无法获得整体上的"卓越"。

追求卓越的人才培养方法会导致不同的情况。从这个角度来看,我们的卓越表现不再取决于我们录取的对象,而更多地取决于我们在录取学生后所做的工作。因此,我们的卓越表现的衡量标准是我们如何有效地培养学生的才能,而不是看他们入学时所表现出来的才能发展水平。尽管我们可以使用人才培养方法(例如,哪些机构的学生表现出最大程度的变化、进步和发展),但人才培养没有内在的竞争性和标准性。如果学校在培养学生的才能方面取得了很大的成功,这绝不会限制任何其他学校的能力发展。在人才培养方式下,各机构可以在人才培养中相互借鉴对方成功的经验和失败的教训,从而促进整个系统的人才培养的进步(人力资本发展)。我们甚至可以想象评估如何在这样的合作过程中发挥中心作用:通过记录每个机构的人才培养情况，并了解哪种特定的环境干预措施最有效地促进了人才发展，所有机构都可以交换从这些评估中获得的信息，并采用最有可能有利于人才发展的实践和方法。

我们倡导的人才发展观点旨在追求卓越，但这绝不意味着我们没有强大的力量来支持我们在资源和声誉方面变得卓越。大学管理者因获得资源和提高学校声誉而获得丰厚的奖励。不管机构处于什么位置，大多数高校都想提高自身排名，因此管理者高度重视声誉的提高和资源的增加。与此同时，事实上每一个学生、教师、行政人员、校友、当地社区成员都支持自己所在的高校努力争取更多资源和提高声誉。与一个有声望的高校联系在一起使我们每个人都觉得自己更重要；它满足了我们的自尊心。对于那些有兴趣接受卓越的人才发展理念、增强和扩大教育机会的人来说，这是一场艰苦的斗争。

我们认为，人才培养方法是扩大教育机会并实现更高程度的教育公平的最有效的概念工具之一。这在我们的高校中尤其如此，因为它们致力于为公众服务。这些高校能够提供的最适当的公共服务便是教育。因此，高校的章程明确其是通过教育公民为社会服务，高校的存在不是为了提高自身的资源和声誉，或者通俗点说，不是仅仅为了尽可能地变得富有和出名。

这些问题中特别令人感兴趣的是，许多当代高等教育发言人最近一直在争论人力资本问题，认为这是获得更多公共支持和资助的基础。他们认为，美国的竞争力取决于最大限度地教育全体公民，不仅要最大限度地增加成就卓著的科学家、发明家和领导人的数量；而且要最大限度地减少社会资源消耗，以及表现差强人意的人的数量。在我们看来，这样的观点与人才培养方法非常吻合。

评估与学术标准

尽管有相当多的证据支持这样一种观点，即在大学招生中使用高中阶段的平均成绩和标准化测试分数的主要理由与声誉卓越观和资源卓越观相关，但许多大学教师依然认为，选择性招生的根本原因是建立和维护学术标准。在没有进一步阐述的情况下，这些论点就类似于对母性、上帝、旗帜和苹果派的认可：谁能反对"维持标准"？但是，"学术标准"一词究竟意味着什么？我们可以从这个短语中提取至少两种不同的含义。首先，"学术标准"可以解释为学生为了获得特定分数或获得学士学位而必须做出的表现水平。当这个词在这个意义上被使用时，反对降低录取标准以容纳更多准备不足的学生，实际上是担心学生最终（毕业）表现的标准也会降低。那些提出这样论点的人遗忘了这一事实：改变录取标准并不会必然导致最终表现标准的改变，因为最终表现标准可以独立于录取标准。

录取标准和最终表现标准之间缺乏必要的联系，我们或许可以用医学领域的类比来进行阐述。就像教育寻求将学生的才能发展到高水平一样，所有医疗机构的出院标准都是患者成为一个健全和健康的人。如果患者被送进医院进行疝气手术，则其出院标准与接受更困难和更复杂手术（例如从肺部切除肿瘤）的患者基本没有区别。在这两种情况下，目标都是相同的：患者在出院时身体健康。然而，可以理解的是，需要将更多的环境资源投入到患有肿瘤的患者身上：更复杂的手术、更全面精细的术后护理、更长的住院时间以及可能的放射或化学治疗。同时，疝气手术风险更小，预后更好（例如发生恶性肿瘤的机率更小），因此疝气患者的手术成功率（达到出院标准）更高。

简而言之，如果医院接纳的患者比医院里的典型患者病情更严重，医院不会自动为该患者设定较低的出院标准：希望所有患者最终都能从病痛中康复，在离开医院时成为健康的、有工作能力的公民。诚然，重病患者可能需要更多的资源投入才能达到预期的出院标准，并且达到这些标准的可能性可能比一般患者要小一些，但医院不会仅仅因为患者入院时预后不佳而自动改变其出院标准。

就 I-E-O 模型而言，我们刚刚描述的是这样一种情况：① 预期输出因输入不同而有所不同；② 环境（治疗）的设计部分是为了弥补这种差异。由于两名患者的输入（诊断和预后）不同，环境（治疗的类型、强度和时间）必须不同，这样才能实现可比较的输出（即健康标准）。

这一医学类比强调了扩大教育机会背景的一个重要现实：如果一所高校想要保持学生毕业表现标准，并招收更多未准备好的学生（在大学入学时，高中平均绩点较低、标准化测试分数较低的学生），则高校必须改变以下一点或者多点：必须给准备不足的学生更多的时间以达到毕业表现标准；必须部署更大比例的机构资源，有效地应对准备不足的学生；否则机构的辍学率和失败率必然增加。简而言之，降低录取标准并不一定要求高校更改学生在毕业时的表现标准。

在高等教育中，我们对表现标准的思考往往更加简单。我们不是试图通过差别待遇来使学生达到共同的表现标准，而是通过选择性录取来维持标准。原则上，这与在医疗环境中通过拒绝收治病情最重的患者来达到出院标准没有什么不同。在美国高等教育中，我们发展了一系列精英机构，这些机构的投入非常有选择性，高表现标准几乎都能得到保证，即使这些机构对教育过程贡献甚微。这些机构拥有最好的设施和最多的资源。在医疗领域复制这样的机构是非常荒谬的：我们将拥有一批精良的医院或诊所，这些医院或诊所将拥有最好、最先进的设备和设施，以及最合格和薪水最高的员工，但这些医院或诊所只接收患感冒的人。所有患有其他疾病的人将被拒之门外，以便于他们在出院时保持最高的表现标准。

维持学术标准的论点的第二个含义是对人才发展过程本身的关注。其内容如下：如果更多准备不足的学生被一所院校录取，该院校的学术课程将变得要求不高。因此，这所院校将失去培养学生才能的一些能力。这意味着，为了迎合更多准备不足的学生，学校将不那么重视准备较好的学生，为他们提供一种"打折扣"的教育，这将导致准备较好的学生的能力发展不充分。应该强调的是，这一论点围绕着所有院校都面临的一个问题展开，而不是它们的招生政策：如何有效地处理进入大学的学生在学业准备水平上的显著差异。即使是选拔学生最严格的机构也面临这一难题，特别是在涉及诸如写作能力之类的特定学术技能时。事实上，这是一个好的评估可以并且已经被用来促进人才发展过程的原因：良好的诊断性评估、适当的指导和课程分级是最常用的处理学生学术水平差异的方法。当我们经过深思熟虑，彻底地完成这种诊断性评估和差别化分级，我们就没有理由不让所有表现水平的学生都接触到严格的挑战他们发展才能的课程。

预 测 论 点

当人们质疑机构的招生决定依赖高中阶段的平均成绩和标准化大学入学考试成绩时，许多教师会表示这些评估工具可以预测学生在大学中的成绩。我们已经提到（参见第一章相关内容），当涉及将成绩作为学生的衡量标准时，它还有很多需要改进的地方。但即使我们接受将大学成绩作为一种有效的表现衡量标准，这种预测的论据仍然经不起推敲。这一论断的基本论点认为高分的学生在入学过程中应该受到青睐，因为他们很可能在以后的大学生涯里表现出色。换言之，高分学生比低分学生更有可能在学业表现（大学成绩、荣誉、在校率等）上取得好成绩。这只是高中阶段的平均成绩与大学成绩相关的另一种说法。但是，这些争论真的能说明不同水平的学生实际能学到多少或学得多好吗？它是否说明了不同水平的学生最终各自会有多大程度的才能发展？不幸的是，事实并非如此。

我们不妨考虑以下场景。假设我们不论成绩和分数如何，录取了所有申请者。但是我们没有对其进行教育，而是让他们陷入深深的停滞状态，或者处于暂停状态，为期四年。然后，我们"唤醒"他们，并给他们一组"期末考试"以计算他们的大学平均绩点。你可能会猜到，那些入学时成绩最好和考试分数最高的人，即使没有学习，在这些期末考试中的成绩也会比那些成绩和分数较低的人更好。这一点很微妙，但也很重要：过去的表现与未来的表现相关，或者说过去的表现可以预测未来的表现，但这些并不意味着高中阶段的高分者会比低分的人在大学学到了更多的知识或发展了更多的才能。换句话说，传统的选择性招生并不一定能进一步促进高校的人才培养任务的完成。

择优录取观点的支持者可能会说：这种说法是有缺陷的，因为学生的大学平均绩点确实是学生在大学中学到了多少知识的有效指标。从个人经历角度看，我们大多数在大学教书的人都反驳过这种观点。例如，我们有在课程开始之初就非常聪明且准备充分的学生，他们可以在期末考试中表现出色，而无须付出过多的努力，也不需要真正地进行学习。另一方面，我们大多数人都知道一些学生表现出很大的进步（学到了很多知识），但是他们的期末考试成绩中等，因为他们在入学时本身水平不高。但是，人们反对分数反映学习情况这一观点，他们的证据不仅仅来自传闻。例如，哈里斯指出，在一门课程中获得中等成绩的学生可以学习到与最高成绩的学生一样多的知识（通过该课程前后标准化考试成绩的提高程度来衡量）(Harris, 1970)。

通常，人们为上述论点辩护的证据包括大学成绩与高中成绩、入学考试成绩之间的相关性。要了解为什么预测未必能反映学习情况，人们只需要了解相关性的真实含义即可。假设我们有 3 名新生，他们在大学一年级的考试中分别获得了 4、5 和 6 分。假设他们在大学 4 年中都获得了 2 分，那么到大四时，他们的分数分别是 6、7 和 8 分。因此我们可以推断高中成绩与大学成绩之间会有较大的相关性（实际上为 $+1.0$），即使 3 个学生在大学成绩上的增幅相同。另一方面，假设学生在大学里什么也没学到，所以 4 年中分数保持不变。即使学生一无所获，相关系数仍为 $+1.0$！即使学生在大学期间变得笨拙，每人的分数分别下降 2 分，为 2、3 和 4 分，相关系数仍为 $+1.0$！换言之，高中成绩与大学成绩相关联的唯一要求是，学生彼此之间的位置随时间推移表现出一定的一致性。相关性没有告诉我们学生学习了多少知识，也没有告诉我们学生是否在学习。

教育机会与人力资本的发展

扩大教育机会的主要障碍不是由评估机制本身造成的,而是由扩大教育机会被用来推广声誉卓越观和资源卓越观的方式造成的。尽管一些批评人士认为,人才发展的方式会损害和威胁学术标准,但当我们从整个教育体系的角度来看,促进学术标准发展的最好方法就是大力培养人才。为什么会这样呢?试想一下,我们有10个人需要接受教育,他们在入学的时候来到我们这里,他们的发展水平各不相同。为了简化论证,我们可以进一步假设,可以将每个人的发展水平从1到10进行分类。1代表文盲,10代表获得博士学位所需的能力水平。我们再进一步假设,学士学位所需的最低标准为6。如果我们在一所规模较大的大学工作,通常会有10名不同类型的大学新生进入我们的学院,他们的发展水平可能如下:2、2、3、3、3、4、4、4、4、5(最后一个学生有5分,几乎达到了毕业所要求的最低水平)。作为一所教育机构,我们的首要工作就是帮助尽可能多的学生达到6。本质上,人才培养方法力求尽可能提高每个学生的入学水平。如果我们确实能够最大限度地提高这10名学生的水平,我们至少可以实现以下3个重要目标。

第一,我们最大限度地提高达到最低标准(6)的学生人数。

第二,我们最大限度地提高超越此最低水平(即达到7、8、9和10)的学生的数量。

第三,我们尽量减少处在边界(即2和3)的学生的人数。

第三个目标尤为重要,因为我们很少会成功地使所有已入学的学生达到最低标准。

因此,即使我们10名学生中的一部分未能达到6,并在没有获得学位的情况下辍学,我们仍然为他们的发展做出了一些贡献,因为我们增加了他们最终成为对社会有贡献能力的人的机会。换句话说,人才培养方法不仅是保持学术水平,而且是最大限度地为社会提供人力资本的最可靠的方法。

正如我们在第一章和第二章所建议的那样,在人才发展的视角下,评估的作用发生了急剧的变化。评估不是用来提升机构资源和声誉,而是用来将学生安置在适当的学习课程中,并通过一段时间的反复评估来确定到底有多少人的才能得到了发展。这些后期评估活动将有两个功能:记录正在发生的人才发展活动的数量和类型；结合环境信息，为进一步了解哪些特定类型的教育政策和做法可能有助于人才发展。如果高等教育中的考试按照这里建议的思路进行修订，那么，在高等教育中扩大入学和就业机会的支持者似乎会把评估视为一种合作，而不是一种威胁。

人才发展和专业能力

尽管最大限度地培养人才是高等教育机构及其系统为学生和社会服务的最有效途径，但在某些情况下，选拔和分级可能必须基于其他考虑。也许最明显的情况是，我们正在努力使学生为进入需要高智力水平或高技术能力的职业做好准备（如医学、工程、艺术、音乐、大学教学）。以工程学为例。作为一名专业工程师，有效的表现通常需要相当好的数学能力，因此工程学专业的课程非常重视培养数学方面的人才。在这种情况下，让所有申请者都参与这样的课程，在教育上明智吗？那只有八年级数学能力的人呢？录取此类学生进入工程学专业是否具有教育或经济意义？

人才发展理念表明，在理论上，只要有足够的动力、时间和资源，任何学生都可以达到人们期望的任何能力水平。但录取所有申请人参与某些类型的计划可能会带来一些负面影响。进入工程学学士学位课程的、只具有八年级数学能力的学生可能会灰心并辍学，即使该课程做出了很大的努力来提升其专业水平。即使这样的学生最终能够完成这门课程，但要使学生达到最低程度的表现标准所需要的资源可能也超出了这门课程所能承受的范围。假设课程资源有限，如果高校接受所有申请者，最终将产生较少的毕业生。最后，接受所有申请者肯定会降低毕业生超过最低表现标准的"安全边际"。最后的成效是，该领域的专业能力和人们表现出的整体质量将下降。

以上讨论表明，可能会出现这样的情况，即择优录取应该基于各种考虑，而不是最大限度地培养人才。尽管从单一的课程、机构或专业的狭隘角度来看，这种观点可能是合理和有效的，但从整个教育系统或整个社会的更广泛的角度来看，这种观点似乎不太恰当。当我们从一个机构或一个专业的狭隘角度进行讨论时，我们只关心我们录取的学生以后的发展如何；我们对被拒绝的申请人不感兴趣。另外，当我们从一个更系统的角度来看待这样的决策问题时，我们关心所有候选人的命运，无论是胜出者还是被拒绝者。这种区别恰好类似于选择评估与分级评估之间的区别（见第一章和第二章相关内容）。

真正的问题似乎是在整个系统内把人们分配在适当的课程和方案中。如果一个拥有八年级数学能力的人想在大学阶段学习工程学，那么应该有一种方法来帮助我们培养这个人的数学才能，使其达到不会对工程学专业的资源造成过度消耗的水平。此外，我们还应该向该学生保证，如果他数学补习成功，他就有机会学习工程学专业课程。这一套原则，即适当分级，并保证被分级的人将来能获得机会，应适用于所有人才层次以及学术和专业研究的所有领域。按照这样的原则设计和运行的教育系统不仅会为所有人提供教育机会，而且还会鼓励每个人都以恰当的眼光看待教育：这是培养人才的地方，而不是一个仅仅对人进行筛选和分类，或限制人的发展机会的地方。我们还要允许学生利用教育机会，只要他们继续发挥自己的才能，公众也将从他们的教育"收益"中获得最大的"回报"。

简而言之，当我们从更宏观的社会视角来看待教育决策（例如选择和分级）时，最大化人才发展的目标比任何其他教育思想都更有意义。没有更好的方法可以使社会上的人力资本最大化。

系 统 角 度

上述讨论表明，如果教育工作者更愿意从系统的角度而不是从机构的角度来看待问题，并且将教育机构视为类似医院、诊所或其他以提供公共服务为主要目的的组织，我们将认识到教育公平问题的不同性质。

系统角度是研究教育机会问题的一个特别重要的视角。在这里，我们同样可以使用评估来说明这一问题。想象一下，我们进行了一种测试，测量了人们在许多连续性领域（如语言、数学、关于各种问题的知识、公民身份、社会责任、领导能力、创造力）的才能发展水平。为了便于说明，我们可以将所有这些不同的才能压缩到一个单一的连续体上。记住，同一论点可以在多个连续体中提出，事实上，如果要将这些想法付诸实践，我们就必须开发这样的多维评估工具。我们可以沿着这个连续体进一步划分三个不同的点：C点在低端，表示相对未发展的才能水平；B点位于连续体的中间，表示才能发展的中等水平；A点位于连续体的上端，表示较高的才能发展水平。如果我们要从传统机构的角度来看待这一连续体，我们将相互竞争，录取尽可能多的处于连续体A端的学生，拒绝大多数处于C

端的申请人。当然，我们也会像往常一样争论为什么必需录取那些拥有最高才能发展水平的人。如果所有的学校都采取这样的观点，在 A 端的学生将有很多选择，并得到慷慨的奖学金支持。处于中间位置的 B 类学生可能会被那些准备最好的学生不怎么喜欢的学校录取，而 C 类学生将被限制在政策开明的学校，或者更可能的是，被劝阻不去接受高等教育。

尽管我们从所涉及的单个机构角度来看，这种情况可能是有意义的。但从系统的角度来看，这可能是没有意义的。系统角度是指从国家和民族教育这一整体利益出发来看问题的角度。我们在上文中描述的场景（合理准确地描绘了我们当前的高等教育系统）将夸大人口内部人才发展方面已有的差异。原因很简单：我们对 A 类学生进行了最大的教育投入，对 B 类学生进行了适度的投入，对 C 类学生进行了很少甚至没有进行投入。换句话说，当前的系统将趋向于扩大 B 类与 A 类学生之间的差距，更会扩大 B 类与 C 类学生之间的差距。

这些政策的社会意义取决于许多因素，也许最重要的因素是以 A、B、C 点为代表的绝对才能发展水平，如果 C 点代表才能发展的最低水平（这可能是不上大学的高中毕业生，甚至符合许多社区大学学生的情况），该政策可能会产生长期的、严重的社会和经济影响。由于处于 C 点的人可能无法获得体面的工作以及报酬，他们可能最终被列入社会救济名单，或者更糟的是，他们可能会走上犯罪的道路。请注意，该系统未能培养这些人的才能，不仅造成了与一些职业和工作技能相关的问题，也造成了与人际和社会技能有关的问题，这些技能一般都是人们在学校，尤其是大学学到的，对人开展有效的社会生活非常重要。实际上，性格和公民身份的发展是通识教育的主要目标之一（参见第三章相关内容）。

从这些较大的系统角度考虑教育目标，使我们能够制定与全体公民相关的教育政策，而不是维护个别机构的利益的政策。在以前的著作中，阿斯丁认为，至少有三种不同的社会政策可以用我们讨论的连续体来表征（Astin，1973，1985a）。一项主要偏爱 A 类学生的政策可能被称为精英主义政策，因为它有利于那些才能已经得到充分发展的人。一项主张将教育资源平均分配给所有发展中的人的政策可以被称为平等政策，而一项将资源不呈比例地投资于受教育程度最低的公民（C 类学生）的政策可以被称为补救或社会福利政策。虽然美国高等教育青睐精英模式，但它结合了平等模式和补救模式的某些要素。某项开放的招生政策当然是平等的，为教育上处于不利地位的学生提供特殊服务和项目可能被视为补救措施。这一系统的精英性主要体现在荣誉项目等方面，特别是在制度的层级安排上。

这种安排得到选择性招生的支持,其特点是资源和机会的分配模式偏向于公共和私人系统内的精英机构。

关注州和联邦一级教育问题的教育者和政策制定者需要解决从系统角度提出的许多关键问题。以下只是此类问题的简单列举,我们需要通过进一步的评估研究和政策分析来解决此类问题。

- 需要在公民中培养哪些相关人才?应如何评估这些人才?
- 在每个连续体的各个点上,哪种类型的教育计划和干预措施最有可能产生最大的收益?某些政策对于某些类型的学生是否比其他类型的学生(例如,A类学生与C类学生)更有效?
- 这些不同的干预措施和计划的相对成本是多少?
- 个人福利(如工作、收入、职业、家庭)有哪些?它们与人才连续体中各个点的增量相关吗?
- 连续体上各个点的增量与哪些社会收益相关?对低分人才进行投资是否在降低失业率、减少犯罪和减少对福利计划的依赖方面获得了可观的回报?持续不断的对高分人才的投资是否能促进科技进步?
- 在连续体上各个地方的投资收益是否包含递减性回报?例如,为了在连续体的低端产生所需的人才培养量,当前在连续体的高端进行大量的投资是否有必要?
- 如果学生不上大学,在人才发展方面预期会出现哪些增减?

这些问题对教育政策非常重要。不幸的是,它们很少受到政策制定者、研究人员,特别是研究资助政策的人的关注。缺乏此类研究的一个可能的原因是人们缺乏充分的关于人才培养的纵向信息。如果没有系统的评估数据来说明人们的才能随时间的发展发生了什么变化,以及人们所经历的环境体验,那么我们很难获得这些重要政策问题的可靠答案。人们需要运用一种类似I-E-O模型(见第二章相关内容)的方法,利用全国各类学生和各类机构的广泛数据,来获得诸如此类问题的初步答案。最接近这种数据库的是国家教育进展评估,它可以定期评估几个不同年级的不同学生的发展水平。然而,这个雄心勃勃的评估项目揭示关键政策问题的能力极其有限,因为它是横向的,而不是纵向的,并且几乎没有考虑到教育环境。换句话说,它定期评估成效,但不包含有关投入的评估数据,并且几乎没有有关环境的评估数据。

公共系统的社会责任是什么？

尽管高等教育系统中私营机构的等级制度或多或少是在历史进程中偶然发展起来的，但我们大多数国家制度中存在的等级制度是作为公共政策建立起来的。反过来，这些系统由选择性录取系统维持，该系统严重依赖于学生的高中阶段的成绩和标准化测试分数。在典型的各州的教育系统中，有一所（或多所）一流大学占据了最高层次。中间层次基本都被州立大学和学院所占据（其中许多以前是师范学院），而社区学院在最底层。该模型的原型是加利福尼亚州的系统，其总体规划正式承认这三个层次。其他大多数州都以较小的变化模拟了加利福尼亚模型。与私立院校一样，资源和机会在公立院校中的分配也不均匀，最多的资源和机会集中在一流大学，而社区大学获得的资源和机会最少（Hayden，1986）。

众所周知，贫困学生和处于教育弱势的种族或族裔群体在整个高等教育中的代表性严重不足。但是，很少有人认识到，在大多数公共系统中，贫困学生和少数民族学生在不同类型的机构中分布不均。为了在高等教育中获得合理的代表比例，我们必须将大量的少数民族学生和贫困学生从社区大学转移到州立大学和一流大学，而某些在州立大学中的学生也可能必须被转移到一流大学。因此，要在一流大学实现学生比例合理，非裔学生在这些大学就读的人数必须增加一倍以上，拉美裔学生人数必须增加80%以上，美洲印第安人的人数必须增加60%以上（Astin，1982）。注意，在这种情况下，"比例"仅指这些公立高等教育系统中当前在校学生的分布。鉴于相对于他们在人口中所占的比例，这三个群体在整个高等教育中的代表性都严重不足。因此我们知道，高等教育平等问题比这些实质性数字所代表的情况要严重得多。

当我们观察来自低收入家庭的学生在公共院校中的分布情况时，我们也会有类似的发现（Astin，1985b；Astin and Oseguera，2004）。如果我们将低收入定义为包括家庭收入在全国大学生中最低的20%的大学生，那么这一群体进入一流大学的人数必须增加一倍以上，才能使他们在这些机构中拥有合理的占比。

在对全国65所一流大学的研究中（Astin，1982），阿斯丁发现：有56所高校中非裔学生的入学比例明显偏低；48所高校中，拉美裔学生的入学比例明显偏低；46所高校中，美洲印第安人的入学比例明显偏低。此外，在少数族裔人口最多的州,这个群体的入学比例偏低的情况更普遍。在纽约州、得克萨斯州、加利福尼亚州和大多数南部州的知名大学中,为了使少数族裔学生拥有合理的占比,我们必须将现有的这个群体的入学比例增加200%至600%!

如果我们只看24所选择学生最为严格的知名大学(那些入学新生在美国大学入学考试口语和数学测验中得分超过1100分的大学),少数民族和低收入家庭学生的分布不均会变得更加明显。在所有公立大学中,亚洲人的数量略少。但实际上,在选拔学生严格的公立大学中,亚洲人的比例几乎高出了近100%(这些机构招收了9.3%的亚洲人,但亚洲人在所有学生中的比例仅占4.8%)。

一流大学及其支持者愿意看到这种状况出现,主要是因为它们都以某种方式支持资源卓越观和声誉卓越观。但是公立大学更明确的职责是什么呢?通过获取资源和提高声誉来追求自身利益,在多大程度上符合公立大学服务公众利益的使命?公共利益是否不包括对全体公民的教育以及为少数民族和低收入学生提供更多机会?

尽管有人可能会说,一流大学没有能力教育准备不充分的学生,但大多数大学已经明确承认他们在这方面的责任,它们通过引入特殊的招生项目,为准备不充分的学生提供辅导和支持服务,以及其他类似的帮助。对于专门招收运动员的学术援助,此类计划特别慷慨。真正的问题似乎是这些大学愿意录取的学生人数。在这方面,应该指出的是,中西部几所主要的研究型大学都有长期的开放招生政策。与此同时,几乎每个州都认为它们致力于扩大招生规模,为所有高中毕业生提供进入某种高校的机会。然而,这一分析表明,这些机会大多局限于社区学院,也有少数州立学院。

显然,一流大学对增加弱势群体教育机会的兴趣与它追求声誉和资源方面的卓越直接冲突。从大多数州的高校中来自低收入家庭的学生和少数族裔学生当前的分布来看,似乎追求卓越的问题比教育机会平等问题的优先级高得多。结果,在大多数州,来自低收入家庭的学生和来自代表性不足种族和民族的学生无法平等地获得最佳的教育机会。

代表比例制度并不是永远都不会得到公众支持的乌托邦式的理想。联合立法委员会的一份报告审查了加州高等教育总体计划,其中明确规定了贫困学生和少数族裔学生的比例,并且将其作为加州2000年的一项具体目标。该报告专门建立了贫困学生和代表性不足的学生的代表比例制度(Joint Committee for Review of the Master Plan for Higher Education, 1989)。这份极有价值的文件对加利福尼亚大学和加利福尼亚州立大学提出了挑战，它们不仅要在 2000 年之前达到弱势少数民族群体的代表比例，而且要把这些群体的辍学率降低到白人学生的水平。尽管加利福尼亚州没有成功地实现这些目标，但事实上，州议会两院都愿意促进该州致力于实现这样一个根本性的目标，这本身就很了不起。

我们需要简要地回顾评估在促进教育机会公平中的作用。几年前，加州大学洛杉矶分校的高等教育研究所从美国大学入学考试委员会和美国大学考试计划处获得了全国大学入学考试数据，这使得确定非裔、拉美裔学生的代表性成为可能，而来自低收入家庭的学生将受到改变高中成绩、大学入学考试成绩和其他评估信息在大学招生过程中使用方式的影响。以下是该模拟研究的一些主要发现。

- 当学生在高中阶段的成绩和在标准化入学考试中的分数被用作入学决定时，非裔和拉美裔学生都处于竞争劣势。标准化入学考试比高中阶段的考试有更大的难度，尤其是对于非裔学生而言。
- 随着选择率的增加，使用测试分数和成绩所产生的困难会变得更大。如果选择率是四分之一，测试分数和成绩的简单组合会导致 80％的非裔学生的代表性不足，但是如果选择率是二分之一，则只有 65％的非裔学生代表性不足。
- 通过使用基于学生父母的收入和受教育程度的弱势指数，我们可以减少测验分数和成绩造成的许多障碍。该指数为父母较为贫困或未受教育的学生提供特殊学分。
- 少数群体从弱势指数的使用中获得不同的收益，但是我们必须给该指数以权重，以克服考试分数和成绩所施加的障碍。
- 鉴于标准化测试成绩会导致很大的障碍，如果我们将弱势指数与单独的成绩而不是所有成绩结合起来进行综合使用，则使用弱势指数会使少数族裔学生受益更多。

最后的发现是与此特别相关的，因为许多研究表明，一旦考虑到学生的高中成绩，标准化入学考试分数对预测学生大学学习成绩的作用就很小。

除了使用不同的评估工具优化大学录取决定之外，公立大学还有其他途径增加少数民族和低收入家庭学生的入学率。其中一个途径涉及公共高等教育体系的结构。具有三层系统的加利福尼亚模型不一定是唯一的模型，也不是最好的模型。宾夕法尼亚州和肯塔基州等州已经建立了公立大学系统。实际上，该系统通过为本科生提供大一、大二学年的两年分校体验，将社区学院模式与研究型大学模式结合起来。就读于其中一个分校的学生，无须通过一般的申请和转学手续，即可自动被录取，进入高年级学习。这种替代方案的另一种形式是让大学"采用"现有的社区学院模式并使低分布的转学课程更加标准化。尽管这些替代方案中的结构可能退化为隐性层次结构（例如将分校区和主校区进行比较），但它们似乎代表了严格分层系统的一些进步。

总　　结

在美国高等教育中，公平和卓越之间的冲突部分是由于我们对声誉卓越观和资源卓越观的持续依赖造成的。在这些观点的影响下，一方面，成绩优异、考试分数高的学生受到热烈追捧，因为他们被视为提高机构声誉的重要资源。另一方面，得分较低的学生则被视为不利于机构变得卓越的累赘。

从人才发展的观点来看，所招收的学生的表现水平并不重要，因为任何机构的卓越表现都将主要取决于它能否有效地培养学生的才能。传统的观点认为，降低招生标准必然会削弱学术标准，这种观点现在受到了挑战。同样，传统观点认为应该将标准化入学考试的分数和高中阶段的平均成绩用于招生，因为它们可以预测学生在大学的成绩。考虑到高等教育系统的责任是将平等的教育机会惠及一个国家的所有公民，是否存在由基于标准化入学考试分数和高中阶段分数的选择性录取所支持的等级公共系统是值得怀疑的。我们有理由相信，大多数州的一流大学可以在不严重损害学术水平的前提下，大幅提高代表性不足的少数民族学生的入学率。

第十一章

评估与公共政策

州政府和国家政府的影响力是当前美国高等教育评估运动的主要推动力之一。高等教育逐渐进入政府部门的政策议程,而公共政策利益几乎完全以问责制问题为中心。

当前的高等教育问责制思潮起源于20世纪80年代初,那时联邦教育部发表了备受赞誉的报告《国家在危机中》(*A Nation at Risk*)。尽管关注基础教育是这份重大报告的主要目标,但它引发的是对高等教育的批评浪潮。这些批评有一个共同的主题,即高等教育需要对社会负责。其中有一份特殊的报告,即《时间的成效》(*Time for Results*),这是全国州长协会大学质量工作队的报告(National Governors' Association,1986),它呼吁全国各地的公共机构进一步扩大和加强其评估活动:"公众有权知道税收资源的支出状况;公众有权了解年轻人在公立大学接受的教育的质量"(p.3)。确实,评估是该报告讨论的唯一主题。此外,几年后,各州紧随报告发表的评估活动概要(National Governors' Association,1988)表明,除少数州(大部分为人口较少的州)外,所有州都已开始努力开展针对公共机构的评估活动。认证协会也对公共政策的这一变化做出了回应,六个区域协会都要求对认证成效进行一些系统的评估,以此作为认证条件(Folger and Harris,1989)。

在所有区域协会中,最规范的也许是南部学院及学校协会(Southern Association of Colleges and Schools,SACS),该协会指出:"机构必须明确其预期的教育成果,并描述如何确定这些可观察到的成果的实现。"(Southern Association of Colleges and Schools,1989,p.14)然而,20世纪90年代的预算短缺及"表现指标"(例如毕业率)的日益普及阻止了以学生学习成果为重点的改革浪潮(Zis,Boeke and Ewell,2010)。

今天,我们正在经历一场复兴运动,用学习成果文件体现机构的责任,而这种复兴的源头又是联邦政府。2006年,教育部发布了拼写委员会报告,该报告直接针对公立高等教育。该报告中的许多批评及政策解决方案并不是第一次被提出,其中包括加强学生学习成效评估,完善问责制,将"机构表现"(即学生的学习和毕业)记录作为认证工作的重点。州政府和认证协会再次做出回应,指出当前它们仍应将学习成效的展示作为重点。目前,21个州已经制定了州政策来评估学生的学习成效,还有21个州正计划制定此类政策(Zis,Boeke and Ewell,2010)。在西部高校协会的带领下,认证协会的文档正从要求过程和指标变为要求成效,即学习成效文档(Leaderman,2011)。

评估运动背后一个不能忽视的因素是,高等教育问责制概念正日益普及。更多的、更好的评估也许能使院校对其教育计划的成败承担更多责任。考虑到20世纪80年代以及20世纪后期大多数国家预算紧张，我们很容易得出以下结论：许多州的官员要求加强问责制，他们确实在寻找方法减少高等教育支出。因此，公共机构没有充分问责的论点明显暗示着更充分的问责制将需要国家增加资金储备。

但是，机构本身为国家评估计划奠定了部分基础，也许是评估计划最主要的基础。假设你就是立法者或州决策者，负责为公立大学分配资源。假设你试图说服州政府的同事支持增加高等教育支出。你需要思考如何回答以下问题：大学如何有效利用已经捐赠给他们的资金？学生真正学到了多少知识？学生在学习我们期望他们学习的知识吗？他们正在发展的各种才能是否是本州经济发展所需要的？他们是否在培养公民的价值观和习惯，以成为负责任的、关爱他人的父母、丈夫或妻子和社会成员？学生是否正在发展一种领导才能，以成为卓越而优秀的专业人员、教师、政府官员？未能完成学业计划的学生呢？高等教育能为这些辍学的学生带来什么好处？教育机构是否正在尽力减少辍学问题？我们使用的教学方法是最新的吗？与私人机构或其他州的机构相比，我们的机构效率如何？我们的教师培训计划效果如何？

尽管这些教育（人才发展）问题完全合理，但我们基本无法回答这些问题，因为很少有公共机构直接针对这些问题进行研究。当然，问题在于对学生学习和发展的评估一般是在公立大学进行的，且完全是学生与教师或助教之间的私人事务。立法者和州决策者对此非常了解，因为他们中的大多数人曾是这些机构的学生。在这种情况下，许多州的官员要求更好地阐明教学过程就不足为奇了。由于各州的情况不断变化，各州对当前状态的优秀总结也比较容易获取（Zis, Boeke and Ewell, 2010），我们在此处不再列举或总结各州的举措。相反，我们首先会讨论评估中合理的国家利益可能是什么，然后评价在各州已经尝试过的五个最独特的方法，最后总结一些通过该强有力的工具来改善高等教育的具体建议。

真正的国家利益是什么？

公共高等教育中真正的国家利益是什么？遗憾的是，围绕问责制和资金成效的激烈讨论和争议往往掩盖了国家最根本的利益，即尽可能充分地发展公民的才能。换句话说，在评估或其他问题上制定高等教育政策，真正维护的国家利益是促使机构开发国家人力资源。换句话说，改善学习和促进学生发展应该是底线。可以肯定的是，进行科学研究和为社区服务是国家和机构的其他重要功能，但是正如教与学代表着高等教育机构的最基本、最重要的功能一样，人力资源的发展也代表着最基本的国家利益。

如果国家立法者和政策制定者将人才培养或人力资源开发作为其高等教育系统的核心功能，那么所有国家评估政策都应以增强人才培养功能为目标。真正考验国家评估政策的不是它是否使院校更具责任感，而是它是否有助于增强其高等教育机构的人才培养功能。

关于评估如何促进人才发展的回顾

各州的高等教育评估的方法千差万别，许多计划仍在制定中。形势正在迅速变化，我们在此不会讨论每个州的计划，而是将重点放在已经尝试过的五种不同的方法上，并讨论它们对人才发展过程的可能影响。为了叙述方便，我们可以将这五种方法称为激励资助增值性评估、能力测试、地方控制的强制性评估、挑战性基金和成效基金。

激励资助增值性评估：田纳西州的模型

最激进的一种国家评估计划可能是强制进行某种形式的学生预测试和后测试，并根据学生随时间取得的进步来分配资金。田纳西州是迄今为止唯一尝试过该计划的州。田纳西州的激励基金系统值得我们特别关注，是因为它已经拥有了极大的知名度，并被视为成效基金政策领域的引领者。20世纪80年代，在最初的田纳西州计划中，增值测试只是授予国家激励基金的几个基础之一［有关该计划的详细说明，请参见班塔的研究（Banta，1986）］。我们的目的不是分析田纳西州计划本身，而是评论这种方法。对田纳西州计划如何影响校园感兴趣的读者可查阅班塔的研究成果（Banta，1985）。

以增值评估为基础的激励基金背后的基本思想是激励机构加强其教育计划，以便学生进入机构后能最大限度地成长或学习。预测试和后测试的目的是判断该机构学生的成长是否足以支持机构获得激励基金。通常，学生会在入学时进行预测试，并在完成某些课程或学习计划后进行后测试，然后机构用两次测试之间的变化来估计学生的能力增长或增值情况。尽管此方法具有明显的优势，即帮助机构确定其学生的才能发展程度，但在某些条件下，使用普通工具强制进行此类评估可能不仅对机构及其学生不利，对国家也不利。此时，读者应该已经清楚了，我们坚决支持纵向评估或增值评估，但是我们坚持认为，进行这项评估的条件可以改变任何纵向评估活动的教育目的。

首先，我们从国家视角考虑。基于增值测试的激励基金是否真的可以使公共机构最大限度地促进学生的才能发展？国家通常规定的增值评估的理由是：① 使机构对公众负责；② 确保各种教育计划达到卓越水平或质量得到控制。我们考虑问责制论点。"机构承担更大责任"观点的支持者通常很少讨论引入成效评估后国家应该做些什么。例如，如果一项增值评估计划表明某机构的学生在大学期间写作技能并未大幅提高，那么国家应该怎么做？是否应该通过撤销基金来惩罚该机构的不良表现？撤销基金是否可以解决该问题？如果该机构需要更多基金以给教师更多的时间，以便于他们更频繁地安排和批改学生的书面作业及论文，国家应该怎么办？如果基金被撤销，那么该机构可能会试图缩短学生在一些其他重要领域（例如数学）的学习，以便它可以将更多的教师资源用于写作教学。这种权衡可能可取，也可能不理想，除非机构的评估系统足够全面和完善，能反映学生的写作技能未大幅提高的原因，否则我们可能无法察觉该机构对人才发展的总体影响。

对机构的"良好"表现进行金钱奖励时也会出现类似的问题。如果一个机构由于其写作课程的成功而获得了额外的基金，则该机构可能会试图将更多的资源转移到该课程中，而机构中其他重要的课程会受到损害。

可能有人争辩说，我们可以通过更全面的国家评估计划来避免这种趋势，该计划应涵盖更多知识领域。但是，这个更广泛的计划引发了一个新问题：如何分配每个知识领域的重要程度。此外，仅将奖励制度与学生能力的提高联系在一起，可能会诱使某些机构减少学生的课外活动，从而导致辍学率加剧等其他问题。

当我们考虑写作以外的能力时，采用简单的奖惩制度所带来的困难将变得更加严重（机构大概率有把握对写作样本进行评估）。如果金钱奖励与考查知识掌握情况的某些领域的考试挂钩，那么我们可以确信，大多数机构会首先认真研究考试内容，然后"以考试为目的进行教学"。先前（在第三章和第六章中）我们认为，以考试为目的的教学不一定糟糕，只要该测试包括学生要学习的知识领域的代表性内容。但是，这里的"领域"可能在不同机构中有所不同。也许一个州要求所有高校进行以增值为基础的美国历史考试。在这种测试中，金钱激励与学生的表现挂钩，这很可能会导致不同的高校中教师讲授的历史课程同质化。因此，如果一所大学的历史系有一位教师是研究美国内战的专家，并且如果强制性的州历史考试只粗略涉及美国内战，那么学生将被剥夺学习这位教师所教的美国内战知识的机会。同样，如果该测试是多项选择测试（现实中很可能是这种测试），则历史教学将倾向于过分强调学生对事实的掌握，而对学生的综合能力、创造能力、写作能力及历史批判性思考能力的发展却没有给予足够的重视。

简而言之，看起来简单的奖惩政策可能并不是国家规定的高等教育增值评估的有效方法。国家对法定评估的另一种可能的回应可以被称为"补救方法"。补救方法不是惩罚不良表现，而是为表现较差的机构提供更多资源，因为那些机构的计划更需要加强。因此，补救方法是奖惩方法的一种镜像，因为表现最差的机构将获得更多的资源而不是更少的资源。然而，这种方法导致的问题是显而易见的：机构会倾向于鼓励学生"假装表现差"以获取更多的资源。补救方法会使机构在后测试中表现糟糕，而奖惩方法则会使机构在预测试中表现糟糕。这两种模式似乎都不符合国家利益，即从高等教育体系中获取更多增值或更多得到发展的人才。

我们可以从国家角度来审视这个问题，假设机构在增值评估方面做得很差，学生从预测试到后测试几乎没有改善。假设后来激励基金被国家撤回，这促使我们采取某种补救措施。我们应该采取什么行动？是什么导致了这类问题？哪些地方需要补救？是我们的学校、课程或其他地方有什么问题吗？我们需要改善课堂教学吗？是我们的建议和咨询系统有问题吗？是我们的宿舍或学生活动计划有问题吗？我们无法明确回答这样的问题，也许我们应该采取一种分散突击法，设法解决所有问题。但是，要实施如此大范围的改革，从哪里获取所需的资源，特别是考虑到基金刚被削减？如果我们决定把有限的资源集中在一个潜在的问题领域，我们应该减少哪些其他领域的资源来做到这一点？如何才能确保拿走这些资源不会产生新的问题？简而言之，在成效激励性基金计划下，即使最善意的机构也无法保证能够通过纵向增值评估解决其所发现的问题。

在国家激励基金计划下，拥有较好表现的机构面临着一系列不同的问题。应该保留和加强哪些有效的活动？哪些活动可能需要改进？该机构是否应该稳妥行事，继续按以前的方式运行？它是否应该避免体制改革或创新，以免失去竞争优势？应该避免做实验吗？

这一讨论再次表明，信息增值（输入-成效）本身作用有限。正如我们在第二章所指出的，为了充分利用这些数据，各机构还需要将其与学生教育经历相关的其他数据（如上课模式、居住地和是否参加特殊计划）联系起来。

增值评估（即使是国家规定的评估）本身并没有功能失调。事实上，增值评估加上其他数据作为一种自学习、学生咨询和项目评估的辅助手段，对机构非常有用。当国家将竞争性奖励机制与业绩增长直接挂钩时，问题就出现了。

能力测试

增值方法的一个变体是使用最低能力测试，学生需在测试中获得一定的学分、学位或其他证书。佛罗里达州已经中止的大学水平学术技能测试（College Level Academic Skills Test，CLAST）计划（Ciereszko，1987；Losak，1987）就使用了这种方法。为了确保学生在特定的过渡点具备最低能力，州政府设置了分数，低于该分数的学生没有学位证书，也不允许升学。在最初阶段，大学水平学术技能测试计划设置了最低分数线，低于该分数线的学生不能从二年级升到三年级。在田纳西州，类似的能力测试取代了成效基金政策。该州将机构的大学水平学术技能测试分数（通常是高年级学生样本中的平均分）与前几届高年级学生的分数或同行机构的分数进行比较，以确定资助激励措施。假设这些测试是衡量能力的有效指标，那么这些政策本身就没有缺陷。然而，我们尚不清楚的是，此类测试应如何对这些机构施加影响，各州应如何利用机构成效。就国家政策而言，我们在增值测试方面也遇到了同样的问题：是惩罚还是奖励特定机构。但一个新的缺陷使这一决策问题变得更为复杂：缺乏预测试。没有预测试，招收准备不足的学生的院校在能力测试方面处于劣势地位，招收成绩最好的学生的院校有绝对优势。根据学生在某个过渡点的整体表现（而不是根据增值，即衡量学生在预测试和后测试之间的改善程度）来判断院校表现，会产生机构激励，这种激励往往与人才发展过程背道而驰。在这样的条件下，各院校将不情愿（甚至可能根本不）招收准备不足的学生，并相互推诿，争相招收准备最充分的学生。由于来自代表性不足的少数民族学生和贫困学生在准备不足的学生中所占的比例很小（见第十章相关内容），这一政策最终将严重限制这些在教育上处于不利地位的学生接受教育的机会。

尽管大学水平学术技能测试计划可能是佛罗里达州独有的，但许多州已经将类似的方法应用于专业认证领域。例如，大多数州要求参加教师培训项目的毕业生在获得公立学校的聘用通知之前，必须通过一项认证考试

（最广泛使用的是教育测试服务实践考试）。在大多数州，每个机构的教师培训项目毕业生的考试成绩都受到密切监测，根据学生的通过率来判断不同培训项目的质量。由于没有任何预测试来衡量学生的才能实际提高了多少，这种比较不仅不准确，而且可能会阻碍学校吸收更多代表性不足的少数民族和贫困家庭学生进入教师队伍。

上面的讨论表明，如果各州强制要求将能力考试作为其评估计划的一部分，它们还应强制要求在适当的前一个时间点进行相同或类似考试的预测试。这些预测试有几个用途。首先，它们为衡量能力考试（后测试）附加值提供了基线。以这种方式，可以根据学生入学时的起点来判断一个机构是否成功将学生的能力水平提高到可接受的水平。在这种方法下，学生在入学时就已经处于相对较高水平的机构，其通过率预计将高于学生入学准备不足的机构。至少，准备不足的学生应该有更多的时间达到可接受的能力水平。

能力预测试的第二个重要用途是为学生提供咨询和课程安排。如果学生的预测试成绩表明他们的能力低于期望水平，那么他们不仅需要参与适当的补习或入门课程，还应该被告知可能需要更多的时间和大量的努力来达到最低水平要求。同时，各机构将了解哪些学生最有可能在特定技能领域需要特殊帮助。

能力预测试的第三个重要用途是评审和评估培训项目。从机构的角度来看，这可能是增值能力评估最吸引人的特征之一。在第八章讨论的美国高等教育改进基金会支持的增值项目中，七所院校组成的联盟最终认识到，综合学生数据库是建立有效的课程评估系统的关键。该数据库不仅必须包括认知成长的增值数据，还必须包括学生坚持和完成学业计划的数据、学生对课程各个方面的满意度、人口统计学信息和招生数据、课程成绩，最重要的是要包括学生所在系或专业的环境信息，包括上课方式、居住地、专题活动和课外活动参与情况等。将这些不同的数据联系起来，就有可能评估任何课程、部门、计划或其他环境经验对认知增长、升学率和满意度等成效的影响。

我们对基于学生考试成绩的竞争性国家激励制度的前景和问题考虑越多，这些制度的吸引力就越差。成效基金的主要吸引力在于它能激励各机构收集学生学习方面的、对项目审查和评估具有实质价值的数据。该计划的激励或成效基金只是一种手段、噱头或策略，目的是生成本科生纵向成长和发展数据。鉴于以前各机构不愿系统地评估其学生的受教育情况，成效基金方法似乎是让各机构收集必要数据的一个好办法。但是就像大多数不择手段解决问题的方法一样，目的很少能够证明手段正确。由于前面提到的许多原因，基于实际测试表现的竞争激励制度并不能真正为国家利益服务，因为它们导致的问题比解决的问题多。从长远来看，这样的制度实际上可能会阻碍公立高等教育机构人才培养能力的发展。

这一结论并非意味着我们反对进行国家级评估，也并非暗示国家不应采用激励措施让机构进行更多更好的评估。目前的问题是，激励措施是否应与学生在特定考试中的表现挂钩，或者是否应用来鼓励各机构进行更好的评估，并将评估成效用于项目审查和评估。

地方控制的强制性评估

也许目前各州最流行的高等教育评估做法是要求所有公共机构都使用某种形式的评估，但使用哪种评估以及如何使用评估成效将由各机构决定。目前有 21 个州采用这种办法。尽管有可能强制规定评估的形式（例如预测试和后测试），但大多数州迄今只规定使用某种成效评估。

这种方法的主要好处似乎是，首先，机构必须对学生的出勤情况进行某种形式的系统评估，其次，对评估工具的选择和使用的控制权掌握在教师手中。这一方法明显的缺点是：① 各机构有可能使用成效模型或输入-成效模型，但这些模型存在局限和问题（参见第二章相关内容）；② 不同机构收集的数据之间没有可比性。由于数据缺乏可比性，各机构难以分享或交流各自的评估活动成效。

华盛顿州实施地方强制的评估制度，由此产生的普遍令人不满意的成效，应该值得正在考虑采取类似做法的其他州仔细思考。项目在开始时令人印象深刻。1987 年底，华盛顿州的高等教育协调委员会（Higher Education Coordinating Board，HECB）建议该州的公共机构制定一个全州成效评估计划，在全州评估和严格意义上的地方评估之间取得平衡，以促进机构进步。高等教育协调委员会还指出，尽管成效评估体系包括学生满意度调查问卷、校友调查、员工调查和当地开发的认知测试，"但一个机构评估体系的重要方面是确定一项全国性的计算、沟通测试，以及批判性思维能力……来比较华盛顿大学与同类大学的表现"（Higher Education Coordinating Board，1987，p.26-27）。

在随后执行高等教育协调委员会的建议时，人们的兴趣主要集中在国家标准化测试上。两年制和四年制机构的任务组检验了各种现成的工具，并决定在全州范围内测试 1300 名学生，来测试其中的三种工具，并让 100

多名教师采用其缩略版本进行测试，以检查这些工具的内容是否适当，最终检验它们对课程的改进以及学生建议的价值。他们没有使用预测试。

高等教育协调委员会的结论是，这些测试"几乎没有可靠的新信息"，"测试分数无法体现大学经历的具体方面"，测试内容未能与"课程内容充分匹配"（Daley，1989，p. iv）。简而言之，他们拒绝使用普通评估工具，因为其成本高，价值低。报告"重申了评估活动的价值"，同时得出结论，即"制定有意义的评估指标既困难又耗时"（Daley，1989，p.4）。

华盛顿州的经验为我们提供了发展州评估计划的警示。已发表的文件表明，该计划在早期概念阶段和执行过程中出现了几个重大错误。

- 过分强调寻找可使机构进行比较的国家标准化工具。机构会认为这种做法具有威胁性，尤其是当它们觉得自己在比较中可能会受到影响时。
- 过于忽视发展"本土"工具，将使教师有更多的机会拥有对结果的所有权。
- 最初使用现有的商用工具的承诺确保了教师继续扮演外部批评者的角色，而不是承担去寻找或开发令人满意的工具的责任。
- 不必对任何学生进行测试，就可以得出关于测试内容适当性的结论。
- 由于未能获得纵向（预测试和后测试）数据，高等教育协调委员会几乎无法确定考试分数是否确实"准确反映了大学经历的特定方面"。高等教育协调委员会能够就这些问题得出（报告对此没有清晰的呈现）的明确（或否定）结论，表明一些环境数据，如学习时间和获得的学分，与测试成绩直接相关。然而，由于没有对大学入学预测试成绩水平进行控制，高等教育协调委员会根本无法解释环境数据与考试成绩之间简单的相关性（见第二章相关内容）。

挑战性基金

一些最有趣和最具创新性的评估活动是通过挑战性基金进行的。设立挑战性基金的目的是鼓励各机构提出创新性评估活动，资金由挑战性基金提供，以发挥机构的创造力和活力。新泽西州的肯恩学院也许是与挑战性基金潜在优势相关的最好例子，该学院在1986年获得了新泽西州350万美元的挑战性基金。正是由于基金的作用和最高管理层的领导，肯恩学院启动了目前运行最全面、最复杂的一项成效评估系统。对基金影响的初步评估（Kean College，1988；Ross and Weiss，1989a）表明，肯恩学院的评估计划对学院的通识教育计划和每个学术部门几乎都有着有益的影响。遗憾的是，在这个例子中，还有另一个值得我们注意的地方，用完挑战性基金后，预算困难导致肯恩学院在 20 世纪 90 年代大幅减少评估项目。

成效基金

最新的成效基金就是基于结果的基金。这些举措背后的理念是，以招生为基础的资助对激励院校提高学生成绩没有多大作用，成效基金将结果与按时完成科研任务、授予学位、学生毕业率，以及国家研究基金获取情况（仅适用于研究型大学）关联起来。田纳西州、华盛顿州、印第安纳州和俄亥俄州正在推进此类计划，还有一些州正在规划类似的评估计划（Harnisch，2011）。正如这类方案的名称所暗示的那样，它们的特点是依赖成效指标来建立机构有效性，并且很可能无法提供任何有用的信息来使机构在具体领域做出改进。

信任的重要性

除非机构和州之间能够建立起相互信任，否则任何州激励计划都不可能有效运作。州立法者和其他官员需要认识到，机构在回应外部授权的评估计划时都会表现出防御和怀疑，这些都是合理的担忧。教师和行政人员则需要认识到，大多数州政府官员真正关心的是提高教育项目的质量，改善教育项目的效果。这样的人才发展目标才能增进和改善教育体验，使州政府和机构能够围绕这一核心共同努力，相互建立信任感。州政府没有理由不鼓励机构开发我们在第八章所说的那种数据库。一个全面的纵向学生数据库在实现这种相互信任和理解方面发挥了关键作用。认真使用这种数据库有助于机构确定那些最有效和最需要改进的教育项目。这种数据库还有助于我们了解加强和改进项目的努力是否最终有效。

我们深信，最佳的成效基金计划会激励和奖励好的实践。因为我们已经知道什么是高等教育中好的实践（Chickering and Gamson，1989），任何州激励制度都应该鼓励机构采取这种实践：建立一个全面的数据库[20]，进行更多更好的人才发展评估（并将评估成效用于项目规划和审查），加强师生交流，通过使用更积极的学习模式来提高学生的参与度。

合作：一种具有吸引力的替代方案

大多数成效基金评价体系造成的困境之一，是各机构之间产生了竞争。因为我们通常在国家资源问题上玩的是零和博弈，一个机构的成功实际上消耗了其他机构可用的资源。某大学的失败与其他大学有关。

据我们所知，一种还没有被任何州政府纳入考虑范围的方式是基于成效的合作基金制度，其中的资金激励是以整个系统的总体成效为基础的。在这样一种合作模式下，由于任何一个机构的成功都为所有其他机构带来共享的资源，各机构优化自身表现的动力都被最大化。值得关注的问题是：在这样一种合作激励制度下，同一州内各机构之间的关系可能会发生怎样的变化？

合作激励制度可以用来解决各种教育问题。例如，在加利福尼亚州，学生从社区学院转入四年制大学的概率很低。如果各州建立一个计划，同时奖励两年制和四年制院校，以提高社区大学学生转学并成功获得学士学位的比例，成效会怎样？奖励的数额可以与学生增加的数量挂钩。在这种计划下，州内所有的公共机构都会有强大的动力来促成学生转学，并相互分享信息以更好地完成这项工作。由于所有机构都将平等分享奖励，表现较差的机构将面临来自同类机构的压力，被迫改善其表现，而这些同行也会有同样强大的动机帮助它们改善表现。

我们可以建立一种类似的制度，以提高机构在校率。在许多州，州立学院和大学的辍学率很高（Astin，Green and Korn，1987b）。在这种制度下，所有学院都可以加入一个合作计划，其中各种经济奖励将具体用于在校率的提高。因此，每一个机构都在提高在校率方面负有责任。建立在合作、系统基础上的成效基金可用于改善其他成效，如代表性不足的少数族裔学生的入学和留校，或关键专业（如师范、护理、社会工作）的招生和计划完成。

合作性安排也可以用来解决与以测试表现为目的的激励系统相关的一些问题。机构可能首先确认它们是否能就某一领域的普通评估方法达成一致，比如写作或数学方面的基本技能。该系统中所有学生的当前表现水平可以作为国家奖励基金计划的基础，而财务奖励则与将来的改进挂钩。

考试资助计划也可能与专业认证考试（如学校教学、会计、护理）或一些广泛使用的研究生或专业学校入学考试（如美国研究生入学考试、医学院入学考试、法学院入学考试等）挂钩。由于所有渴望获得专业认证、毕业或进入专业学校的本科生都有能力在此类重要的考试中表现出色，各州和各院校都有可能证明奖励制度合理，该制度使得各州和各院校能够设法改善学生在这些考试中的表现。在这些考试中对新生进行预测试将是决定如何使预测试和后测试之间的增长最大化最重要的一步，也是第一步。同样，一个合作制度将为不同的机构提供最大的激励，使它们能够集中利用自己的专业知识来实现这种改进。当然，根本策略是鼓励系统内的所有机构汇集他们的技能、专业知识和资源，以促进学生的发展、学习和成功。

总　　结

在本章中，我们从州和机构的角度讨论了各州的评估措施的利弊。似乎可以得出以下结论。

- 国家的根本利益，不只是让机构更加负责，还包括想方设法帮助机构尽可能有效、高效地完成人才培养任务。
- 成效基金不应仅以奖惩成效的好坏为目的。相反，成效基金应该以提高整个公共系统的教育效率为目的。
- 最简单（且不公平）的制度是只奖励机构在某个时间节点的能力。这种制度最不可能真正改善教育效果，也最有可能歧视成绩不好的学生。
- 增值（人才培养）系统在各机构间更为公平，因为它们需要初始评估（预测试）和能力评估（后测试）。
- 如果将增值评估与课程设置模式、特殊项目参与情况、学习习惯、课外活动参与情况等环境信息联系起来，我们就可以大幅提高增值评估对项目的改进作用。
- 过多地关注国家标准化考试和机构间的比较可能会减少教师对评估结果的所有权，增强教师对评估施加的阻力。
- 一个潜在的强大的国家工具是挑战性基金。迄今为止，挑战性基金的相关应用表明，它们可以被用来鼓励各机构采取各种改革措施，包括采用全面评估计划。
- 合作成效制度鼓励各机构共同努力，交流经验和专业知识。与促使机构相互竞争的竞争制度相比，合作成效制度更有可能产生积极成效。在合作成效制度下，所有机构平等地分享奖励。

- 有一个好方法可以启动合作激励制度,即将基金奖励与院校在转学率、在校率、专业认证考试和研究生院及专业学校入学考试成绩等方面的改进挂钩。

第十二章　评估的未来

自本书第一版出版以来，美国的高等教育评估运动经历了一个由盛到衰的过程，目前，其已成为美国重大政策改革问题。尽管在过去 20 年中，高等教育评估运动的重要性发生了变化，评估方案和实践的方法也发生了变化，但我们比以往任何时候都更加确信的一点是，我们在第一版中得出的结论仍然有意义。这些结论是：

- 评估问题是我们在高等教育中一切活动的基础，这些活动包括招生、教学、指导、评分、资格认证、发放奖学金、教师招聘和晋升、师生评价、校园治理、教学管理、学位授予和基金筹备。
- 我们在高等教育中的许多最严重的问题，从根本上说，是我们选择评估什么（或不评估什么）、选择如何评估，或如何处理由此产生的信息等问题。
- 评估是改进高等教育政策和实践的一个潜在的强大的工具，但其已经被严重滥用、误解，也未被充分利用。

在本章中，我们将首先总结我们在前几章提出的主要论点，然后讨论美国高等教育评估实践的一些可能的前景。

主 要 论 点

本书有两个基本前提：一是机构的评估实践是其价值观的反映（评估的"现状"）；二是评估实践应该进一步实现高等教育机构的基本目标和宗旨（评估的"发展目标"）。

尽管不同类型的机构可能会强调某些不同的目标和宗旨，但所有机构都致力于教学和促进学生的学习与发展。我们将其称为教育机构的人才培养使命。

我们目前的评估实践中存在的问题，可以从高等教育的卓越理念中得到最好的解释。尽管大多数机构声称致力于追求卓越的教育（即致力于完成培养人才的使命），但机构以卓越的名义实际从事的工作似乎反映了另外两个不同的概念：声誉卓越观和资源卓越观。就声誉卓越观来看，机构的卓越是根据其所在机构等级或排名来定义的。在资源卓越观下，卓越等同于入学学生的学术准备水平、教师的学术知名度、学校的设施。

大多数机构的评估实践是不充分的，因为它们主要将其用于提升资源卓越观和声誉卓越观，而不是人才发展卓越观。因此，招生办公室需要招收最优秀或最出色的学生群体，课堂考试和评分主要用于"认证"学生以授予他们学分和学位，而各种形式的能力测试更多地是为了实现对学生的质量控制，而不是为了完成教育使命。评估学生的唯一常用形式，主要是为促进人才发展而设计的，即分级测试。

如果机构希望优化他们的评估实践，以更专注于其培养人才的使命，他们必须更多地将评估视为一种反馈形式，让师生了解学生的进步和教学的成效。这种评估观点经常要求使用重复（纵向）评估，以便评估学生的成长或变化。

传统的教师评估程序受到了与学生评估实践相同的限制。因此，当前对教师进行评估的目的是确认教师的聘用、终身任职和晋升，而不是提高他们的科研和教学技能。这一规律的主要例外是，一些院校在实际决定某位教师能否终身任职之前的几年就开始进行终身教师职前审查。

在评估中，基本上有两种方法可用于促进人才发展：一是直接将评估结果反馈给学习者，二是间接告知实践者各种教育实践的有效性。本书的大部分内容都是讨论后一种评估方法的使用，其中第九章专门讨论了这个问题。

I-E-O 模型

如何使用评估来告知或启发实践者？像大多数其他专业人士一样，教育者为他们所服务的"客户"做事，大多是为了维护"客户"的利益。教育者所做的事涉及一系列令人难以置信的行动和程序，如教学、建议、指导；制定课程计划；雇用和促进教师晋升；录取、测试学生，并为学生评分；制订规则和要求；营造校园环境。每一件事都涉及在不同行动方案中进行选择：教什么、如何教、聘用谁。我们对评估的基本看法是，评估应主要作为教育决策的辅助手段，提供关于替代行动方案可能产生的影响的信息。由于本书中所描述的原因，使用评估达到这一目标的首选方法是应用 I-E-O 模型。成效指的是学校影响或试图影响学生的特征，输入指的是学生初次进入学校时的特征，环境指的是各种各样的"事物"——学校项目、实践，以及学校旨在达到预期目标的政策。然而，由于成效总是在一定程度上受到输入的影响，在我们试图评估环境特征的影响之前，控制输入的影响是很重要的。I-E-O 模型的重点是环境对成效的可能影响。环境是尤其重要的，因为它包括学生经验中可以直接控制的方面。应用该模型的最终目的是更好地学习如何构建教育环境，从而最大限度地培养人才。

大多数评估活动和大部分通过教育"评价"的活动都忽略了I-E-O模型的一个或多个组件。基于不完全模型的评估和评价研究成效做出的教育决策，迫使实践者做出一些通常难以证明真伪的假设。

评估成效

在任何评估项目中，最重要的任务是确定相关的学生成绩，并选择评估方法。由于成效无法得到实证验证，教育成效的定义和衡量必然会基于价值判断。哪些成效最合适将取决于相关方面（教师、院系、学科、专业、雇主、认证人、国家机构、家长和学生）的价值观。价值观不仅影响我们对评估内容的选择，而且会影响我们对评估方式的选择。考虑到对高等教育感兴趣的人的不同观点，以及大多数教育项目的多种目标，任何评估项目都必须使用多种成效测量，至少要反映其中一些不同的价值观。在这里，我们再次遇到当代评估实践中的另一个主要限制：大多数机构主要依赖数量有限的相对狭义的成效（例如平均绩点）。

当代关于评估的讨论经常误用"成效"一词，以暗示"所衡量的是学生所学的知识"。鉴于输入对成效有重大影响，在这种情况下，我们很少有理由来证明这一假设。相比之下，I-E-O模型使用的"成效"一词，简单来说指对接触教育环境后的人才发展水平的衡量。输入和环境变量对这些成效的相对影响尚需通过I-E-O模型的应用来确定。

考虑到在大多数评估项目中需要多种成效度量，使用某种形式的成效分类法来开发一组适当的度量标准很重要。我们首选的分类法基于三个维度：成效类型（认知与情感），使用的度量类型（心理或行为）以及输入与成效评估之间的时间间隔（参阅第三章相关内容）。

尽管有现成的标准化多项选择测试，并且很容易评分，但大多数评估项目对此类考试的严重或完全依赖还是值得怀疑的。因为这些考试通常都是按标准评分的，鼓励大多数学生把自己好的方面看作平庸的，把坏的方面看作失败的。除此之外，标准评分的测试通常不足以衡量人才的发展或成长，因为它们几乎不能告诉我们学生学习或表现的绝对水平。也许最重要的是，多项选择测试似乎并不适合评估高等教育计划的许多重要成果。

输入评估

I-E-O模型要求度量输入，主要是因为输入与成效和环境有关。也就是说，成效在某种程度上取决于输入，不同的环境（项目、实践）吸引着不同类型的学生。在这种情况下，任何人们观察到的教育环境与教育成果很可能反映了输入的成效，而不是环境对成效的真实影响。因此，在评估环境对成效的影响之前，最重要的是控制输入的影响。理想情况下，任何一组输入评估都应包括对重要成效的预测试，以便我们稍后进行调查。当预测试不可用或不适合时，成效度量中的自我预测是一个很好的替代方法。除了在 I-E-O 模型中使用输入度量，在学生招生、教师招聘、课程评估、项目评估以及公共信息等方面，输入度量都具有潜在的价值。

环境评估

环境包括在教育项目实施的过程中可能在学生身上发生的一切，这些都可能会影响我们正在考虑的成效。尽管环境度量在教育评估中具有明显的重要性，但它却是评估活动中被严重忽视的领域。即使研究人员可以获得良好的输入和成效信息，但是如果没有环境信息，成效的价值将是有限的。因为我们无法解释为什么有些学生的实际成效会偏离基于他们的输入特征的预期成效。

环境评估存在许多技术和方法上的困难。其中之一是定义相关观察单位的问题。因此，环境评估可以衡量整个机构或机构内的特定学校或学院、特定专业，或学生的生活、所修课程、课外活动的参与情况，以及与学生接触的教师、辅导员、管理人员和与学生交往的同伴。大多数商业化的教育环境评估工具用途有限，因为它们主要用于评估整个机构的环境，而不是该机构内个别学生的环境经历。

数据库

希望进行基于 I-E-O 模型的评估活动的机构都需要开发一个全面的纵向学生数据库，其中包括每个学生的输入、环境和成效信息。最有效的方法是按同期群设计此类数据文件，每个同期群代表新进入的学生群体。但是，很少有机构拥有这样的数据库，这进一步反映出传统的评估活动并非真正旨在加强人才培养过程。缺乏一个足够全面的综合学生数据库，可能是任何希望利用评估来促进人才发展的机构所面临的最大障碍。

机构可以使用许多商业化的工具和调查程序来收集评估数据，甚至提供技术援助。然而，这些资源很少被用于在 I-E-O 模型下评估人才发展，并且分析师被提醒要尽可能适当地使用它们。

尽管理想的数据库将包括目前由校园内各行政单位（招生、注册、资助、学生事务、校友办公室）收集的所有相关信息，以及其他特别设计的评估需求，但重要的是要着眼于一个可立即投入使用的合适的数据库，其他数据元素可以随后添加。建议将这一初步数据库设想为一个"保留文件"，其中包含来自招生和注册办公室的基本数据，并在可能的情况下增加对在校学生对其教育经历的看法的调查。该"保留文件"可以在相对较短的时间内产生可用的成效。它也可以充当核心，我们可以围绕该核心开发更全面的数据文件。

评估数据的分析

无论数据库是多么全面和复杂，如果没有使用正确的分析方法，或者成效分析使用不当，其对人才发展过程都没有什么用处。事实上，现代人多数关于成效评估的论文很少提到实际的分析方法。

可以通过两种不同的方式对评估数据进行分析。描述性分析仅用于描述某些输入、环境或成效度量（或一组度量）的当前状况，而因果分析则专门用于估计不同环境对学生成果的比较性影响。两种最常用的评估数据分析技术是交叉表分析和相关性分析。交叉表对于描述性分析很有用，尽管在某些条件下交叉表也可以用于因果分析。相关性分析和回归分析特别适合进行评估数据的因果分析，因为它们使研究人员可以同时控制大量可能有偏差的输入变量。更高级的统计技术也可以用于因果分析，前提是 I-E-O 模型的基本功能已实现。

我们在第六章提供了应用交叉表和相关性分析的实际案例，在附录中为负责分析评估数据或希望更深入地了解评估数据的统计和技术方面问题的读者提供了更多信息。

评估成效的使用

如果一种评估程序是基于某种用户如何将评估成效转化为行动的理论，那么它将是最有效的。我们发现，采用表演艺术理论是有用的，其中教职工将评估成效用作反馈，以加深他们对最有可能促进人才发展的教育实践的理解。就像艺术家、舞者和音乐家依靠感官反馈来完善自己的技艺一样，教师和管理人员也需要反馈以发展他们在教学、指导、计划和决策方面的技能。评估的主要作用是提高教师可获得的反馈的质量和数量，以帮助他们提高效率。更具体地说，应将评估的反馈设计为阐明不同教育政策和实践与各种学生成效之间的因果关系。

如果评估成效是为特定受众（教师、管理人员、学生事务人员等）设计的，评估成效将产生最大的影响。还应该考虑避免使人们产生"那又如何？"型反应以及教师们面临需要更改的数据时为应对各种学术游戏而参与到游戏中。只要有可能，我们就应努力鼓励所有有关人员尝试分析评估数据，以此作为探索各种替代想法和可能性的一种手段。

作为直接反馈的评估

本书的大部分内容都致力于讨论如何通过启发实践者了解不同行动方案可能产生的后果，即利用评估来促进人才发展过程。但是，当评估被用作对学习者的直接反馈时，评估也可以更直接地促进人才发展。评估作为直接反馈的方式，至少有两种理论：一种是"胡萝卜加大棒"理论，即评估是对学习者的激励；另一种是反馈理论，即评估提供了在学习过程中对被评估者有用的信息。尽管所有评估活动既可以作为激励，也可以作为反馈的来源，但当评估还用于评价被评估人的表现，以进行学生评分、授予学分、教师招聘或晋升时，反馈的潜在价值可能会受到损害。

我们可以应用几个原则来确保评估带来的直接反馈可以最大限度地造福学习者。首先，教师和学生都应致力于实现提高人才发展水平和学生满意度的共同目标，而评估和反馈程序应与这些目标直接相关。反馈应该是多维的（反映学习成果的多维性质），并且应该包括有关学习者如何完成任务的过程数据。反馈应该在最佳时机进行，并且应该鼓励学习者自己产生反馈。最后，反馈应被视为一个持续的、反复的过程（而不是在单一时间点进行的一次性活动），尤其是机构，应认识到评估活动在教师职务说明和人事审查过程中的重要性。在利用直接反馈促进教师和管理者的才能发展方面，这些原则中的大多数都可以同样有效地得到应用。

评估与公平

在美国高等教育中，公平与卓越之间的冲突备受争议，部分原因在于我们持续依赖声誉卓越观和资源卓越观。一方面，这些传统观点鼓励我们将高中阶段成绩好、标准化招生考试分数高的学生视为提高学校声誉的重要资源；另一方面，成绩较差的学生则被视为有损学校卓越的累赘。对传统的声誉卓越观和资源卓越观的依赖，导致我们采用与增加教育机会和增强教育公平目标直接冲突的评估方法。此外，在高中阶段经常使用这种参考标准的评估，将会阻止许多学生在高中之后继续接受教育。换言之，在招生过程中继续依赖高中成绩和标准化入学考试分数，这对代表性不足的群体获得更大程度的教育公平形成了严重阻碍。这不仅是因为它在招生过程中造成了阻碍，而且还因为它在高中期间对学生的志向有负面影响。

就人才发展卓越观来看，入学学生的表现水平不那么重要，因为该机构的卓越水平主要取决于该机构如何有效地培养学生的才能。同时，坚持人才发展卓越观会驱使评估实践更多地侧重于学生表现的变化或改进，而不仅仅是在某个时间点学生的相对表现。

那些反对采用更灵活的录取标准或反对使用侧重于人才培养的评估的人坚持两种传统论点。第一个论点是，降低入学标准必然会降低学术标准。第二个论点是，这些评估程序可以预测学生在大学期间的成绩，因此在招生中使用标准化入学考试分数和高中阶段的成绩作为依据是合理的。我们仔细审视这些论点（参阅第十章相关内容）后可以发现，它们都存在根本性缺陷。事实上，基于人才发展卓越观的人才培养模式似乎才是最可靠的方法，它不仅可以增加教育机会，增强教育公平，而且可以使学生和机构保持最高的学术水平。

评估与公共政策

许多州已经在高等教育中实施了雄心勃勃的评估项目，以鼓励公共机构承担更大的责任。从人才发展的角度来看，问责是达到更有效教育目的的手段，而不是目的。换句话说，国家的基本利益并不一定是使机构承担更多责任，而是想方设法帮助它们尽可能有效地履行其人才发展使命。

不同州尝试了多种方法来评估高等教育，包括成效基金、能力测试、挑战性基金，以及最近的基于结果的基金资助。大多数基于成效的资助方法在许多重要方面都存在缺陷。一个特别有希望但人们未尝试的方法是，将激励资助与整个系统的表现改进联系起来。因此，激励资助可用于整个系统的措施的全面改进，例如转学率和在校率，以及增加代表性不足群体的学生的入学人数，激励资助可由系统内所有机构平等分享。在这种安排下，各机构将有最大的动力相互协同合作。

能力测试是对"质量控制"的一种尝试，可以在各个过渡点（例如从大二到大三）进行。如果同样的能力能够在以前的某个时间点被预先测试过，那么这种评估的教育价值便可以大幅度提高，这种评估方法能提供在一段时间内学生的才能发生了多少改进或改变的信息。由于尚未有任何州尝试以这种方式进行能力测试，其教育价值尚不明确。

挑战性基金可能是最有前景的在各州使用的评估方法。一些州的经验表明，可以鼓励机构制订复杂的评估方案，并针对挑战性基金资助进行其他重大机构改革。但是，评估改革的可持续性超出了此类基金的有效期，需要机构或州一级政府做出财政承诺。

基于成果的基金资助将院校从以招生为基础的拨款转向基于按时完成学业、授予学位和毕业率的预算，但是作为成效评估程序，它们不太可能促进公共机构的人才培养。

回　　顾

在讨论未来评估可能发生（或应该发生什么）之前，我们需要先简要回顾一下高等教育评估的一些历史，这样做是有益的。我们只有了解过去，才能更容易地规划未来。

在这本书中，我们一再建议，如果我们少做一些精英评估（为了排名、筛选和认证），多做一些旨在使被评估者受益的评估（即向学习者提供反馈并启发相关院校），高等教育评估实践将更有效地服务于人才培养这一使命。考虑到精英评估的悠久历史，转换我们的评估方式将不是一件容易的事。

第一次使用评估的可能是中国的科举考试，它可以追溯到公元前2200年（Dubois，1970）。没有西方流行的贵族世袭传统来确定政府官员，当时的中国政府需要采用精英制程序来确定最能干的人。因此，科举考试被用来选拔新的官员，每三年重新评估现任官员的能力。尽管美国高等教育中最早使用评估的方式也主要是基于精英主义，但似乎许多所谓的当代评估理念几乎和美国教育本身一样古老。在17和18世纪的早期殖民地学校中，评估被用于实现多种多样的功能，例如确认某人的高级地位、授予荣誉、进行质量控制、设置入学要求、制定课程计划、授予学位、在学校之间转学以及处理公众关系（Smallwood，1935）。但是，大多数早期考试都是通过辩论或演说方式来完成的，直到19世纪，印刷技术变得更加高效，才引入了笔试。

成效评估领域的先驱机构之一是曼荷莲学院。在19世纪早期，曼荷莲学院宣称"不应该依据学生所花的时间来评估他们的学业进步情况，而应当依据他们在考试中的成绩来对他们进行评价"（Smallwood，1935，p.24）。一些教育工作者也认识到利用考试来促进人才发展的可能性。1841年，哈佛大学的昆西校长指出，考试可以作为"对学生的刺激"（Smallwood，1935，p.26）。同样，1817年，威廉玛丽学院确定了4个"班"的毕业生，他们使用的术语听起来非常像"人才培养"或"增值"："这些班上的第一名取得了最令人赞叹的进步"，"（第四个班的学生）几乎什么都没学到，我们认为是因为他们喜欢逃避，比较懒惰"。这些对威廉玛丽学院个别学生的评估听起来也有点像叙述性评价："（这个学生）已经取得了一些进步，但他肯定没有原来那么专心。"

然而，大约在同一时间，出现了一些现在看来很常见的反对评估的意见。因此，1848年，哈佛大学校长埃弗雷特提出："这些考试的好处是否与考试所带来的不便、劳动和费用呈正比，这一点值得怀疑。"（Smallwood，1935，p.29）学者斯莫伍德指出，教师们普遍厌恶填鸭式教学，把它归咎于笔试。同样，1857年，哈佛大学校长反对"主考者的思想和考试人员的思想之间缺乏必要的个人交流"（Smallwood，1935，p.39）。这听起来有点耳熟？

智力测试的出现，特别是大规模测试技术的引入，对20世纪高等教育评估的精英主义观点产生了极大的影响。重要的是，我们要认识到，智力测试最初是作为一种筛选人才的手段而引入的。对于法国人阿尔弗雷德·比奈开发的单独实施的测试而言，其目的是确定那些无法应对常规学校课程、需要特殊教育和辅导的孩子。虽然严格地说，智商分数并不是一个规范的衡量标准，但它促使人们使用带有强烈精英色彩的规范术语：天才、高人、呆板、正常、低能，等等。这种形式的评估需要每个考生都有一名考官，因而过于昂贵，无法大规模使用。尽管如此，这些单独考核人才的智力测验还是当今使用的小组管理测验的模型。

第一次世界大战期间，军方最初进行了大规模的集体测试，以筛选出文盲和"精神上有缺陷"的新兵，并确定能接受军官培训的候选人。同样，这种小组测试的应用基本上是精英性质的：它旨在通过识别"最佳"和"最差"的候选人来进行人才筛选。在两次世界大战期间，精英主义的群体测试观点继续受到人们的欢迎。但在第二次世界大战结束后，由于申请者的大量涌入，许多大学不得不建立筛选程序，可以以相对较低的成本大规模应用这些程序。标准分数提供了一种简单且看似公平的方法来识别"最佳"学生。正如我们在第一章和第十章中已经讨论过的那样，这种精英评估的观点已被大学自身的竞争力所强化，因为它们试图通过招募"能力强"的学生来积累资源并提高声誉。

在20世纪50年代和60年代，这种精英管理的取向在国际上的竞争力得到了加强：第一枚苏联人造卫星的发射使许多美国人相信美国已经落后了，因为美国一些最聪明的学生没有上大学。这一想法的一个表现是国家优秀学生奖学金委员会每年对近 100 万名学生进行测试，以确定 1500 名左右最高分数的学生，然后向他们颁发奖学金，以确保他们的大学入学率。当然，大学在寻求优秀学者方面的竞争已经变得越来越激烈，并且学生团体中的学者人数被广泛认为是学术卓越的标志。高中之间也展开了类似的竞争，以了解哪些学校可以培养出最多优秀的学者。

上述简短的历史考察表明，我们对高等教育精英导向评估的偏好由来已久，它是我们进行智力测试的自然产物。美国高等教育或许已经不经意间采用了同样的精英管理方法进行评估，即我们测试的目的不是加强学习过程，而是为了选拔、筛选和认证并确定最好、中等和最差的学生。尽管对企业或军方而言，采用精英制评估方法是可行的，但其目的是剔除能力最弱的人，并找出最能胜任某岗位的人。在教育环境里，领导职位的意义要小得多。在这种情况下，目标不是发掘人才，而是培养人才。

许多年前，阿斯丁用纯种赛马领域的类比说明了发掘人才和培养人才之间的区别（Astin，1969）。一方面，如果我们可以将纯种马视为学生，那么典型的机构将像赌马者一样运作：它试图挑选最有希望的候选人作为赌注。通过挑选优胜者，机构可以获得资源和声誉。另一方面，从人才发展的角度来看，该机构将更多地扮演训马师的角色：帮助马匹跑得又快又好。从这种角度来看，评估不仅可以用来挑选最有可能赢得比赛的马匹，而且可以用来提高马匹的表现水平。

未来管理

虽然我们坐下来并预测在不久的将来在评估方面会发生什么是一种有趣的智力练习，但我们尽量不去做这种预测。我们更希望看到我们每个人都积极参与塑造自己的未来，尤其是那些在高等教育机构工作的人。我们在工作和生活中许多重要的领域都享有极大的自主权，这意味着我们确实有条件制定任何我们想要的评估程序。真正的问题是我们是否有意志和能力做到这一点。

我们坚信，美国高等教育未来的评估过程将主要取决于我们这些机构如何应对评估运动的挑战，而不是取决于联邦和州的立法者和决策者。尽管我们越来越依赖政府的支持和政策，但我们仍然对大多数真正重要的事情拥有自主权：我们录取谁和录取他们的依据是什么；我们如何把学生安置在不同的学习课程中；我们教什么和如何教学；我们如何评估和认证我们的学生；我们雇用谁，奖励和提升他们的依据是什么，以及我们如何在内部运作我们的机构。即使我们发现自己是在国家的授权下进行成效评估或增值测试，我们大多数人仍然有权决定我们测试什么以及如何测试。在许多方面，我们尝试克服在评估实践中遇到的困难，部分源于我们对改变教育政策和实践的抵制（Astin，1985a）。我们不愿意改变评估方法，但尤其具有讽刺意味的是，我们通常用来抵制任何此类改革的论点似乎与自己由来已久的做法不符！

当阿斯丁有机会与一位口齿伶俐、机智的人文主义者就整个评估运动进行辩论时，这种矛盾就显得非常清楚。这位人文主义者是加州州立大学一个校区的高级管理人员。在辩论中，人义主义管理者假定了评估怀疑论者的作用，并引用了系统评估的一贯目标：首先，一个甚至几个测试分数根本不能准确反映通识教育的多样性；其次，多项选择测试不是评估许多重要的学生成绩的适当方法；再次，典型的标准化测验不能说明关于学习过程的很多信息，因为它通常只产生标准化信息，显示学生在某一特定时间点的表现；最后，使用成效评估是对课程的严重威胁，因为它不可避免地迫使我们采用"应试教学"。

尽管这些针对成效评估标准的批评有可取之处，但它们在此处却具有很大程度的讽刺意味，即对于管理人员和他的同事们来说，这些相同的批评可以用相等甚至合理的理由去批评他们在全部职业生涯中一直使用的相同的评估程序。当然，这些程序也是学院大多数人一直在使用的程序。我们不妨看看我们的本科院校、研究生院和专业学校的招生程序：我们严重依赖全国性的常规性、标准化、多项选择测试，这些考试只能产生一个或三个或最多四个分数。这样的制度是在鼓励学生为考试而学习，除了选修课档考试和律师考试之外，教师显然是在为应对考试而教学。那我们的课堂评估程序又如何呢？因为学生的总体成绩通常是根据期末考试成绩来评定的，所以我们建立了一种激励机制，这当然会鼓励学生为应对考试而学习。而字母评级本身是一种相对的或比较性的衡量标准，它将学习过程的丰富性和多样性简化为一个单一的字母。这里的观点其实很简单：我们在高等教育中的传统的评估做法很容易受到我们用来抵制外部压力（"更负责任"）或进行更好的成效评估的相同论点的影响。

美国的大多数机构迟早都将不得不以另一种形式来应对评估问题。鉴于来自地区认证机构和州政府的压力越来越大，机构继续忽视或希望压力消失的做法越来越不现实。更不用说越来越多的管理人员和教职工提出了越来越多的内部倡议，他们认为评估是自学和改革的有力工具。真正的问题是每个机构将采取何种形式的回应。

如何开始

任何一个州或独立机构想要引入一个系统的学生评估项目，都需要从某处着手。我们已经提出了一些关键的首要步骤：对学校的使命和目标有一个清晰的认识；设计一系列反映这些目标的成效测量方法；开始开发一个全面的纵向学生数据库；阅读这本书！

尽管我们在本书中经常提到评估领域的其他研究人员的工作，并提到了一些在这方面做了开创性工作的机构，但本书并不是对评估文献的全面梳理或对示范性评估方案的全面分析。我们强烈建议任何进行重大评估工作的人阅读更多的评估文献，并研究一些在美国内实际实施的更具创新性和复杂性的评估项目，尤其是在项目实施的早期，在各个机构准备进行实验和创新的时候。就评估文献本身而言，有很多优秀的论文集可以参考（Adelman，1988b；Banta，1988；Ewell，1985a，2002，2008；Folger and Harris，1989；Halpern，1987）。此外，至少有三个先驱机构，它们的评估程序完善且有据可查，值得我们认真学习，它们是阿尔维诺学院（Alverno College Faculty，1985；Mentkowski and Doherty，1984；Mentkowski and Strait，1983）、杜鲁门大学（McClain and Kreuger，1985；Northeast Missouri State University，1984）、田纳西大学诺克斯维尔分校（Banta，1985，1986）。表现出巨大创新性和美好前景的项目包括新泽西州的肯恩大学（Kean College，1988；Ross and Weiss，1989b）、西北密苏里州立大学（Northwest Missouri State University，1987）、弗吉尼亚联邦大学（McGovern，Wergin and Hogshead，1988）、纽约州立大学帝国州立学院（Empire State College，1989）。此外，帕斯科还总结了许多其他项目（尤其是詹姆斯·麦迪逊大学、国王学院和纽约州立大学匹兹堡分校的项目）（Paskow，1988）。

在一些国家协会、评估中心和机构联盟中，我们可以找到其他出色的资源。在这个领域中发挥最大领导作用的国家组织是美国高等教育协会（American Association for Higher Education，AAHE）。自20世纪80年代中期以来，美国高等教育协会论坛在帕特·哈钦斯的领导下，作为评估信息的国家信息交流中心，汇编了关于这一主题的可能最广泛的资源库。美国高等教育协会还主办了一年一度的全国评估会议，该会议汇聚了数百名研究人员、教师和管理人员，致力于发展高等教育评估实践。虽然该协会于 2005 年解散，但协会编制的许多评估材料和报告仍然是宝贵的资源。另一个很好的资源是巴斯出版社出版的双月刊时事通讯《评估更新》（Assessment Update）。其中的文章涵盖了一系列与评估相关的问题，包括方法、工具、过程、度量以及设计和实现模型。该出版物的读者是来自各个领域的学术管理人员、校园评估实践者、机构研究人员和教职工。该刊物的编辑特鲁迪·W. 班塔是最受欢迎的评估顾问之一。位于科罗拉多州博尔德市的国家高等教育管理系统中心（National Center for Higher Education Management Systems，NCHEMS）就评估事宜向各州、各系统和各学校捍供广泛的咨询服务。国家高等教育管理系统中心由皮特·尤厄尔和丹尼斯·琼斯领导，他们是美国卓越的评估专家。该领域最新的组织是国家学习成果评估研究所（National Institute for Learning Outcomes Assessment）。国家学习成果评估研究所成立于 2008 年，其使命是协助各院校评估大学生的学习成果，并促进和发展有前景的评估方法。

专业知识问题

尽管建立一个全面的学生数据库和让教师参与学生成绩评估的任务是艰巨的，但成功实施全面的学生评估计划的最大障碍也许是缺乏受过充分培训的人来承担这项工作。我们在第七章中详细讨论了这个问题，我们试图概述一些理想的评估人员的个人资质。最主要的困难是，现在很少有人能够理解基本的思想、技术、统计和教育问题，也很少有人能够具备必要的沟通技能和其他人际交往技能，以指导这一项目的发展，并争取教师的参与和支持。

考虑到目前为培养这些人才而设计的研究生课程（如果有的话）很少，那么院校在哪里能找到这样的人才呢？最有可能培养人的部分能力的博士培养项目主要来自：① 在测试或者教育心理方面实力雄厚的心理学研究院；② 提供大量定量研究课程的社会学研究院；③ 在研究方法或高等教育实证研究方面提供有力课程支持的教育研究院。

促使阿斯丁撰写本书第一版的原因是，他认识到在心理学、社会学和高等教育学这三类课程中，人们通常很少在课程中提供将高等教育理论和实践、测量、评估、统计分析等不同主题结合起来的内容，也没有关于考试设计、利用考核数据去改进教育实践等方面的内容。我们认为，本书可以作为为期一年的研究生课程的教材，同样也可以作为为研究生提供的常规课程的补充教材。它也可以作为博士后研讨会或研修班的读本，供机构研究人员、学生事务研究人员或被指派负责在其机构开发评估项目的人员使用。即使负责管理这些博士或博士后课程的人员对我们不得不说的某些问题有所疑问，我们也认为本书的内容涉及面很广且很独特，足以保证它可以被充分利用："如果不是这样，那又是怎样呢？"

传统评估实践

如果一个机构实施了一项雄心勃勃的评估和自学计划，旨在加强其人才发展使命，我们的传统课程成绩和平均绩点将会怎么样呢？这些久经考验的指标未来走向如何？大多数评估专家和有关评估的许多常规做法都对课程成绩和平均绩点的未来走向问题进行了巧妙处理。鉴于我们从本科阶段到研究生和专业教育阶段一直受到这些精英管理实践的影响，我们不能现实地期望我们立即或甚至在不久的将来放弃这些精英管理实践。评分行为在我们的教育理念中根深蒂固。

评分是否有任何合法的教育目的？当然，关于我们继续使用课程成绩的最有说服力的论点是，学生需要知道自己的表现，雇主、研究生院和专业学校需要知道学生的表现。但是，我们学者还需要认识到，课程成绩和平均绩点绝不是满足这些需求的唯一方法，并且可能不是最好的方法。那些敢于放弃传统评分制度和更注重人才发展过程的少数机构，在其替代系统方面都有着普遍的正面经验。迄今为止，这些机构中的大多数，例如纽约州立大学、汉普郡学院、阿尔维诺学院和加州大学圣克鲁斯分校都采用了某种形式。不幸的是，到目前为止，对于叙述性评价相对于传统课程成绩的有效性，我们还没有做出系统的研究。但是，从经验角度看，学生似乎从叙述性评价中获得了更多收益，这些评价似乎并没有对学生的就业、申请研究生或专业学校形成任何特殊的障碍。

加州大学圣克鲁斯分校的叙述性评价系统在20世纪70年代受到了很多批评，理由是学生在申请研究生院或专业学校时会受到限制。据我们所知，关于这些批评从未有过正式发布的文件。尽管如此，加州大学圣克鲁斯分校的教师最近通过投票，使叙述性评价成为选择性项目，理由是叙述性评价由于班级较大和工作量较大而变得难以为继。纽约州立大学仍然致力于提供叙述性评价，但也提供字母等级以应对特殊的外部需求。有趣的是，纽约州立大学和汉普郡学院的同事向我们保证，他们的学生能够入读一些最好的研究生院和专业学校,并且这些学校的招生办公室经常报告说,叙述性评价可以展现出比简单的课程成绩和平均绩点更有用的申请人信息。鉴于这个问题如此重要,高等教育界应该尽早对这一问题开展一些系统的研究。如果雇主、研究生院和专业学校可以接受替代性的评价(叙述性评价)形式,那么将替代性评价引入传统课程成绩的方法似乎很自然。

认真考虑课堂评估的替代方法的一个必要条件是,美国高等教育(实际上是美国的整个教育体系)必须找到一种能够让所有学生都获得成功的评估方法。无论学生成绩的绝对水平如何,我们传统的标准化曲线评分方法,特别是标准参考、标准化测试,都会使相当一部分学生不及格,或使大量的学生表现平平。很少有人希望变得平庸,也几乎没有人希望成为表现不佳或失败的人。

我们有两个建议来解决此问题。首先,当然是用标准参照测量方法代替标准参照评估程序。标准参照测量方法具有两个主要优点:它告诉我们有关学生绝对表现水平的信息,并且绝不限制可以取得优异表现的学生的人数或比例。在标准参照测量方法下,学生卓越与否不是人为决定的。

我们的第二个建议是使评估多样化和扩展我们试图评估的内容。尽管使用平均绩点或美国大学入学考试分数这样的单一指标对于雇主或判断的研究生院及专业学校的"最佳"候选人可能是很方便的,但使用单一度量(无论是标准参考还是其他方式)确实会造成人才多样性大幅减少,并扭曲任何通识教育计划的多样化目的。此外,在招聘或选拔中使用单一度量的便利性是值得怀疑的。很少有雇主或招生人员真的想依靠一个单一的指标或潜力指数做出决策。如果我们停下来思考一下大学毕业生的雇主在寻找什么,我们就会发现很明显平均绩点在这里根本不会起作用。大多数雇主都非常重视挑选有创造力、领导力、诚信、社会责任感以及全球视野的人才。可以肯定的是,智力或学术能力是准员工的一项重要特质,但我们需要考虑到这种普遍的特点可以表现为多种方式:推理能力、批判性思维能力、对特定领域的了解、技术能力、写作能力和沟通能力。换句话说,学生评估系统是一个标准参考和多维的系统,它不仅为所有学生提供了最大的成功机会,而且更准确地反映了通识教育的目标,为未来的雇主和研究生院提供了有关学生个人能力和潜力的信息来源。

教师评估

尽管本书关注的焦点是与评估学生表现有关的问题,但许多原理和策略可以同样有效地应用于对大学教师的评估。在我们思考教师评估的未来走向时,重要的是要认识到许多教育工作者仍不清楚我们为什么需要评估教师表现以及应该评估哪些方面的表现。

近几十年来,关于教师评估的文献相当多。有两个项目在促进我们丰富对教师评估的方式以及衡量教师发展的方式方面起到了促进作用。美国高等教育协会在20世纪90年代举办的关于教师角色和激励的论坛,以及21世纪初期成立的卡内基学院教学奖学金使教师评估重新吸引了人们的关注,人们最初理解的评估仅限于对学生和课程的评估。但是,我们大多数机构并没有做出多大改变。

教师评估之所以迟迟没有改变,或许一个原因是,对大多数教师来说,新的评估程序的想法仍然差强人意。拉乌尔·阿雷奥拉提出的一项建议描述了一种多维方法,该方法指导机构根据机构价值权衡教师在教学、专业领域(包括研究)和服务活动中的表现进行评估,以产生总体综合评分。拉乌尔·阿雷奥拉指出,在对教师进行评价时,有几个因素很重要,包括机构价值观的透明度、教师发展和评估工作的整合以及多种数据来源(学生、教师、管理者)的使用(Arreola,2006)。尽管我们同意他提出的方法的许多方面,但由于评估数据不完整,我们很难确定评估对教师发展使命的贡献。教学评估缺乏学生表现(成效)的数据,专业和服务活动评估主要使用成绩数据。也许教师们意识到,从发展的角度来说采用一种更全面的评估方案需要占用他们更多原本有限的时间,这几乎没有什么益处。

在第九章中,我们曾指出,为教师授予终身教职前的审查能为教师履行人才培养使命提供参照。让教师与学生合作如何?我们认为,改善我们对教师的教学和指导评估的最有希望的未来方向是,将重点放在这些活动的成果上:学生的学业表现和教师个人的发展。这并不是说,学生对教学的评价必定是获得此类信息的最佳方法。教师可能更喜欢用数据来显示学生们实际上改变了多少,他们学到了多少知识,或者他们创造了什么,以此作为教师工作的一部分。在教师评价中整合更全面的学生数据将为机构提供更直接的发展证明(教师成果)。

教师评估面临的基本困境和挑战之一是如何在不影响教师发展的前提

下,将教学表现运用到人才培养过程中。如第九章所述,如果在人员审核过程中也使用评估信息,则可能会损害教师评估对提高教师表现水平的潜在价值。

我们可以采用多种方法来设计教师评估,以避免这些问题。首先,机构可以主导本机构的学生对教师的课堂教学表现进行评估。如果在人员审核过程中也需要此类信息,则应使用一组单独的等级,并应告知学生应将哪个等级用于哪个目的。其次,机构可以聘请教学顾问到各教室参观(没有教师在场),开展教学研讨会。在研讨会中,学生可以与教学顾问讨论课程的优缺点。随后,教学顾问可以为教师总结研讨会期间学生的反馈。最后,该机构可以评估教师与学生之间在课堂以外的交流情况。这将涉及让学生评价教师的建议和指导的有效性,以及他们与教师的非正式互动。据我们所知,目前很少有机构尝试以任何系统的方式收集此类非课堂表现信息。国家调查显示,学术建议是学生获得最多的反馈之一(Astin,Green and Korn,1987b),很明显,教师需要对他们完成这项重要任务的表现拥有更系统和持续的反馈。

在很大程度上,我们对教师评估程序缺乏想象力。教师手册通常会让人产生一种错觉,认为教师应在所有机构通常审查的领域(教学、研究、专业活动、机构服务)都同样精通。这种期望是完全不现实的,因为在某些领域,许多教师的能力要比其他领域强得多。解决此问题的一种可能方法是与教师协商,确定给予他们的教学多少权重以及如何评价他们的教学。希望对教学给予较多重视的教师可以指定一种或几种用于评估教学的方法,如传统的学生评分表、开放式的学生评价、通过课程前后的测试衡量人才的发展情况,以及依据学生在课程中完成的创造性产品,或教学顾问与学生召开研讨会后得到的结论。无论采用何种方式进行教师评估,教师都应有机会以书面形式或亲自对评估人员所收集的表现信息做出反馈。教师的这种反馈将增强我们评价评估信息的能力,还将鼓励教师使用评估人员的反馈来发展自己的教学和指导才能。

评估对教师发展的另一个有效利用是使教师直接参与评估学生发展工具的开发。许多以这种方式聘用教师的机构的经验显示(新泽西州的阿尔维诺学院和肯恩大学就是很好的例子),这种方法似乎具有许多益处。

- 教师开始就课程目标和目的进行讨论。
- 鉴于此类讨论最终可能导致某种形式的评估,因此讨论必须最终从纯粹的抽象转向对各种目标和成效实际含义的更具体考虑。当学生也参与该过程时，尝试进行成效评估的做法往往会打破身份壁垒，并鼓励教师和学生之间建立更大程度的信任。

- 从事成效评估的教师不仅要开始重新考虑课程的内容，而且要重新考虑教学方法（这在大多数课程讨论中是被忽视的话题）。
- 许多教师开始第一次批判性地考虑他们的考试和测试程序。关注重点被放在了学生之间的个体差异以及学习成效的多维性上。
- 从学生的角度来看，课程期望变得更加清晰。
- 当任务涉及评估通识教育的成果时，它会产生跨学科的交流。传统的学科竞争力被削弱，不同学科的教师开始关注他们共同感兴趣和关注的领域，而不是形成分歧。

以评估为导向的机构会是什么样的？

如果一个机构致力于完成自己的人才培养使命，并希望执行旨在促进该使命的综合评估项目，那么这样的机构将会变成什么样？它的学习和教学氛围与典型的机构有何不同？以下是这样一个机构可能具有一些独特性。

- 机构内的人员将具有广泛的探究和自学精神。综合学生数据库将为机构所有成员，包括学生、管理人员、教师和其他工作人员提供一个共同的工具，使他们能够不断地进行自我审视。
- 更优先考虑的是教学、咨询、指导和类似的旨在促进人才发展的机构职能。
- 拥有更强大的试错和创新精神，这是为了改善那些需要改革的机构运作领域，其背后有一个评估创新有效性的内置机制（数据库）。
- 学院在研究和奖学金方面的专业知识将更多地用于教学、学习和学生发展的研究。
- 关于教学法的讨论将变得越来越普遍。
- 各部门与学科之间的固有界限将开始被打破。
- 教师培训项目、学校和教育部门将获得更高的地位，并将在机构规划中获得更优先的地位。
- 机构在聘用教师和管理人员时将更重视候选人对人才发展的兴趣和能力。
- 行政人员将有望成为教育领导者，而不仅仅是管理者。
- 更多的学生将被鼓励从事教师这个职业。

最后的想法

一些读者可能会将本书中建议的评估程序视为一种乌托邦式的理想，认为其几乎没有在现实世界中实现的可能性。相反，这种想法很可能是实施真正全面和有效评估方案的主要障碍，因为大多数高等教育机构的正式章程已经为这种方案提供了概念上的依据。毕竟，高等教育的主要使命是培养社会需要的人才。事实证明，评估是一个很好的工具，可以帮助我们了解如何有效地完成这一使命。此外，评估是一种潜在的强大工具，可以帮助我们建立更有效的教育项目。评估可以通过加强教学过程来直接增强我们的教育使命感，也可以通过告知我们哪些项目、政策和实践最有效和最无效来间接地增强我们的教育使命感。如果一个机构成功地研发出能够同时具备这两个功能的评估项目，那么那些试图使我们承担更大责任的外部高等教育评论家将无话可说。

大多数伟大的哲学和宗教传统都以一种或另一种形式提倡"认识自己"这个格言。大多数传统观念认为，认识自己是所有其他美德的先决条件：尊敬、爱、同情、移情、成熟和社会责任感。可以理解的是，我们可以将自我理解的个人利益概括为与组织或机构的情况具有同等效力：真正了解自己（优缺点、局限性和潜力）的机构可能会比缺乏这种自我认识的机构更能成功地完成其教育使命。简而言之，似乎任何机构（无论大小，无论公立或私立，无论是社区学院、文理学院或大学）都有充分的理由（逻辑、道德甚至法律）来着手进行全面的评估，专注于教学过程。

尽管当前的评估运动对美国高等教育来说是一个潜在的有希望的发展方向，但我们仍然担心它几乎只强调认知成效。在第三章中，我们试图说明，在大多数高校的目录和使命说明中，我们有充分的理由将人际沟通能力、领导能力、同理心、诚实、公民意识和社会责任感等素质纳入一个系统的成效衡量标准。即便如此，目前认知和情感之间的平衡似乎在认知方向上倾斜得太远了。

现代社会为我们提供了许多杰出认知成就的例子，如原子能、基因工程、现代农业、现代医学、计算机、信息技术和其他似乎越来越频繁地影响我们生活的现代技术。这确实令人感到震惊。同时，我们可以看到威胁我们生存的巨大感性、情感和精神分歧：宗教狂热和仇恨、种族偏见、狂热的民族主义、政治冷漠、商业组织和政府中猖獗的不诚信行为，以及在充满机会的土地上犯罪行为不断升级，在前所未有的物质财富面前的普遍贫困和无家可归的人们。是时候再次做出平衡了。现在是时候开始把我们的一些教育兴趣和精力转向我们的情感方面，开始更直接地关注我们自己。随着信仰和价值观的发展，这些信念和价值观将弥合我们的分歧，这将有助于创造一个不那么物欲横流、竞争不那么激烈、合作与自利协调发展的社会。

我们需要就卓越的不同看法补充最后一点。从长远来看，我们执行的评估类型以及如何使用成效将在很大程度上取决于我们的价值观，这在一定程度上意味着我们最终选择哪一种卓越理念。临床心理学（这是阿斯丁最初的职业）从业者可能认为声誉卓越观和资源卓越观基本上是以自我为中心的，因为它们强调我们所拥有的东西以及别人对我们的看法（此处，或许"自恋"这个说法比"以自我为中心"更准确）。在人才发展卓越观下，我们根据自己的所作所为、对他人的贡献以及他们对社区和社会的贡献来认同自己。换句话说，通过采用人才发展卓越观，我们实际上在某种程度上超越了机构的自尊心，并开始更多地关注我们的机构对社会的影响。

我们要提出的基本观点相当简单：当一个机构主要是为了维护自己的利益而存在，并且主要根据其资源和声誉认同自己时，它与它本应服务的社会的关系就变成了剥削性和防御性的，它作为改善社会的工具的能力就受到了损害。简而言之，高等教育成为社会进步主要手段的最大障碍是机构的自我认知。我们的大学和学院需要学习如何再次真正成为社会机构，并超越现有的自我认知，更加积极地促进社会的发展。

作为教育工作者，我们还需要仔细审视自身，并问问我们自己在教育方面为谁开展工作。阿斯丁在心理治疗方面的经验就是一个很好的例子。在对病人进行心理治疗时，他不断意识到，他帮助一个有问题的病人的能力受到限制，以至于他让自己成为治疗过程中的一个突出的部分。自我本位的治疗师对病人的帮助较少，因为他们的价值感主要来自他们对病人的控制以及病人的无助感和依赖性。最优秀的治疗师是那些能够超越自我的人，能够完全同情病人并创造一个可以接受和支持病人的治疗性临床环境。治疗重点应放在病人而不是治疗师身上。

一方面，病人和治疗师之间的关系与学生和机构之间的关系存在相似性；另一方面，高等教育能否成为美国社会的积极变革动力，将取决于我们是否有能力超越制度自我、自恋和自身利益，并更直接地关注我们对学生和社区的影响。

我们坚信，实现这种制度超越的关键在于我们如何最终定义自己的卓越观。与其继续将我们的卓越表现局限于我们所拥有的（资源）或我们的地位和名声（声誉），不如从我们的工作和成就方面看待它。要做到这一点，我们必须完全依靠评估。因此，我们需要知道很多问题的答案：学生学习了多少知识，学习得怎么样？我们如何影响他们的价值观和态度？他们是什么样的公民，以及他们是什么样的父母和配偶？他们是否变得更为人道、更诚实、更关心他人的福祉？他们是否在民主进程中变得更加积极和更加理性？如果我们之中参与评估的人，能够成功地说服我们的教师和教学管理人员开始寻求此类问题的答案，那么我们将朝着超越机构自我这一方向迈出重要的一步。

附录 纵向数据的统计分析

本附录旨在实现两个目的。首先，对于那些不精通统计学的读者，我们在"基础统计学"部分的内容中回顾了一些基本的统计学概念。其中包含了少量的数学知识，即使是最没有数学天赋的读者也应该能够掌握。其次，对于那些想在实践中应用 I-E-O 模型的读者，附录的其余部分涵盖了我们认为将模型应用于真实数据所需的基本统计和分析概念。我们的基本目标是传递 I-E-O 模型背后的逻辑，因为它可以通过统计分析来表达。同样，除了最简单的代数之外，我们没有使用任何数学知识。纯粹的统计学主义者可能会对我们所遗漏的内容感到不安，但如果读者能够掌握这里的材料，他或她应该能够负责任地使用适当的统计工具，并且更重要的是，能够理解这些结果的实际意义。

当我们使用传统的统计流程来分析评估数据时，我们到底在做什么？首先，我们应该认识到，最广泛使用的统计方法——相关性分析、回归和因素分析——从根本上说是具有相对性的或规范性的。也就是说，这些流程是通过比较被评估的不同人的分数来实现的。

一个简单的问题

假设我们试图分析即将毕业的高年级学生的美国研究生入学考试分数，目的是找出我们可以做些什么，以帮助未来的学生获得尽可能高的分数。我们以这种方式来表述我们的问题：高年级学生的美国研究生入学考试分数将构成一个成效测量（见第二章相关内容）。为简便起见，我们将讨论限制为美国研究生入学考试口语成绩。如果我们对 200 名即将毕业的高年级学生进行测试[21]，我们将得到 200 个美国研究生入学考试口语分数（每个学生一个分数）。

基础统计学

在本节中，我们将讨论统计学中的基本定义及其意义——平均值、标准差和相关系数——以及其他统计学概念，如变量、常数和标准（Z）分数。已经熟悉这些概念的读者可以跳到"环境效应"部分。但是，即使你认为自己已经理解了这些概念，阅读这一部分仍可能给你带来一些新的认识。

我们用字母 Y 来代表任何学生的美国研究生入学考试分数。像 X 和 Y

这样的字母是用来指定变量的,在这里是指学生的美国研究生入学考试口语成绩。我们称它们为变量的原因是分数可以因人而异(也就是说,不是所有的学生都会得到相同的分数)。在统计学中,我们通常用 Y 代表结果或因变量,用 X 代表独立(即输入或环境)变量。因为在我们的假设中,美国研究生入学考试口语成绩是一个结果或因变量,所以我们用 Y 来代表美国研究生入学考试成绩。我们之所以使用字母而不是实际分数,是因为我们有 200 个不同的分数需要处理。因此,字母 Y 可以代表任何学生的分数,也可以代表所有的分数,这取决于我们如何使用它。

例如,如果我们想把所有 200 个学生的分数加起来,我们会用希腊大写字母 $\sum$ 来表示求和操作,所以 Y 就意味着 200 个美国研究生入学考试口语分数的总和。任何时候,当你在一个变量(这里是 Y)前面加上一个 $\sum$,就意味着你要把整个样本中的所有变量值加起来。如果我们想找到 200 个分数的平均值呢?显然,我们必须用总分($\sum Y$)除以数量(200)来得到平均数。在这种情况下,我们会用字母 N 来表示我们有多少个分数,这样,平均数就变成了:

$$\sum Y \div N \text{ 或 } \frac{\sum Y}{N} \text{ 或 } \frac{\sum Y}{200}$$

当然,在统计学中,我们把这个值称为平均值。假设 200 名学生的美国研究生入学考试口语成绩的平均值为 500。我们用符号 $\bar{Y}$ 来代表平均值,而不是用上面给出的公式。(任何时候,一个顶部有一条横线的变量都表示该变量的平均值。)从现在开始,我们在分析这些美国研究生入学考试分数的所有常用统计数据时,都以这个平均值($\bar{Y}$)作为参考点。因此,实际上,当我们分析一个学生的分数时,我们基本上是将该分数与所有 200 个分数的平均值进行比较。

我们再来看看为什么会这样。所有的统计程序基本上都是在分析数据的可变性(我们顺带提一句,"方差分析"就是其中一种统计程序,并且所有相关、回归等统计程序都基于方差分析)。在我们的例子中,我们对分析变异性感兴趣的实际原因是我们想回答以下问题:为什么不同的学生会获得不同的美国研究生入学考试分数?为什么他们没有获得同样的分数?学生及机构的行为如何影响了学生在美国研究生入学考试中的表现?显然,回答这些问题能帮助我们制定方案和实施措施,帮助学生获得更高的分数。

因此,我们面临的第一个任务是如何定义可变性。我们可以将某个学生的最高分和最低分抽取出来，比较它们的差值。然而，如前所述，我们在这里所讨论的统计程序都以平均值（$\bar{Y}$）为参照点。我们将每个学生的美国研究生入学考试分数（Y）与所有学生的平均分数（$\bar{Y}$）（"参照点"）进行比较，将 200 名学生的美国研究生入学考试分数与所有学生的平均分数比较，获得差值，来判断数据的变异性。我们来看下面这个例子，假设这 200 名高年级学生的美国研究生入学考试口语成绩的平均值都是 500 分，那么 600 分的学生就比平均值高 100 分，450 分的学生就比平均值低 50 分，以此类推。任何一个学生的分数与平均值的差值都可以用以下公式表示：

$$Y - \bar{Y}$$

字母 Y 代表任意一名学生的美国研究生入学考试分数，$\bar{Y}$ 代表 200 名学生分数的平均值，也就是 500 分。我们可以把这称为学生的美国研究生入学考试偏差分数。据此方法，我们可以为每个学生计算一个偏差分数。我们从任何一名学生的个人分数中减去平均值（而不是用平均值减去个人分数）是为了让得分高于平均值的学生得到正的偏差分数，让得分低于平均值的学生得到负的偏差分数。如果学生恰好得了平均分，那么偏差分数就是零。

现在，我们就已经将文字和代数符号的具体意义说清楚了。接下来，我们来看看学生可能获得的美国研究生入学考试口语成绩，并用一个连续分布（见图 1）来表示这些成绩。

图 1　学生可能获得的口语成绩连续分布

任何一名学生的分数都可以用这个连续分布上的某一点来表示，任何学生的偏差分数（$Y - \bar{Y}$）都可以用该学生的分数与平均分数 500 的差值（图 1 中与平均分数 500 分之间的距离）来表示。

目前为止，我们一直在讨论每一名学生的分数与平均分数的偏差有多大。我们如何描述所有学生的偏差呢？平均分（$\bar{Y}$）指的是所有学生的平均分。我们可以用什么来描述平均偏差分数呢？当然，一种可能性是简单地计算平均偏差。要做到这一点，我们可以将 200 个偏差分数相加 $[\sum(Y - \bar{Y})]$，然后除以 200。但是，根据定义，平均偏差总是为零。由此，大多数统计技术对可变性的测量方法都有所不同——类似于平均偏差——但区别是，我们不是取所有 200 个偏差的平均值，而是先将每个偏差进行平方运算（即乘以偏差本身）：[22]

$$(Y-\bar{Y}) \times (Y-\bar{Y}) \text{ 或} (Y-\bar{Y})^2$$

这种通过平方取值的方法有两个效果：第一，使所有的偏差都变成了正数（一个负数的偏差乘以它本身就变成了正数）；第二，放大了较大的偏差值。请注意，如果玛丽的分数与平均分差 100 分，她的平方偏差是 100×100，即 10000，但如果约翰的分数与平均分差 200 分（玛丽的两倍），他的平方偏差是 200×200，即 40000。可见，偏差平方后，约翰的成绩与平均成绩的差距不再是玛丽的两倍（200 是 100 的两倍），而是四倍（40000 是 10000 的 4 倍）。

我们可以对 200 个平方偏差求和（称为平方和）：

$$\sum(Y-\bar{Y})^2$$

然后求得平均值：

$$\frac{\sum(Y-\bar{Y})^2}{200}$$

所得的这个数被称为均方（mean square），或者通常情况下我们称其为方差（variance）。

最后一步是取方差的平方根：

$$\sqrt{\frac{\sum(Y-\bar{Y})^2}{200}}$$

这就是所谓的标准差（standard deviation），缩写为"SD"。最后一步取平方根是为了抵消最初我们对偏差进行平方对数据产生的影响。需要记住的一点是，标准差与平均偏差（average deviation）非常相似，只不过我们在标准差的测算中给了较大偏差分数更多的权重。

关于标准差，最重要的一点是，它代表了美国研究生入学考试分数在连续体上的一段距离。在我们举的例子中，标准差会与 200 个美国研究生入学考试分数中的一半（即 100 个）分数接近。如果这 200 名学生的分数呈钟形分布，大约三分之二的学生（200 人中的约 133 人）的分数将落在平均值的 −1 和 +1 标准差之间（即 400 至 600 之间），大约 95% 的学生（200 人中的 190 人）的分数将落在 −2 和 +2 标准差之间（即 300 至 700 之间）。

在大多数统计程序中，我们习惯于用标准差单位（standard deviation unit）来表示被测对象的偏差或与平均值的差值（距离）。也就是说，我们首先计算出偏差分数：

$$Y-\bar{Y}$$

然后再除以标准差：
$$\frac{Y - \bar{Y}}{SD}$$

这个量通常被称为"z"值。单个个体的 z 值表示：以标准差为单位，这个学生离平均值有多远。或者，这个学生的分数距离平均值有多少个标准差（以及标准差单位的正负）。如果这个学生的美国研究生入学考试成绩是 700 分，我们的公式就是这样的：

$$z = \frac{700 - 500}{100} = 2.0$$

换句话说，700 分比平均值高出两个标准差。400 分将产生一个 -1.0 的 z 值（[（400－500）/100]），这意味着得到这个分数的人正好比平均值低一个标准差。

值得注意的是，z 值最大的优点是：它们使测量单位统一（或"标准化"）[23]。因此，1.5 的 z 值意味着这个人的分数比平均值高一个半标准差，无论我们谈论的是美国研究生入学考试分数、美国大学入学考试分数、平均绩点、身高、体重或其他主题，它都代表这个意思。换句话说，z 值为比较人们在两个或多个变量上的分数（即使不同变量之间是基于完全不同的测量单位，如美国研究生入学考试分数、英寸、磅等）提供了基准。这种比较人们在两个或多个变量上分数的测算方法，使计算不同变量之间的相关性成为可能。

相关性

什么是相关系数？我们可以回到实际问题中去找答案：如何提高学生的美国研究生入学考试分数。我们解决这个问题的基本方法是寻找影响学生美国研究生入学考试分数的环境变量（环境因子），这些因子使学生的成绩比他们不接触这些因子时的成绩更好或更糟。我们可以把这些环境因子称为环境变量，因为学生的实际经历有所不同（例如，即使在同一所大学，不同的学生可能接触的环境也不同）。相关系数将帮助我们确定这些环境变量是否与美国研究生入学考试成绩这个变量相关。

但是，我们所说的相关（associated with or correlated）到底是什么意思？我们可以举一个具体的例子。根据我们的假设，学生在美国研究生入学考试口语考试中的表现可能会受到本科期间阅读量的影响。类似美国研究生入学考试这样的口语考试，需要考察学生在有限的时间里阅读、理解陌生文本的能力，因此我们有理由假设一个人在阅读文章方面得到的练习越多，他在考试中的表现就越好。有过大量练习的人在美国研究生入学考试中应该比没有经过训练的人做得更好。最后，我们要介绍的是正相关（positive correlation），即在一个变量（阅读练习）上得分高的人往往在另一个变量（美国研究生入学考试口语成绩）上得到高分，而在一个变量上得分低的人往往在另一个变量上得分也低。注意，这里我们只是在描述一种趋势，即这两个变量间只是存在一种正相关的趋势。并非所有学生在这两个变量上的分数都遵循这个模式，学生们遵循这种模式的程度将由相关性的大小表示。

假设我们为每个学生计算出名为"阅读练习"的环境变量得分，我们将其定义为每个学生在本科期间实际阅读的指定文章的总页数。假设200名学生每人阅读了500~5000页，平均阅读量为2000页，且假设阅读量的标准偏差是500。现在，这200名学生每人都有一对成绩，即阅读练习的分数和美国研究生入学考试分数。

我们如何确定这两者之间（阅读练习和美国研究生入学考试口语成绩）是否存在相关性以及相关性有多大呢？这种相关性意味着什么呢？

我们要做的第一件事是分别计算200名学生在这两个变量上的z值，我们将阅读练习和美国研究生入学考试口语成绩这两个变量上的原始分数转换成对应的z值。因此，我们将确定每个学生阅读练习和美国研究生入学考试口语分数与标准差的距离，并用z值替代他们的这两个原始分数。以玛丽为例，她的美国研究生入学考试口语成绩是600分，阅读练习成绩是3000分。由此可知，她的美国研究生入学考试口语成绩比平均分高100分，她的阅读练习比平均阅读量多1000分。玛丽的两个z值如表1所示。

表 1

项目	原始分数	计算	z值
美国研究生入学考试口语成绩	600	（600－500）÷100	+1.0
阅读练习成绩	3000	（3000－2000）÷500	+2.0

玛丽的美国研究生入学考试口语成绩和阅读练习成绩都高于平均值，因此两个z值都是正数。请注意，我们在将玛丽的数据转换为z值时已经达成了一个重要目的：我们现在可以将美国研究生入学考试口语分数和阅读练习分数进行比较，尽管它们最初是以完全不同的方式测量的。其实，我们做的就是通过确定每个分数偏离其相应的平均值的程度（以及方向）

来比较这些成绩。玛丽的阅读练习成绩比平均值高出一半，而她的美国研究生入学考试口语成绩则比平均值高出 100 分。我们来看看另一个学生约翰的成绩，他的美国研究生入学考试口语成绩为 300 分，比平均值差 200 分，阅读练习也比平均值少 750 分，只有 1250 分。约翰的两个 z 值如表 2 所示。

表 2

项目	原始分数	计算	z 值
美国研究生入学考试口语成绩	300	（300－500）÷100	－2.0
阅读练习成绩	1250	（1250－2000）÷500	－1.5

如果我们对所有其他 198 名学生重复这个计算过程，就能算出 200 个美国研究生入学考试口语成绩的 z 值和 200 个阅读练习的 z 值。但请注意，每个学生有两个 z 值，所以 z 值总是成对出现的。为了方便区分，我们把阅读练习的 z 值称为 z_1，把美国研究生入学考试口语成绩的 z 值称为 z_2。阅读练习和美国研究生入学考试口语成绩之间的相关性（r）即可以表示为：

$$r = \frac{\sum(z_1 z_2)}{N}$$

具体来说，为了计算相关性，我们首先要计算出每个学生 z_1、z_2 的乘积：

$$z_1 z_2$$

然后将 200 组 z_1、z_2 之积相加：

$$\sum(z_1 z_2)$$

再除以学生的总人数：

$$r = \frac{\sum(z_1 z_2)}{N} \quad \text{或} \quad \sum \frac{(z_1 z_2)}{200}$$

在统计学中，我们通常用小写字母 r 表示两个变量间的相关系数。

到现在为止，我们做了哪些工作呢？我们已经确定，200 名学生的成绩样本中，一个变量的走势与另一个变量的走势是可能存在相关性的。为了确定这两个变量之间是否存在相关性，我们为每个学生求出了 z_1 和 z_2 这两个值，并进行比较。通过观察上文中玛丽和约翰的数据我们发现，不同变量之间高分和低分确实倾向于同时出现。接下来，相关系数能告诉我们，上文中得出的结论不仅适用于玛丽和约翰，高低分倾向于同时出现的趋势对200个学生都成立。在学习相关系数时，我们需要牢记以下6个规律。

- 当一个人的 z_1、z_2 值都是正数时（即当这个人在两个变量上的分数都高于平均值时），z_1、z_2 的乘积也为正数。
- 当一个人的 z_1、z_2 值都是负数时（即当这个人的两个分数都低于平均值时），z_1、z_2 的乘积也为正数。
- z_1、z_2 要么都为正，要么都为负，那么通常 z_1、z_2 之积的和也为正。
- 如果一对 z 值中，z_1 与 z_2 总是一正一负出现，那么 z_1 与 z_2 的乘积为负，z_1 与 z_2 通常负相关。
- 相关系数最大为 +1 或 -1，即两个变量之间呈负相关，则最大相关系数为 -1；两个变量之间呈正相关，则最大相关系数为 +1。
- 如果从整体来看，一个变量上的高分或低分与另一个变量上的高分或低分没有相关性时，在数据上，两个 z 值之积的正（两个正的 z 值或两个负的 z 值分别配对）与负（一个负的 z 值与一个正的 z 值配对）数量差不多。在这些条件下，把所有 z_1、z_2 之积相加时，正负相互抵消，相关系数趋近于零。

零或趋近于零的相关系数背后的逻辑是，一个变量的高分与另一个变量的低分配对的可能性并不比它与另一个变量的高分配对的可能性更大。换句话说，一个变量的分数和另一个变量的分数之间不存在趋向一致的联系。在以上的实际例子中，相关系数为零意味着本科期间阅读量大的学生的美国研究生入学考试分数不会比阅读量小的学生更好或更差。

环境效应

接下来，假设阅读练习这一环境变量与美国研究生入学考试口语成绩这一结果变量呈正相关，且假设相关系数为 0.40，这只是一个适度的正相关，但在统计上非常显著。[24] 实际上，两个变量之间呈正相关意味着大量阅读的学生在美国研究生入学考试口语测试中往往表现良好，而那些很少阅读的学生往往表现较差。（请注意，可以用两种方式来描述这种正相关关系，即高阅读量对应美国研究生入学考试口语高分或低阅读量对应美国研究生入学考试口语低分。）那么，我们在这个例子中看到的是环境变量（阅读练习）和结果变量（美国研究生入学考试口语成绩）之间的显著正相关关系。

虽然这个相关系数证实了我们对阅读练习对学生的美国研究生入学考试口语成绩影响的预期，但我们有多大的把握认为这种正相关反映了两个变量之间的因果关系呢？我们所说的因果关系，是指大量阅读的学生在美国研究生入学考试中获得高分的可能性更大，因为他们阅读量大。很明显，我们对这种因果关系是否有把握在一定程度上影响了未来政策的制定：我们是否应该考虑增加与课程相关的课外阅读？这是否有助于未来几届学生在美国研究生入学考试口语考试中取得更好的成绩？

正如第二章所述，我们可以用变量之间的因果关系来解释环境变量与结果之间的相关性；但问题是我们有多大的信心、多大的把握认为该结论对实践有指导意义。这反过来将帮助我们确定是否以及在多大程度上将这种因果关系应用于实践及未来的政策制定。

在第二章中，我们还提出，对环境与结果的相关性进行因果解释的最大风险是，这种相关性可能是由输入变量产生的。在上面的例子中，0.40 的相关性是否反映了学生的某些输入特征（而非阅读练习）对美国研究生入学考试口语成绩的影响？这一问题明显存在。

其中一个输入特征就是新生刚进入大学时的语言能力。我们可以安全假设，并非所有学生在刚上大学时都参加了难度与美国研究生入学考试相当的测试。换句话说，语言能力因学生而异。这一点我们可以从他们入学前参加的美国大学入学考试[25]的成绩得知。

假设新生们的美国大学入学考试成绩——与四年后的美国研究生入学考试分数一样——的标准差（SD）为 100。可以想象，新生的美国大学入学考试成绩会对他们未来的美国研究生入学考试成绩产生一些影响；也就是说，美国大学入学考试成绩的变化与美国研究生入学考试成绩的变化有关。具体而言，在美国大学入学考试中获得高分的学生也更有可能在美国研究生入学考试中获得高分，而那些美国大学入学考试分数低的学生更可能在美国研究生入学考试中得分低。换句话说，我们希望输入（美国大学入学考试成绩）和结果（美国研究生入学考试成绩）呈正相关的关系。（正如第二章所述，这种期望是基于学生之间的差异往往会随着时间的推移而持续存在。）

研究表明，美国大学入学考试口语成绩与几年后同一学生的美国研究生入学考试成绩确实呈正相关（Astin，1968b，1993；Nichols，1964）（参见第六章相关内容）。在具体的例子中，相关系数往往高达 0.80，由此我们就可以得出结论：输入（美国大学入学考试成绩）和结果（美国研究生入学考试口语成绩）之间的相关性很大。

美国大学入学考试成绩和美国研究生入学考试成绩呈正相关可能为美国研究生入学考试口语成绩和阅读练习之间存在的正相关关系做出解释吗？为了回答这一问题，我们不得不回顾我们在第二章阐述的原则，我们需要确定环境因子（阅读练习）和结果（美国研究生入学考试）之间 0.40 的相关性是否可以归因于输入（美国大学入学考试）——这意味着输入（美国大学入学考试成绩）也必须与环境因子（阅读练习）相关，这有可能吗？猜想输入（美国大学入学考试成绩）与结果（美国研究生入学考试成绩）、输入（美国大学入学考试成绩）与环境因子（阅读练习）有关联，这是否合理？问题的答案似乎是肯定的，相较于语言能力弱（美国大学入学考试分数低）的新生而言，语言能力强（美国大学入学考试分数高）的新生在大学期间的阅读量可能更大（阅读练习多）。原因是多样的：阅读能力强的学生可能更喜欢阅读，或更倾向于选修需要大量阅读的课程，等等。

回归分析：控制输入

那么，美国大学入学考试和美国研究生入学考试成绩之间的正相关性是否能为美国研究生入学考试口语成绩和阅读练习之间的正相关性做出解释呢？这种猜想合理吗？为了回答这一问题，我们首先需要"控制"学生的输入变量（美国大学入学考试成绩），然后确定环境因子（阅读练习）是否仍与结果（美国研究生入学考试成绩）相关。实际上，当我们控制输入变量时，我们所做的是消除它对结果变量的影响。换句话说，我们需要消除输入和结果之间的相关性。

回归分析就是一种用于消除输入变量对结果变量影响的常见统计学方法，我们将对它的原理做出解释。

现在，假设一个独立（输入）变量（如美国大学入学考试）与一个结果（如美国研究生入学考试成绩）相关，对于两个变量，除了确定二者的相关性强度外，我们还想用输入变量来预估结果变量。依据一个变量预估另一个变量就是回归分析的主要目标，从实际应用角度来看，这种分析方法具有很多优势。许多大学就使用回归分析的方法，借助学生在高中阶段的成绩和大学入学考试成绩预测其大学平均绩点。

为了解回归分析的运作机制，我们需要回到 z 值上。根据学生美国大学入学考试（SAT）分数的 z 值来估计其美国研究生入学考试（GRE）分数的 z 值，公式如下：

$$\hat{z}_{GRE} = r \times z_{SAT}$$

换句话说，将学生的 SAT z 值乘以相关系数，就可以估算 GRE 的 z 值。请注意，我们在 z_{GRE} 上方放置了小"帽子"（^），以表明这是基于 SAT 成绩预估的 z 值，不是实际的 z 值。

我们来看看公式背后的逻辑。如果玛丽的 SAT 高于平均成绩，且其 SAT 成绩和 GRE 成绩呈正相关，我们预估其 GRE 成绩高于平均值。如果约翰的 SAT 成绩低于平均值，我们预估他的 GRE 成绩也低于平均值。因此，如果一个人的 X 变量（SAT）高于平均值，并且 X 和 Y（SAT 和 GRE）之间存在正相关关系，那预估的 z 值也为正。具体来说，如果学生的 SAT 分数高于平均值，那么基于 SAT 分数计算的 z 值，即 $(X - \bar{X})$ ÷ SD 的结果也为正。因此，用 z 乘以 r 会得到一个正的 z 值，即

$$\hat{z}_{GRE} = r \times \frac{X - \bar{X}}{SD_X}$$

因此，在回归分析中，只要两个变量存在正相关关系，我们便能确定两点：① 如果一个人在 X 上的得分高于 X 的平均值，基于该 X 的 $\hat{Y}$ 将高于 Y 的平均值；② 如果一个人的 X 分数低于 X 的平均值，基于该 X 的 $\hat{Y}$ 也将低于 Y 的平均值。

我们还要意识到的是，除非两个变量完全相关（$r = +1.0$ 或 -1.0），否则 GRE 的 $\hat{z}$ 的绝对值[26] 始终小于 SAT 的 z 的绝对值，因为任何时候将一个数乘以小于 1.0 的数，结果总是小于那个数本身。请注意，在极少数情况下，当 r 为 1.0 时，$\hat{z}_{GRE}$ 和 z_{SAT} 的值相等。当 r 为 0 时，$\hat{z}_{GRE}$ 为 0（显然这时 GRE 的 z 值为平均值）。换句话说，（当 r 为 0 时）X 对于预测 Y 没有任何帮助，出现这种情况最大的可能性就是 $\hat{Y}$ 与 Y 相同，即 $\hat{Y} = \bar{Y}$。

对上述回归公式进行简单的代数转换后（$\hat{z}_y = rz_x$，即将 $\hat{z}_y$ 替换为 rz_x），可以将其简化为：

$$\hat{Y} = a + bX$$

这就是常用的回归公式，也是线性几何代数式。其中 X 值和 $\hat{Y}$ 值意义如下：X 表示输入变量或自变量；$\hat{Y}$ 表示结果或因变量 Y 的估计值。

X 和 $\hat{Y}$ 是回归方程中的两个变量，它们随着样本的变化而变化。公式中的 a 和 b 为常数（比如，在当前的例子中，预测 200 名高中生的 GRE 成绩），a、b 值一般不变。常数 b 被称为回归系数，充当着类似 z 值公式中 r 的作用；也就是说，需要将其乘以 X。实际上，我们用一个简单的公式就可将 r 转换为 b：

$$b = \frac{r \times \text{SD}_Y}{\text{SD}_X}$$

换句话说，r 和 b 之间的唯一区别是由标准差造成的。当 X、Y 的标准差相同时，r 和 b 也相同。常数 a 通常被称为截距，这一点我们稍后讨论。

基本上，如果你想用 X 得到 Y 的最佳估计，你可以用 b 乘以 X，然后把结果加到 a 上。换句话说，r 和 b 之间的区别是由标准差引起的。当 X 和 Y 的标准差相同时，r 和 b 也相同。常数 a 通常被称为截距，我们将在后文对其进行讨论。

总的来说，如果想用 X 来预估 Y 的值，最佳方式就是将 X 乘以 b，再加上 a。

此时，回归分析的一个特别之处已经显而易见了：因为你需要知道 X 和 Y 之间的实际相关性（r）才能使用回归，那么它有什么用呢？换句话说，既然在计算 X 和 Y 之间的相关性之前，我们就已经知道每个学生的 SAT 成绩（X）和 GRE 成绩（Y）了，为什么还要去"预测"或"估计"那些已知的东西呢？

答案就是，我们需要知道 X 和 Y 之间相关性的强度。以 200 名学生的 GRE（Y，结果）和 SAT（X，输入）分数为例：毕业时学生的 GRE 分数在多大程度上受到他们四年前 SAT 分数的影响？如果我们知道这种影响的大小（也就是说，如果我们知道 SAT 和 GRE 之间的相关性），我们就可以用回归分析来消除或从统计上消除这种影响。换句话说，通过使用回归分析，我们可以消除任何两个变量（在这种情况下，指的是 SAT 和 GRE）之间的相关性。我们来看看这是如何实现的。

首先我们来回顾一下简单回归分析的公式：

$$\hat{Y} = a + bX$$

这代表了我们可以从输入或 X（SAT）中对结果或 Y（GRE）做出的最佳估计。（我们很快会讨论何为"最佳"。）想象一下，我们为 200 名学生中的每位学生分别计算出了 $\hat{Y}$。这 200 个方程式中，常数 a 和 b 不变，唯一的变量是 X。换句话说，对于每个学生，$\hat{Y}$ 都是 X 的表达式。或者更具体地说，回归公式允许我们将学生的 SAT 分数转换为"预期的 GRE 分数"（$\hat{Y}$）。或者，我们可以使用第二章中更通用的术语，$\hat{Y}$ 是一个基于输入的预估结果。每个学生的 $\hat{Y}$ 值代表我们根据其入学时的 SAT 分数对该生未来 GRE 分数的做出的最佳估计。

$\hat{Y}$ 还有其他有趣的特性。

- $\hat{Y}$ 和 Y 之间的相关性与 Y 和 X 之间的相关性完全相同（这并不奇怪，因为 $\hat{Y}$ 是从 X 派生出来的）。
- 在任何情况下，$\hat{Y}$ 的均值与 Y 的均值都完全相同。
- $\hat{Y}$ 的标准差总是小于 Y 的标准差，除非相关性为 $+1.0$ 或 -1.0（此时，两者的标准差相等）。

残差

当我们开始比较每个学生的 $\hat{Y}$（预期结果分数）和 Y（实际结果分数）时，回归分析就开始真正发挥作用了，比较这两个值最简单的方法就是用一个数减去另一个数：

$$Y - \hat{Y}$$

这个值被称为残差（我们很快就会在后文中进行解释）。它也可以被称为误差，这意味着，如果我们对一个学生的预测结果（$\hat{Y}$）与该学生的实际结果（Y）不匹配，那么我们对该学生成绩的预测就存在误差。

实际上残差的意义是什么呢？根据第二章的内容，我们知道，残差就是我们无法从学生的输入分数中预测（或计算）的学生结果分数的那一部分。请看这个公式：$Y - \hat{Y}$，我们从学生的实际结果分数（Y）中扣除（减去）由输入分数预测出的 $\hat{Y}$。回到这里的例子，残差代表了学生的 GRE 成绩中无法用 SAT 分数解释或预测的部分。

假设我们为 200 名学生每人分别计算出他们 GRE 分数的残差，从这 200 个残差（像 $\hat{Y}$ 一样）中，我们可以观察到一些有趣的发现：① X 和 Y 之间的关联性越强，残差就越小；② 所有学生的平均残差为零；③ GRE 残差和原始 SAT 分数之间的相关性为零，或者，用第二章中的术语来说，输入和残差结果之间的相关性始终为零。

回归分析的最后一个属性（同时也可能是最重要的属性），就是允许我们计算出一种新的、独立于输入（X）之外的度量单位（残差或 $Y - \hat{Y}$）。换句话说，我们可以通过用 $Y - \hat{Y}$ 代替 Y 来消除（统计学家更倾向于用"控制"）输入对结果的影响。回归分析就是帮助我们实现这一点的统计工具。

可视化回归

也许理解回归的最好方法是将其可视化。因此，我们可以再回顾一下之前讲到的 GRE 分数连续体。但是这一次，我们也要展示个别学生的实际分数。为此，我们将使用一些真实数据，这些数据取自加州大学洛杉矶分校的学生，他们在高中参加了 SAT 考试，四年后在大四时参加了 GRE 考试。总共有 97 名学生（见图 2）。图 2 中的 97 个点分别代表不同的学生，这些点根据每个学生得分的高低来排列。请注意，当有多个学生得到相同的分数时，我们不得不将它们叠放在一起。因此，任何一个点的高度都表示得分相同的学生的人数。换句话说，每个点的高度表示该点对应的分数出现的频率。我们还可以画一条连接每列点顶部的线，创建一条大致呈正态分布的曲线。图 2 被称为频率分布，因为它以图形方式显示了样本中不同变量值的出现频率。更具体地说，我们会称之为一元频率分布，因为它展示了单一（一元）变量的不同值的出现频率。

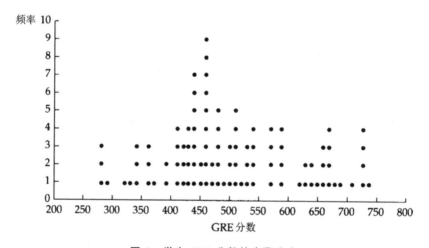

图 2　学生 GRE 分数的步骤分布

因为回归涉及至少两个变量，为了以图形显示回归，我们必须创建一种不同类型的分布图——二元频率分布（见图 3）。在图 3 中，我们所做的是设置了两个连续体，一个是 GRE 考试分数（垂直的），一个是 SAT 考试分数（水平的）。水平连续体也被称为 x 轴，这是我们放置输入或（X）自变量的地方，而垂直连续体被称为 y 轴，表示结果或因变量。我们需要再次说明的是，每个点代表一个学生。关于二元频率分布，需要记住的是，每个点（学生）代表一对分数（即每个学生的 SAT 和 GRE 分数），而点在二维空间中的位置是由学生在两个变量上的分数决定的。SAT 分数将学生定位在左右（x 轴）维度上，而 GRE 分数将学生定位在上下（y 轴）维度上。换句话说，二元频率分布将两个变量得分不同组合出现的频率以图像的方式显示出来了。如果两个人碰巧有完全相同的分数组合，正确的显示方式是将学生堆叠在第三个维度上。为了避免制作三维图形，我们通常会采用简便的做法，尽可能地将具有相同分数的学生紧密地叠放在一起。因此，在二元频率分布中，通过观察这些点（人）最集中的地方，我们可以用眼睛从视觉上判断频率以及两个变量间的相关性。

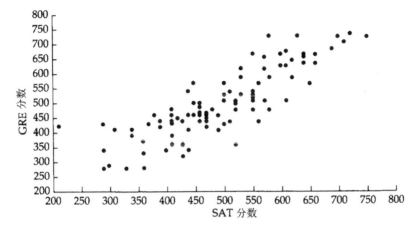

图3　学生 SAT 分数和 GRE 分数的二元频率分布

根据 SAT 分数（X）预估 GRE 分数（Y）时，除了在相关性完美（+1.0 或 -1.0）的极限情况下，我们的估计必然存在一定的误差（$Y - \hat{Y}$）。回归分析不仅提供了一种根据 X 估计 Y 的方法，而且通过使用最小二乘法使误差最小化，我们来看看其背后的逻辑。

图4在图3数据的基础上，在各点绘制了一条直线——回归线。回归线代表与 X 的每个可能值相对应的 $\hat{Y}$。回归线的应用步骤如下：① 在 x 轴上找到与玛丽 SAT 分数相对应的点；② 从该点出发画一条与回归线相交的垂直线；③ 在垂直线与回归线相交的点上，画一条水平线到 y 轴（GRE 分数）上；④ 水平线与 y 轴的交叉点就是玛丽的 $\hat{Y}$ 值（即根据她的 SAT 分数预估的 GRE 分数）。

以上根据图4描述的估计 Y 值的步骤与使用代数公式 $\hat{Y} = a + bX$ 预估玛丽的 Y 值得到的结果完全相同。换句话说，公式中的系数 a 和 b 与图4中的回归线具有相同的作用。实际上，这两个系数确定了图4中的线的位置。如果你计算所有可能的 $\hat{Y}$ 值（即对应于所有可能的 X 值），绘制这些点并将它们连接起来，你就绘制出了图5中的回归线。

请注意，在图4中，玛丽的实际 GRE 分数（由她特定点的垂直高度表示）可能与她的 $\hat{Y}$（估计的 GRE 分数，由 x 轴上对应她的 SAT 分数的点

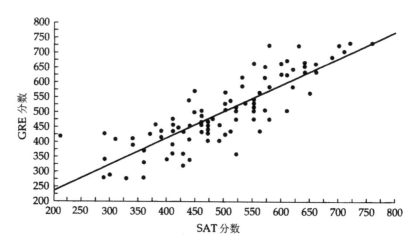

图 4 学生 SAT 分数与 GRE 分数的回归线

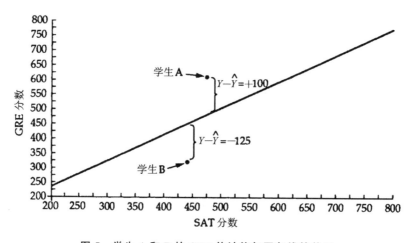

图 5 学生 A 和 B 的 GRE 估计值与回归线的关系

的回归线的高度表示）不一致。除非玛丽的点恰好落在回归线上，否则她的 $\hat{Y}$ 和 Y 将不匹配。换句话说，她的残差 $(Y-\hat{Y})$ 不为零。在图 5 中，我们展示了两个残差：学生 A，其 GRE 成绩落在回归线之上，其残差为 +100 分；学生 B，其 GRE 成绩落于该线下方，残差为 -125 分。换句话说，学生 A 的 GRE 成绩比我们的预估值（根据其 SAT 考试成绩预估）要高，而学生 B 的成绩则比预估值低。回归线的一个重要特点，是它位于使平方残差总和 $[(Y-\hat{Y})^2]$ 最小的位置（这就是最小二乘法原则），任何给定的二元频率分布图，有且仅有一条满足最小二乘法的回归线。换句话说，任何其他一条直线，它产生的残差平方（预测的总误差）都比回归线大。

系数 a 或 "截距"是回归线与 y 轴的交点。回归系数 b 也被称为回归线的斜率，斜率就是线条的陡峭度或平坦度。强相关性会产生陡峭的斜率，而弱相关性会产生平缓的斜率。当相关性为零时，直线与 x 轴平行。这种情况下，回归线与 y 轴相交于 Y 的平均值（$\bar{Y}$）（见图6）。

请注意，当这种情况发生时，不论 X 为多少，$\hat{Y}$（根据 X 对 Y 做出的估计）始终为 $\bar{Y}$ 值（Y 的平均值），其代数运算如下：

$$\hat{Y} = a + bX$$

因为 b 为 0，有

$$\hat{Y} = a + (0.0)(X)$$

或者

$$\hat{Y} = a$$
$$r = 0.0$$

因为 a 是回归线与 y 轴的交点：

$$a = \hat{Y}, \hat{Y} = \bar{Y}$$

实际上，当 X 与 Y 不相关时，X 对预估 Y 值没有帮助，此时最好（最安全）的做法是预估 $\hat{Y}$ 为 Y 的平均值。此时，$\bar{Y}$ 是常数，且每个学生的最佳预估值（$\hat{Y}$）都是 $\bar{Y}$。

另一方面，当 X 和 Y 存在一定的相关性时，b 不为零，回归线有一定的斜率。相关性越大，斜率就越陡峭。

那么 b 或斜率确切地来说意味着什么？也许理解这一点的最好方法是从 X 动态变化的角度来考虑。任何给定的 X 值都有一个对应的 $\hat{Y}$：

$$\hat{Y} = a + bX$$

现在，如果将 X 增加一个点，b 显示了 Y 的估计值 $\hat{Y}$ 的变化。具体来说，b 显示了每单位 X 增加时 $\hat{Y}$ 变化的量，我们也可以说 b 表示 x 每增加一个单位 $\hat{y}$ 的变化。

通过观察二元频率分布图（见图6），我们根据点（学生）离回归线的距离准确地了解 X 和 Y 之间的相关性强度，因为所有残差（$Y-\hat{Y}$）都由图6中对应的点与回归线之间的垂直距离表示。点越靠近回归线，残差越小，相关性就越大。如果完全相关（相关系数为 +1.0 或 −1.0），则残差为零（$Y-\hat{Y}=0$，或 $\hat{Y}=Y$），所有点都将落在回归线上。当相关性较大（但不完全相关）时，点将靠近回归线，形成一个向上或向下倾斜（负相关）的椭圆。当相关性为零或相关性非常弱时，点形成的图案可能更像一个圆形或不倾斜的椭圆。

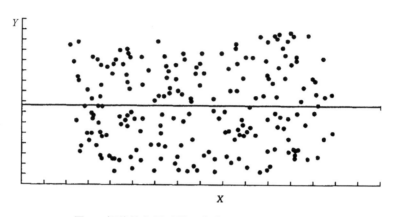

图 6　相关性为零时的回归线及二元频率分布图

多元回归

在第二章中,我们发现结果变量(Y)通常受到多个输入变量的影响。如果我们真的想尽可能地控制输入,我们需要能够同时控制多个输入变量。为了实现这一点,我们需要运用多元回归的统计学方法。[我们称只有一个 X 变量的回归(即 $\hat{Y}=a+bX$)为简单回归。]

多元回归方程的形式类似于简单回归方程,只不过在多元回归方程中通常会出现两个或两个以上的 X(输入)变量。因此,多元回归方程式如下:

$$\hat{Y}=a+b_1X_1+b_2X_2$$

每个 X 变量都有相对应的 b(回归系数),现在我们为 X 变量及其对应的 b 编号以便记录。当我们有两个以上的 X 变量时,我们只需为每个 X 变量额外增加一项"$+bX$"。因此,方程的通用式可简写为如下形式:

$$\hat{Y}=a+b_1X_1+b_2X_2+b_3X_3+\cdots+b_NX_N$$

省略号(…)代表所有省略的项,b_NX_N 代表最后一个(第 N 个)X 变量。

回到实际例子中,200 名学生分别有 SAT 和 GRE 成绩,假设我们用多元回归来控制两个输入变量:SAT 成绩变量和性别变量。首先我们为每位学生分配一个"性别得分"(性别变量下只有两种"得分"),男性赋 1 分,女性赋 2 分,这种存在两种变体的变量被称为虚拟变量;研究人员通常使用 0 和 1 而不是 1 和 2 为两种变体赋分,这种的选择是任意的,对结果没有影响。现在,每个学生都有 3 个分数:GRE 分数、SAT 分数和性别分数。

若想根据学生的 SAT 分数和性别来预估 GRE 分数，首先我们需要计算所有变量的样本均值和标准差，然后计算 3 个变量之间（GRE-SAT、GRE-性别和 SAT-性别）的简单相关性。随后建立一系列联立方程来求解常数 a、常数 b_1 和常数 b_2。因为多元回归的算术过程比简单回归要复杂得多，这里就不做展示了，感兴趣的读者可以参考相关文献（Cohen and Cohen, 1975; Pedhazur, 1982），或参考该领域专家的专论（Achen, 1982; Berry and Feldman, 1985; Lewis-Beck, 1980; Schroeder, Sioquist and Stephan, 1988）。现代计算机统计软件可以轻松地执行含大量 X 变量的多元回归任务，计算出回归系数。需要注意的是，这一代数运算将产生用于估计学生 GRE 成绩的信息：常数 a（截距）、学生 SAT 分数的回归系数（b_1）和学生性别分数的回归系数（b_2），公式如下：

$$\hat{Y} = a + X_1 b_1 + b_2 X_2$$

为了估算玛丽的 GRE 分数，我们需要将她的 SAT 分数（X_1）乘以 b_1，将性别分数（X_2）乘以 b_2，两个乘积相加后，再将其总和加上 a。基于多元回归计算出的 $\hat{Y}$ 与基于简单回归计算出的 $\hat{Y}$ 具有完全相同的属性：① $\hat{Y}$ 的平均值等于 Y 的平均值（$\bar{Y}$）；② 用 Y 减去 $\hat{Y}$ 即得到残差（$Y - \hat{Y}$）。

该残差最重要的性质是：它与 X_1 和 X_2 都不相关。换句话说，残差结果与在多元回归中使用的所有输入变量不相关或者说独立于输入变量。理论上，人们可以使用多元回归来控制尽可能多的输入变量。实际操作中，唯一的限制因素是计算机的容量和可用的受试者数量（在多元回归中，通常变量不会多余受试者的数量；理想情况下，受试者数量至少是变量的四到五倍）。

总之，如果我们用计算机多元回归程序处理 200 名学生的初始 GRE 成绩、SAT 成绩和性别得分，该程序将给出我们需要的三个系数：a、b_1 和 b_2。由此，我们可以为每位学生预估出 GRE 成绩（$\hat{Y}$），然后为每个学生计算残差 GRE（$Y - \hat{Y}$）（这 200 个 GRE 残差与初始的 SAT 分数和初始性别分数无相关性）。

多元相关/复相关

与多元回归类似，多元相关涉及比简单回归和简单相关更为复杂的代数运算。然而，我们有一种简单直接的方法用来计算因变量和多个自变量之间的复相关性——那就是计算 Y 和 $\hat{Y}$ 之间的简单相关性。换句话说，无论我们想控制多少个输入变量，一旦确定了每个输入变量的常数（a）和回归系数（b），接下来要做的就是为每个受试者计算 $\hat{Y}$，然后计算 Y 和 $\hat{Y}$ 之间的简单相关性。所得到的复相关性（区别于简单相关系数 r，这里用大写字母 R 表示复相关系数）可以用与任何简单相关完全相同的方式来解释。

简单回归需要借助三维图表来呈现，所以用图形显示多元回归不实际（需要四个或更多维度）。然而，如果将 Y 绘制在 $\hat{Y}$ 上，就可以在双元分布图中展示多元（复）回归。鉴于此，我们需要意识到 $\hat{Y}$ 实际上是关于输入的表达式，或者说是一种用预估结果来表达学生输入特征的方法。在200名学生的案例中，$\hat{Y}$ 为我们提供了解决问题的思路：给定学生入学时 SAT 成绩和性别，如何预估他在 GRE 考试中可能取得的分数？简单而言，根据输入特征，我们如何预估学生在结果上的表现？

一旦我们计算出 $\hat{Y}$，就可以计算残差（$Y-\hat{Y}$），从而回答以下几个问题：学生的实际表现和预期表现在多大程度上相符合？其输入特征是否与预期结果相当？其表现比预期好还是比预期差？有多好或多差呢？

与烹饪艺术相类比，可以帮助我们理解权重（多元回归中常数 b）的功能。在多元回归方程中组合几个输入变量（X）就像在一个食谱中组合不同的配料。使用多元回归的目的是得到结果变量的最佳预估值（$\hat{Y}$）；烹饪时将不同的配料组合在一起是为了创造出味道最好的菜肴。烹饪时，我们不仅要使用合适的配料，还要注意每种配料的正确用量，如半茶匙发酵粉、一杯牛奶，等等。烹饪中对于每种成分的测量或使用数量很像我们在多元回归中赋予每个输入变量的权重（b）；我们以这样一种方式对每个变量进行加权，以获得变量的最佳预估值，最终我们得到的结果用 $\hat{Y}$ 表示。正如我们不会选用无益于增加菜肴风味的配料一样，我们将无助于预测结果的输入变量赋予零权重。在回归中赋予变量零权重等同于排除该变量对结果的影响。

环境影响/效应评估

回到实际问题中——阅读练习对 GRE 口语成绩的影响。现在，我们有两种解决方法：① 分析不同环境变量水平下的残差 GRE 分数；② 将环境变量添加到回归方程中。我们接下来来看看这两种方法。

不同环境下残差的比较

我们在前文提到，GRE 分数的残差代表了学生在 GRE 考试中无法解释（或预测）的部分，即与学生的 SAT 分数和性别无关的因素。换句话说，它代表了学生的 GRE 成绩中超过或未达到预估结果（根据 SAT 和性别）的程度。此时，我们需要回答的问题是，偏离 GRE 预估值的那部分成绩是否（或是否部分）与学生的阅读练习量相关？

如果阅读练习对 GRE 成绩有积极影响，那么我们会在阅读练习量较大的学生中发现更多正残差，在阅读练习量较小的学生中发现更多负残差。换句话说，我们会发现阅读练习与 GRE 成绩的残差呈正相关。

验证阅读练习对 GRE 成绩有积极影响最简单的方法是：首先将学生分成两组——一组为阅读练习量大的学生，另一组为阅读练习量小的学生；然后分别计算阅读练习分数高于平均水平和低于平均水平的学生的 GRE 平均残差，如果两者平均残差有显著差异，就可以得出结论——阅读练习的确对 GRE 成绩有影响。

上述简单的解决方案形式多变。例如，可以只比较阅读练习量处于极端水平学生的残差，比如排名前 10% 和后 10% 的人。或者，将学生根据其阅读练习量从大到小（或从小到大）划分为四到五组，以确定阅读练习量更高的一组是否有明显的收益（GRE 成绩更高）。也许我们只有对比两到三个水平差组别的数据，才能比较出阅读量到底为多少才能带来收益差距（GRE 成绩的差距）。又或者，可能存在一个收益递减点，超过这个点，额外的阅读量不会带来 GRE 成绩的提升。这一点可以通过回答下面这个问题来确定：平均残差增加的量在相邻两个组别（根据其阅读练习量从大到小或从小到大划分的）中是否相同。可以在不同的阅读量区间绘制对应的平均残差。如果绘制的点（每个平均残差对应一个点）呈一条直线，我们就可以得出结论，每一阅读练习水平小组相对于低一级别（阅读练习）水平组而言收益相等。另一种方法是直接将单个学生的残差与他们的阅读练习量进行对比。如果这些点能形成一个（从图的左下方到右上方的）椭圆（如图 3 所示），就表明学生的阅读练习越多，学生 GRE 口语成绩的残差就越大。

德鲁提出了一个残差分析的有趣应用（Drew，1983）。当引入了某种环境"变化"（例如，新的计划、政策、教学方法）时，可以使用此方法来验证此种环境"变化"的效果是否会随着时间的推移显现。具体步骤是：首先，在几个不同的时间点计算残差结果测量值；其次，根据时间绘制平均残差，以确定环境"变化"的效果是否和预期相符。

在回归分析中添加环境变量

评估环境影响的第二个步骤是：将环境变量添加到由输入变量构成的原始回归方程中。在我们假设的例子中，这相当于确定除了 SAT 分数和性别之外，阅读练习是否对预测 GRE 成绩有所帮助。在这种情况下，我们需要从涉及两个输入变量（SAT 分数和性别）的双元回归转向涉及两个输入变量和一个或多个环境变量的多元回归。因此，"环境效应"检验在这里指确定阅读练习量对学生 GRE 成绩的预测力，是否超过了 SAT 成绩和性别这两个因素对 GRE 成绩的预测力。这里用到的统计学方法为逐步回归（stepwise regression）。逐步回归是一种多元回归，需要将自变量（输入或环境因子）逐个添加到回归方程中。因此，第一步实际上相当于一个简单回归（只涉及一个自变量）。第二步，需要将第二个自变量添加到回归中，列出全新的多元回归方程。如果有两个以上的 X 变量，需要继续增加额外的 X 变量，直到没有其他的变量能够显著增加对因变量的预测力。换句话说，逐步回归中的每一步都涉及计算一个全新的回归方程，其中一个新的自变量被添加到前一步方程的变量中。当然，在我们举的例子中，只有三个自变量，所以逐步回归最多只有三个步骤。

逐步回归中的每一步实际上发生了什么？我们可以试着再一次用实例来解释这个问题。如上文所述，这种回归的第一步只涉及一个因变量或输入变量，即 SAT 成绩。这个步骤完成后，我们计算 GRE 分数的残差（这一残差与 SAT 成绩不相关），并确定该残差是否与下一个输入变量"性别"显著相关。如果发现性别与 GRE 成绩的残差不相关，则不应将其添加到回归中。假设没有其他需要考虑的输入变量，我们将继续确定 GRE 分数的残差是否与阅读练习有关。如果这两者相关性不显著，我们可以得出结论：阅读练习对 GRE 成绩没有影响，并且不再进行回归的第二步了。相反，如果 GRE 成绩残差与阅读练习之间的相关性显著（在统计学上），就进入回归的第二步，SAT 成绩和阅读练习都被用作多元回归方程中的自变量。如果我们还希望考虑其他可能影响 GRE 成绩的环境变量，我们可以继续这个逐步回归的过程——将变量一个一个逐步添加到回归方程中——直到没有其他的变量能够显著增加对因变量的预测力。在逐步回归操作中，每添加的一个变量，都会进入到新的步骤。

我们先回顾一下以上我们所做的事情。首先要记住，任何统计方法都是为了分析变异而设计的。在所举的例子中，我们主要关心 GRE 成绩的变化：为什么学生的 GRE 成绩存在差异？仅仅因为他们性别不同或者进入大学时的 SAT 成绩不同吗？或者一部分差异源自学生在大学里阅读量的多少？那么，请注意，如果每个人的性别相同并且以相同的 SAT 成绩被大学录取，并且每个人在大学中的阅读量相同，以上问题毫无意义。因为 SAT 成绩、性别和阅读练习为常数（每个学生获得相同的 SAT 成绩，性别相同，阅读练习量一致）。换句话说，常数不会与 GRE 成绩或其他任何东西存在相关性。简而言之，只要学生在 SAT 成绩、性别以及大学期间阅读量这些方面存在差异，就有可能根据这三个变量中的差异来解释他们的 GRE 成绩的差异。多元相关系数（R）告诉我们 SAT 成绩、性别和阅读练习在多大程度上能对学生的 GRE 成绩的差异做出解释，而这三个独立的标准化回归系数（b 或 Beta）能告诉我们这三个变量如何分别对 GRE 成绩的差异做出解释。

偏相关和部分相关

阅读练习与 GRE 成绩的残差（独立于 SAT 成绩）之间的相关性通常被称为半偏相关或部分相关。通过计算残差变量（GRE 成绩）和非残差变量（阅读练习）之间的简单相关性，我们可以得到这样的相关性。然而，大多数计算机回归程序不使用部分相关性，而使用偏相关性。

接下来我们来解释什么叫偏相关。实际上，它是两个残差变量之间的简单相关性。例如，阅读练习和 GRE 成绩之间的偏相关（控制 SAT 成绩）具体是指 GRE 成绩的残差和阅读练习的残差之间的简单相关性。阅读练习的残差计算方式与 GRE 成绩的残差计算方式完全相同，只是将阅读练习（而不是 GRE 成绩）用作因变量。在这两种情况下，SAT 成绩是作为自变量使用的，换句话说，为了计算阅读练习的残差，我们暂时将阅读练习的原始分数视为因变量，并将 SAT 成绩作为简单回归分析中的自变量。现在，我们用下标 "pir" 来指代阅读练习，方程式如下：

$$\hat{Y}_{\text{pir}} = a + bX_{\text{SAT}}$$

$$\text{Residual} = Y_{\text{pir}} - \hat{Y}_{\text{pir}}$$

这种阅读练习残差与 GRE 成绩的残差之间的相关性就是偏相关，因为这两个残差都来自同一因变量（SAT 成绩）。如果我们使用了多个自（输入）变量（例如，SAT 成绩和性别），我们将对 GRE 成绩和阅读练习分别进行多元回归分析，计算这两个变量的残差分数，然后找到这两个残差之间的相关性。只要在计算两个残差时使用相同的自变量或自变量集，得到的相关性就是偏相关性。

如何解释阅读练习中的残差分数？看待这个问题的一种方式是使用I-E-O模型。I-E-O模型是必要的（这一点我们已经强调多次了），这是因为输入通常与环境以及输出相关。在我们假设的例子中，SAT成绩和阅读练习呈正相关，这说明人们在大学期间阅读练习的数量不同，部分原因是因为他们进入大学时有不同的阅读倾向。因此，SAT成绩可以被视为人们在大学里阅读倾向的粗略指标。通过计算阅读练习的残差（即通过控制SAT成绩对阅读练习的影响），我们能够衡量学生在进入大学时独立于语言能力外的阅读练习。换句话说，学生在大学阅读量的差异并不能归因于他们入学时的语言能力，而是由环境因素造成的，如他们所选的课程、参与的课外活动、他们的同伴，等等。这是学生阅读成绩中独立于SAT成绩的那部分（即不能从SAT成绩预测的部分），可能会对他们最终的GRE成绩产生影响。

因为我们可以像计算GRE成绩一样计算阅读练习的残差，所以也可以计算阅读练习残差分数与学生GRE词汇非残差（原始）分数之间的部分相关性。因此，每个偏相关性都有两个相应的部分相关性。偏相关或部分相关可以满足I-E-O模型的要求（例如控制输入）。也就是说，只要控制了输入对环境或结果的影响，环境或结果之间的部分相关性就不能归因于输入。尽管部分相关有一定的解释优势（Astin，1970a，1970b），但主要的计算机回归程序都使用偏相关，这要求我们在后文讨论统计方法时只关注偏相关。值得注意的是，偏相关最大限度地增加了发现环境因素对结果变量有显著影响的可能性，因为偏相关消除了输入变量对环境变量和结果变量的影响。

然而，我们将指定计算机程序仅查看两个输入变量（SAT成绩和性别），并选择与GRE成绩相关性最高的变量（在这种情况下为SAT成绩）开始回归计算的第一步。完成此操作后，计算机将计算GRE成绩和性别之间的偏相关（保持或控制SAT成绩不变）。如果这个偏相关不显著，性别就不会被加入方程，因为它不会改善预估的GRE分数。此时，计算机将继续计算GRE分数和阅读练习之间的偏相关系数（仍然保持SAT分数不变）。如果这个第二个偏相关系数被证明在统计学上是显著的，计算机程序将继续进行回归的第二步，它将使用两个自变量（SAT分数和阅读练习）计算多元回归方程。计算偏相关的目的是确定阅读练习是否对GRE分数预测的显著性有所增加。如果偏相关性在统计学上不显著，那么继续进行回归的第二步就没有意义，因为将该环境变量添加到回归方程中不会显著提高GRE成绩的预测能力。实际上，这将迫使我们得出结论，学生在大学里阅读的数量对他们最终的GRE分数没有任何影响。

现在我们需要回到对逐步回归分析的讨论上来。在假设的例子中，我们将对 200 个学生的数据使用回归分析。对于每个学生，我们都会提供四个分数：SAT 分数、性别分数、GRE 分数和阅读练习分数。我们会指示计算机程序进行逐步回归，其中 GRE 成绩是因变量（Y），SAT 成绩、性别和阅读练习是三个自变量（X）。然后，计算机将从 200 名学生中提取原始数据，计算每个变量的平均值和标准差，以及四个变量之间的六种相关关系，然后进行回归分析。逐步回归分析步骤如下：第一步，只关注两个输入变量（SAT 成绩和性别），并选择一个与 GRE 成绩相关性最高的变量（在本例中为 SAT 成绩）。然后，计算机会计算出 GRE 成绩和性别之间的偏相关性（控制 SAT 成绩变量）。如果该偏相关不显著，性别就不会被加入回归方程中，因为它无益于提高对 GRE 成绩的预测力。然后，计算机会继续计算 GRE 成绩和阅读练习之间的部分相关性（仍然保持 SAT 成绩不变）。如果第二个偏相关在统计学上是显著的，计算机将继续进行回归的第二步，即使用两个自变量（SAT 成绩和阅读练习）计算多元回归方程。计算偏相关的目的是确定阅读练习是否对预测学生的 GRE 成绩有显著的帮助。如果偏相关在统计学上不显著，则没有必要进行回归的第二步，因为在回归方程中加入该环境变量并不会显著提高对学生 GRE 成绩的预测力。实际上，偏相关不显著将迫使我们得出结论：学生在大学期间的阅读练习量对他们最终的 GRE 成绩没有任何影响。

一个真实案例

我们在第六章讲述了一个实例，实例中选用了加利福尼亚大学洛杉矶分校学生的 SAT 成绩和 GRE 成绩数据，并对数据做了逐步回归分析。那个例子主要是为非专业读者设计的。在附录中，我们将展示另外 个例子，并介绍更多相关的技术细节，这个例子主要针对计划进行实际数据分析的研究人员。上述例子都使用了标准统计包 SPSS（1988 年和 2010 年版本），其具有独特的优势——可以提供大量回归分析的每个步骤涉及的每个变量的相关信息。这个软件适用于大多数笔记本电脑。

这个说明性分析关注的问题涉及高等教育的重要成效之一：学生在校率。这个例子中的数据来源于机构研究合作计划提供的多个高等教育机构，其中受试者共有 4078 名学生，他们在秋季作为全日制大学新生入学，四年后在毕业季时对他们进行了跟踪调查。样本包括就读于大约 300 所四年制大学的学生，他们在大一时完成了机构研究合作计划问卷调查，四年后，学校提供了学生的 SAT 成绩和在校率。前人分析（Astin，1982）表明，这一样本具有代表性——可以代表涉及的学校所有大一新生的相关情况。

这些分析的结果变量由一个二分变量或虚拟变量组成：学生在进入大学后四年内完成学业（得分 1）或未能完成学业（得分 0）。[27] 这种情况下，对于在校率的定义是相当严格的，因为相当一部分学生并不是在四年间完成了学业（Astin，1982；Astin and Oseguera，2002）。同时，在校率有一种更广泛的定义，它将包括，比如说，将四年内未毕业、仍在攻读学位的学生视为持续者而不是辍学者。然而，高等教育研究所进行的其他分析表明，相比四年制学业完成者，需要超过四年才能完成学业的学生可能更接近我们定义的辍学者（Astin，1975；Astin and Oseguera，2005；Dey and Astin，1989）。

输入变量包括九个学生特征，这些特征已被前人证明是在校率的最有预测力的因素：如在新生问卷中收集的高中阶段的平均成绩（A 或 A+＝8，A−＝7，B+＝6，B＝5，B−＝4，C+＝3，C＝2，C＝−1），学生 SAT 的综合分数（口语加数学，ACT 综合分数被转换为 SAT 分数）（Astin，Christian and Hensen，1975），性别（女性＝2，男性＝1）和七个衡量不同种族和族裔群体成员的虚拟变量（白人、非裔美国人、墨西哥裔美国人、波多黎各裔美国人、亚洲人、美洲印第安人和其他群体）（每个都作为独立的虚拟变量）。

环境变量包括四个虚拟变量，测量新生进入的高等教育机构的类型：公立大学、公立四年制大学、私立大学、私立四年制大学。虽然在单个机构的研究中测量这四个环境变量是没有意义的（它们都是常数），但测量居住地、专业和课外活动参与情况等环境内部的变量对于单个机构是有意义的；换句话说，在这个例子中，我们可以使用单个机构的在校率数据进行各种环境效应分析，但是对环境变量需要做出调整，因为只涉及一个机构。

但如果用居住地、专业领域和课外活动等环境内部的变异测量替换这四种教育机构类型之间的度量，这种分析可以在单个机构中重复进行（参见第五章相关内容）。换句话说，在这个例子中，我们采用的环境效应分析类型同样可以使用来自单个机构的保留数据进行运算，尽管实际的环境变量度量必须不同，因为只涉及一个机构。

在设置这个特定的回归模型时，在校率的结果为因变量，而九个输入变量和四个环境因子为自变量。自变量被分成两个模块：输入变量（模块一）和环境变量（模块二）。在这些条件下，SPSS 将逐个输入第一个模块中的变量到回归中,直到该模块中没有其他变量能够显著地增加对在校率的预测力(用统计学术语表述,就是"直到没有其他变量能够显著地减少残差平方和")。用户可以指定不同的标准来决定是否输入模块内的变量。在这个特定的例子中,我们允许输入模块中置信水平为 0.05($F > 3.85$)的变量。当第一个模块中没有其他变量能够显著地增加对在校率的预测力,程序就会转而考虑第二个(环境)模块中的变量,依次将变量逐步输入,直到第二个模块中也没有其他变量能够显著地增加对在校率的预测力,程序终止。

在分析本例的回归结果前,我们再回顾一下回归分析背后的逻辑。这项说明性研究的基本目的是关注环境可能对结果产生的影响:确定不同类型的机构是否对大学生四年学业的完成情况产生不同影响。大量研究表明,学生在校率会受到诸如学术能力、入学考试成绩、性别和种族等诸多输入变量的显著影响(Astin, 1975;Astin and Oseguera, 2005)。同时,众所周知,不同类型的机构吸纳的学生群体在考试成绩、男女性别比例以及各族裔的比例方面存在差异。换句话说,我们期望九个输入变量不仅与在校率相关,还与四个环境变量相关。在这样的条件下,不同类型机构的在校率可能会因为其招收不同类型的学生而有所差异。因此,任何观察到的机构类型特征与学生在校率(学业完成)之间的相关性都可能是学生输入特征不同导致的结果。如果我们希望获得的学校机构类型对学生在校率的影响的偏差值较小,我们就需要控制学生的输入变量。因此,回归中的第一阶段(变量模块)包括控制学生输入特征,第二个模块将说明大学类型特征对学生在校率的预测能力是否强于学生输入特征的预测能力。

解释回归结果

表 3 展示了逐步回归结果。表 3 中的第一列为回归每一步骤的编号,在这个例子中,回归分析共八个步骤:前六个步骤涉及输入变量,后两个步骤涉及环境变量。"变量"这一列展示了每个步骤输入的变量。R 表示"多元相关系数",这一列展示了回归中每个步骤的多元相关系数,但实际上,R 为这一步从回归方程中导出的结果变量(Y)与该结果的估计值($\hat{Y}$)之间的简单相关性。下一列"简单相关性"(r)显示了输入变量和结果(在校率或学业完成情况)之间的简单相关性。最后八列展示了回归分析中每个步骤变量的 Beta 系数(标准化回归系数)。即使是已经掌握逐步回归的读者也可能并不熟悉最后八列数据,因此我们有必要对这些系数的实际含义进行讨论。

表3 大学入学四年内学业完成情况的预测（N=4078名大学新生）

步骤	变量	R	简单相关性 (r)	1	2	3	4	5	6	7	8
	引入的输入变量										
1	高中阶段的平均绩点	30	30	30	20	18	18	18	18	18	17
2	SAT总分	34	29		19	19	21	19	19	20	18
3	性别：女	34	05			02	07	07	07	06	06
4	种族：黑人	35	−13				−09	−06	−06	−05	−05	−05	−06
5	种族：印第安人	35	−05					−04	−04	−04	−04	−04	−04
6	种族：亚洲人	35	04						03	03	03	03	03	02
	引入的环境变量										
7	私立四年制大学	37	10	11	12	12	12	12	12	12	16
8	私立大学	38	11	06	04	04	04	04	04	11	11
	不引入的环境变量										
	种族：白人	—	12	07	03	03	−02	−02	01	00	02
	公立大学	—	−13	−14	−12	−12	−12	−12	−12	−08	−03

注：Beta值为公式中还未包含的但会在下一个步骤中考虑的变量的相关系数。数据来源于加州大学洛杉矶分校高等教育研究院、机构研究合作计划。学业完成情况由机构提供。这里省略了数字前的小数点。

首先，Beta系数只是已经"标准化"了的回归系数（b）（Beta也被称为标准化回归系数）。我们可以回顾一下标准的多元回归公式，即 $\hat{Y}=a+b_1X_1+b_2X_2$。之前我们将b解释为相关系数，但当时X和Y的方差相同。如果X和Y的方差不同，b必须弥补差异，以便预测Y（根据X）时运用准确的Y方差值。因此，如果X_1的方差比Y的方差大，b_1将成比例减小。同样地，如果X_2的方差小于Y的方差，b_2将成比例增大。如果X_1与Y的方差相等，b与Beta相等。因此，我们使用以下公式将b转换为与其相等的Beta：

$$\mathrm{Beta} = b\left(\frac{\mathrm{SD}_X}{\mathrm{SD}_Y}\right)$$

X方差不同时不能直接比较系数b，但可以比较Beta值以评估不同X变量的相对预测力。

SPSS 回归程序的独特优势之一是，在每一步之后，它为每个尚未进入回归方程的自变量设计了"beta in"这一步骤，换句话说，计算机程序往前做了一步，即计算出尚未进入回归的变量在下一步进入回归后 Beta 值是多少。例如，第一个步骤完成后 SPSS 计算出 SAT 综合成绩的"beta in"为 0.19。第一步中涉及的自变量是学生高中阶段的平均绩点，这个 0.19 的"beta in"表示如果要写出涉及高中 GPA 和 SAT 综合成绩的二元方程，SAT 综合分数的 Beta 值为 0.19。请注意，SAT 综合成绩这一变量被输入方程中，其对应的 Beta 值确实是 0.19。每一步完成后，SPSS 都会为尚未进入方程的变量计算偏相关性，即保持方程中已经存在的变量不变，计算每个自变量与结果（因变量）之间的偏相关性。对于尚未进入方程的变量，相对于给出 Beta 值，计算出它的偏相关关系也许更佳。在表 3 中，我们已经列出了"beta in"的结果，给出了相应的回归系数（SPSS 没有为方程中已经存在的变量计算部分相关性）。

读者也许会发现，随着步骤的推进，逐步回归分析的 Beta 值越变越小。原因是，自变量间往往彼此相关（这就是多重共线性）。随着步骤的推进，方程中添加了越来越多变量，它们彼此共享越来越多的预测能力。因为自变量的预测能力分散在更多的变量上，单个变量相关的预测能力往往会越来越小。然而，在苛刻的条件下，Beta 会越来越大，这种现象被称为"抑制效应"，在后文中我们会详细讨论这一概念。

首先，我们来看看表 3 中与回归分析的主要目的直接相关的发现：评定大学类型是否可能对学生在校率产生影响。请注意，在控制了学生输入变量之后，有两种大学类型顺利进入了下一阶段（第二阶段）的回归方程。这一结果表明大学类型确实会影响学生在四年内完成学业的可能性（在校率）。当然，这一结论的效力有限，因为我们在这个特定案例的分析中没有控制其他重要的输入因素。实际上，测试大学类型对在校率的影响需要控制更多的输入变量，例如最初的专业选择和学生家庭的社会经济地位，等等。但是为了使示例相对简单、易理解，我们在此分析中省略了一些变量。

现在我们来看看我们能从表 3 中的 Beta 系数中学到什么。从回归的第一步开始，即输入高中阶段的平均绩点变量。作为第一个模块变量中的首个变量输入，它与因变量或结果变量（在校率）的简单相关性最大（0.30），同时高中阶段的平均绩点变量在第一步骤完成后的 Beta 值也为 0.30，因为在单变量回归方程中，两个变量之间的简单相关性与标准化回归系数相同。在第二个步骤中，当输入 SAT 成绩变量后，高中阶段的平均绩点变量的 Beta 值显著下降（从 0.30 降至 0.20）。这说明如果两个输入变量呈正相关，且它们被用于双元回归方程预测在校率，这两个变量必然会共享一部分预测能力。我们需要注意，当高中阶段的平均绩点变量进入回归方程后，SAT综合分数的简单相关性和第一步骤中计算的Beta值都相应地下降了（从0.29降至0.19）。

当"性别：女"在第三步进入回归时，高中阶段的平均绩点的Beta值也略微下降（从0.20降至0.18）。这告诉我们，女性和高中成绩之间存在正相关关系（女性的成绩比男性高），因此当它们同时出现在回归方程中时，这两个变量必须共享各自的预测能力。在性别为女性和高中成绩之间存在相同的正相关性，这在简单相关性和第一步后的Beta值之间的下降中得到了体现：从0.05降至0.02。

第三个步骤完成后，SPSS计算出的高中阶段的平均绩点变量的Beta值变化很小，这说明步骤四到步骤八中的输入变量和环境变量与高中阶段的平均绩点没有太多相关性。这里唯一可能的例外是在第八步，即当私立大学这一环境变量进入回归分析时，高中阶段的平均绩点的Beta值略微下降，从0.18降至0.17。这一数据表明高中阶段的平均绩点和私立大学之间存在正相关关系（选择私立大学的学生往往比选择其他类型的学校的学生高中阶段的平均绩点更高）。

抑制效应

现在我们需要考虑另一个输入变量——"性别：女"，以及在回归分析的每个步骤中的Beta系数是如何变化的。如上文所述，女性和高中成绩呈正相关，这一点可根据其简单相关性和第一步后Beta的下降（从0.05到0.02）推测出来。然而，当在第二步中输入SAT综合成绩变量后，有趣的事情发生了：女性的性别系数从0.02增加到0.07，这正是"抑制效应"的一个绝佳例子。在步骤一和步骤二之间，女性的性别系数变大的原因是女性与SAT综合分数呈负相关（即女性的SAT分数往往比男性低）。因此，如果两个自变量与因变量呈正相关，但两个自变量彼此呈负相关，控制其中一个变量则会增强另一个自变量与因变量之间的相关性。我们使用"抑制因子"这一术语来表示一个变量"抑制"了另外两个变量之间的关系。如果控制抑制变量，则另外两个变量之间的关系会增强。在当前的例子中，SAT综合成绩为抑制变量，因为它抑制了性别（女性）变量和学生在校率变量之间的关系。抑制变量通常只能在事后被识别出来，即只有在控制它后观察到其他两个变量之间的关系变得更强时，我们才知道一个变量正在抑制另外两个变量间的关系。抑制效应始终是对称的，因为控制任一自变量都会加强其他自变量与因变量之间的相关性。请注意，在第三步中输入性别（女性）变量时，SAT 综合得分的 Beta 系数也会增加，从 0.19 增加到 0.21。选择哪个自变量作为抑制变量取决于我们控制变量的顺序。

大体上，我们可以观察到抑制效应的两种不同情况：① 两个自变量与因变量具有相同的关系（都是正或都是负），并且自变量之间呈负相关；② 两个自变量与因变量具有相反的关系（一个正、一个负），并且自变量之间呈正相关。

我们可以通过追踪逐步回归分析中 Beta 值的变化来掌握自变量的信息。以"种族：黑人"为例，简单的相关性系数为 −0.13，这表明与其他学生相比，黑人在进入大学后四年内获得学士学位的可能性更小。但是，由于最终的 Beta 系数（ 0.06）变为 −0.13，我们可以通过观察回归中具体哪些种族系数大幅下降来了解为什么黑人学生的在校率较低。我们发现在以下两个步骤中，"种族：黑人"系数大幅下降。

其中一个步骤为，第一步输入高中阶段的平均绩点时（Beta 系数从 −0.13 变为 −0.09）；另一个步骤为，第二步输入 SAT 综合成绩时（系数从 −0.09 变为 −0.06）。第二步完成后，"种族：黑人"的 Beta 系数变化就很小了。这一分析告诉我们，黑人学生的在校率低于其他种族，部分原因是他们的高中阶段的平均绩点和 SAT 分数较低。如果我们想从教育视角来陈述这些发现，我们可以说，黑人学生比其他种族学生辍学率更高的主要原因之一是他们在中学阶段的学业准备不足。

环境变量中私立大学的 Beta 系数也呈现出有趣的变化模式。虽然私立大学与在校率间的简单相关系数为 0.11，但在控制高中阶段的平均绩点和 SAT 综合成绩后，该系数迅速缩小至 0.04。这说明，私立大学的在校率较高，主要是因为它们吸纳了学业准备充分的学生。但是，请注意，当四年制的私立大学被输入到回归方程后，私立大学的 Beta 系数从 0.04 这个低点跃升为第七步的 0.11，这也是抑制效应的另一个典型例子。这种效应的解释如下：为虚拟变量如"私立大学"赋 1 分，为其他类型的高等教育机构赋 0 分（其他类型的教育机构包括对在校率有积极影响的四年制私立学校），往往掩盖了私立大学对在校率的积极影响。一旦控制私立四年制大学这一变量（步骤七），私立大学的积极影响就会变得更强。实际上，将私立四年制大学添加到步骤七的回归方程中，在统计学上表示将私立四年制大学变量从其他类型的高等教育机构中"转移"到私立大学这一类别中。

表3还可以帮助我们理解为什么某些变量根本无法进入回归方程。例如，"种族：白人"与在校率之间的简单相关性很显著，但却未进入回归方程。这个变量的Beta系数表明，原因是前两个变量（高中阶段的平均绩点和SAT综合成绩）输入后，其Beta系数被降低至不显著。简单来说，白人学生完成学业的可能性比非白人学生更高是因为他们进入大学前有更充足的学业准备。一旦控制了学业准备变量，他们的在校率与非白人的在校率没有显著差异。换句话说，白人学生的在校率与具有相当学业准备的非白人相同。

当使用学院类型或专业领域等互斥虚拟变量集时，研究人员在解释结果时应多加小心。例如，公立大学和公立四年制大学这两个环境变量没有进入回归方程，这一事实不应被视为就读这类机构不会影响一个人完成学业的可能性。它们没有进入回归的原因仅仅是他们的对立面——私立四年制大学和私立大学——先进入。要了解这些环境变量是如何运作的，最好的方法是在控制了所有输入变量之后，但在任何环境变量进入之前，检查回归方程的结果。在本例中，这样的检查应该在步骤六之后进行。注意，在第六步之后，所有大学类型变量的系数都具有统计显著性：两个私有虚拟变量的系数为正，两个公共虚拟变量的系数为负。事实上，私立四年制大学和公立四年制大学的系数没有显著差异，但实际上等于第二位显著数字（分别为+0.12和-0.12）。私立四年制大学的系数在第三位，略大于公立四年制大学，因此它首先进入回归方程。考虑到这些微不足道的系数差异，正确的结论是，就读私立院校对一个人在四年内获得学士学位的机会有积极影响，而就读公立院校则有同等的负面影响。

第六章报告的回归分析中包含了抑制效应的其他几个有趣的例子，其中GRE分数是根据SAT分数、性别和学生的专业（理科与非理科）预测的。表4总结了逐步回归结果。最令人印象深刻是，女性（相对应的变量为男性）这一虚拟变量与GRE成绩的简单相关性为0.06，该相关性在统计学上不显著（样本容量为97，$N=97$）。在控制了SAT成绩（前测）后，第一步中Beta为0.07，仍然不显著，据此，我们可以得出这样的结论：学生的性别对其GRE成绩影响不显著（没有相关性）。然而，在第二步，将SAT数学成绩输入回归方程后，女性的Beta系数跃升至0.18（显著），这表明与SAT口语成绩和数学成绩相当的男性相比较，女性GRE成绩比男性更好。这里的关键短语是"与SAT分数相当"，控制SAT口语成绩和数学成绩是为了在统计学上将SAT分数相当的学生"相匹配"。

表 4　根据 SAT 分数、性别、专业预测的 GRE 分数（$N=97$）

步骤	复相关性 (R)	新生预测变量	简单相关性 (r)	每个步骤后获取的 Beta 值			
				1	2	3	4
1	0.850	SAT 口语	0.85	0.85	0.82	0.80	0.76
2	0.857	SAT 数学	0.30	0.11	0.11	0.21	0.33
3	0.870	女性（vs. 男性）	0.06	0.07	0.18	0.18	0.17
4	0.883	理科（vs. 非理科）专业	0.11	−0.06	−0.21	−0.19	−0.19

注：数据来源于加州大学洛杉矶分校本科生，他们都是研究生院的申请人。读者也可以参考第六章的表 6.5。

但是，为什么会产生这种效应呢？我们如何从实际的角度（而非纯粹统计的角度）理解这一效应呢？之所以在控制 SAT 数学成绩变量之前没有看出性别的影响，是因为男性的 SAT 数学分数高于女性。GRE 成绩不仅取决于 SAT 口语成绩，还在一定程度上依赖于 SAT 数学成绩，至少一部分女性的 GRE 成绩稍差是其 GRE 数学成绩较低导致的。因此，SAT 数学成绩不佳掩盖了性别（女性）与 GRE 成绩间的真实关系（在具体例子中指与 SAT 口语成绩和数学成绩相当的男性相比较，女性 GRE 成绩比男性更好）。只要控制了 SAT 数学成绩这一变量，女性与 GRE 成绩之间的关系就会立刻显现出来。

另一个有趣的抑制效应出现在环境变量"理科专业"中。这个变量与 GRE 成绩的简单相关性为 −0.11，这意味着理科专业的学生在这项考试中比非理科专业的学生表现得更差。第一步，我们控制了 SAT 变量，完成这一步后相关性减少到 −0.06（不显著）。但是，如果我们仅仅满足于控制 SAT 成绩变量的结论，我们得出的结论为：主修理科专业对学生的 GRE 成绩的影响不显著。但是，第二步，我们控制 SAT 数学成绩这一变量后，理科专业的 Beta 系数变为 −0.21（非常显著）。第三步，控制性别变量后，Beta 系数依然维持在 −0.19（显著）。因此，通过在第二步控制附加变量（SAT 数学成绩），我们发现攻读理科专业实际上对 GRE 成绩有显著的（负面）影响。对于上述例子中抑制效应的理解与 SAT 数学成绩对于女性 GRE 成绩的抑制效应类似，理科专业学生的 SAT 数学分数高于非理科专业学生，因此他们可以在 GRE 考试涉及数学题的部分获得高分，这掩盖了理科专业对于 GRE 成绩的负面影响。一旦我们在第二步控制了 SAT 数学成绩变量的影响，理科专业对 GRE 考试的负面效应就显现出来了。

其实任何抑制效应都是双向的，我们发现 SAT 数学成绩的 Beta 值也随着女性（从 0.11 到 0.21）和理科专业（从 0.21 到 0.33）这两个变量加入回归方程而增加。为什么在控制性别和专业领域这两个变量的情况下，SAT 数学成绩的 Beta 值会从 0.11 上升到 0.33 呢？原因是 SAT 数学分数高的人（相对于数学分数低的人）更有可能是男性，并且更有可能主修理科。通常，SAT 数学成绩高对 GRE 成绩有积极影响，但这一点在一定程度上被掩盖了：数学成绩高的人中，男性和理科生比例过高。（我们也可以说，SAT 数学成绩较低对 GRE 成绩的负面影响被一个事实削弱了，即 SAT 数学成绩较低的人包括许多女性和非理科专业的学生。）一旦我们控制了性别和专业变量，SAT 数学成绩对 GRE 成绩的积极影响就显现出来了。

估算输入和环境影响的大小

回归分析的实际应用之一是估算多个自变量的实际影响。在此之前，我们首先回顾一下标准的回归公式。涉及一个自变量的简单回归公式是：

$$\hat{Y} = a + bX$$

涉及多个自变量的多元回归公式为：

$$\hat{Y} = a + b_1 X_1 + b_2 X_2 + \cdots + b_N X_N$$

表 5 展示了表 4 中总结的前三个步骤的实际回归公式。在这里，我们使用的是非标准化回归系数（b），而不是标准化的 Beta 系数（β），在估算每个学生的实际 Y 值时，需要使用非标准化系数 b。表 5 还提供了三个回归方程的系数 a（截距）。要通过上述回归公式预估出每个学生的 $\hat{Y}$ 值，我们只需要用公式中的 X 替换相应输入变量上学生的实际得分。

表 5 中的最后一行数据是为平均成绩为 B，SAT 综合分数为 1000 的女学生预估的 $\hat{Y}$ 值。这些 $\hat{Y}$ 值究竟意味着什么呢？例子中，因变量是虚拟变量，赋值范围为从 0（没有学位）到 1（获得学士学位），因此对方程求得的 $\hat{Y}$ 值的最佳理解为在四年内获得学士学位的概率。使用上面简单回归公式（只涉及一个输入变量，高中阶段的平均成绩），我们得到的 $\hat{Y}$ 值为 0.389，这个值可被视为该学生在四年内获得学士学位的概率。当然，只要把小数点向右移动两位，概率就可以转换成百分数。因此，我们可以说，在高中平均成绩为 B 的学生中，大约有 38.9% 的人在大学四年内获得了学

士学位。同样，从上面多元回归公式中我们可以得出结论，在高中平均成绩为 B，SAT 综合成绩为 1000 的学生中，约有 42.3% 的人在四年内获得了学士学位。最后，在平均成绩为 B，SAT 总分为 1000 的女学生中，约有 45.8% 的人在大学四年内获得了学士学位。[28]

表 5 使用逐步回归的不同公式预测学生完成学业的可能性（基于表 3 中的数据）

输入的变量	公式中参数 b 的取值		
高中阶段的平均成绩（X_1）	0.0922	0.0620	0.0560
SAT 综合（X_2）		0.000474	0.000526
性别：女性（X_3）			0.0652
系数（a）	−0.0716	−0.3608	−0.4137
单个女同学的 $\hat{Y}$（$X_2=1$），平均值为 B（$X_1=5$），SAT 综合分数为 1000（$X_2=1000$）	0.389	0.423	0.458

当我们改变输入变量值的时候，这些概率会如何变化呢？假设有一位优秀的女学生，高中平均成绩为 A，SAT 综合得分为 1300，我们使用三种不同的公式计算出她在大学四年内获得学士学位的概率，分别为 0.666、0.751 和 0.783。相比之下，一个高中平均成绩为 C，SAT 综合成绩为 700 分的男学生四年内获得学士学位的概率较低，分别为 0.113、0.095 和 0.067。因此，尽管基于这些输入变量的多元相关性（R）相当低（见表 3），但中学期间学业准备充足的学生比学业准备不足的学生在大学四年内获得学士学位的可能性要大得多。

那么，如何估计单个输入变量及环境变量的影响大小呢？为了说明这一点，我们使用表 3 所示的回归中最后一步（第 8 步）使用的回归公式，并将系数定为表 6 中的第一列数字。表 6 中的第一个变量（X）为高中阶段的平均绩点（X_1），其系数 b 为 0.0542。同一行中的后两个数值显示了学生在高中阶段的平均绩点上可能得到的分数范围，从最低的 1 到最高的 8。接下来的两个值为回归系数 b 和 X_1 的乘积，分别采用了 X 的最大值和最小值（例如高中阶段平均成绩的最低值和最高值）进行计算。最后一个值展示了高中阶段平均成绩所带来的最大差异，即为前面两个值之间的算术差。大体上，最后这个值展示了一个特定的变量导致最终值产生的最大差异。显然，表 6 中的最后一栏数字说明大多数自变量（尤其是高中阶段成绩和 SAT 综合分数）可以对学生在四年大学期间完成学士学位产生巨大的影响。

表 6 预测输入和环境对学生在校率的影响（基于表 3 中的数据）

变量	最后的 b 值	X 的范围		bX 的范围		最大值
		最低值	最高值	最低值	最高值	差值
输入						
高中阶段的平均成绩	0.0542	1	8	0.0542	0.4336	0.379
SAT 综合成绩	0.000453	550	1600	0.249	0.725	0.476
性别：女	0.060	0	1	0.000	0.060	0.060
种族：黑人	−0.109	0	1	0.000	−0.109	−0.109
种族：印第安人	−0.208	0	1	0.000	−0.208	−0.208
种族：亚洲人	0.084	0	1	0.000	0.084	0.084
环境						
私立四年制大学	0.161	0	1	0.000	0.161	0.161
私立大学	0.160	0	1	0.000	0.160	0.160

注：这里的"差值"是指每一个变量对学生在进入大学四年内获得学士学位概率的影响；SAT 综合成绩 550 分表示样本中的最低分，从理论上来说，学生可能取得的最低分是 400 分；相关数据来源于高等教育研究院所、机构研究合作计划。

当然，我们最感兴趣的是四年内能否获得学士学位与大学类型相关性的大小。我们发现，私立四年制大学和私立大学的结果几乎相同。无论就读于私立大学，还是就读于私立四年制大学，都可以将学生四年内获得学士学位的机率提高约 16%。我们可以注意到表 6 中关于虚拟变量有趣的一点：每种情况下，变量可以产生的最大差异与系数 b 相同。因此，当自变量和因变量都是虚拟变量时，我们可以直接将自变量的回归系数（b）理解为该变量从属于一个或另一个范畴的可能性有多大的影响。[29]

与回归分析相关的文献通常都主张使用平方相关系数（R^2）作为检验因变量与自变量之间的相关性的常见指标，以说明自变量占因变量的方差百分比。我们鼓励研究人员使用 R^2 作为自变量预测因变量方差能力的指标。我们进一步建议，应该通过添加变量到多元回归方程中，观察 R^2 的增加值来评估变量的重要性。这些指导方针常常误导研究人员得出结论：只能使 R^2 产生微小变化的变量并不重要。

笔者从事逐步回归相关工作数十年的经验告诉我们，R^2 或 R^2 的变化并不是评估自变量重要性的良好指标。我们将用当前的例子来说明这一观点。首先，我们需要考虑 R^2 的绝对值。表 3 显示，在回归的第三步［当输入高中阶段的绩点、SAT 综合分数和性别（女性）变量进入回归方程时］，R 为 0.34。因此，相应的 R^2 将为 0.34×0.34，即 0.116。如果使用方差百分比方法，研究人员可能会得出结论，这三个输入变量不是学生完成学业的重要预测因素，因为它们在方差中的占比不到 12%。然而，表 5 中展示的分析却恰恰相反，一个平均成绩为 A，SAT 综合成绩为 1300 的女学生，在四年内完成学士学业的机率约为 78%，而一个高中阶段平均成绩为 C 且 SAT 综合成绩为 700 的男学生，在四年内完成学士学业的机率不到 7%。因此，这个女学生完成学士学业的可能性比男学生高十倍。显然，尽管方差占比很少，但这样的差异具有重要的实际意义。这说明，即使多元相关性系数很小，方差占比很低，自变量的极端差异也可能具有实际意义。

那么我们可以根据回归系数来判断各个变量的重要性吗？以环境变量中的私立大学为例，当这个变量在第 8 步被输入到回归方程时，多元回归系数仅从 0.367 增加到 0.380。因此，与该环境变量的输入相关的 R 相应仅增加了 0.0097，即不到 1%。按照方差占比方法对其进行解释，我们可能会得出结论：这一环境变量并不重要，因为它在因变量方差中占比不到 1%。然而，我们已经看到，这个特定的环境变量将学生在四年内获得学士学位的可能性增加了 16%。当私立大学的学生基数很大时，16% 绝非微不足道，这一比例意味着每年会有成千上万的学生获得学士学位。即使对于单个学生来说，其在四年间完成学业的可能性提升了 16%，这一数据带来的实际意义也不容忽视。简而言之，这一例子说明用 R^2 的增加预估输入或环境变量的重要性可能会对结论产生误导，而回归系数是一种更好的判断该变量的效力或重要性的指标。[30]

还有另一个关于解释系数大小的注意事项。因为在大多数数据集中，自变量之间存在相当程度的相关性（多重共线性），随着方程中变量数量的增加，任何单个变量都被迫与其他相关变量"共享"越来越多的预测能力。此时应该插入另一个有关解释 Beta 系数大小的警告。在这些条件下，研究人员应该谨慎判断，不能仅仅因为其 Beta 值很小就得出某个变量不重要的结论。应该通过考察三个因素做出判断：变量与因变量的简单相关性，变量进入回归方程后 Beta 值的大小，以及导致该变量 Beta 值下降幅度最大的相关变量。例如，如果进入回归方程的几个自变量彼此高度相关，那么仅仅根据其最终 Beta 值得出"任何一个变量都不重要"的结论可能不太合理。我们需要关注的是，当每个变量进入回归方程时，它们对彼此的影响，并确定它们作为一个整体在进入方程后，R^2 的值增加了多少。也许最简单的方法是记录每个变量进入方程时 R^2 的增量,然后对集合中所有变量的增量求和。我们可以使用整个集合而不是一次使用一个变量来估计结果的最大差异(见表 6)。另一方面,如果集合中的每个变量都可以被用来判断类似的集合,并且如果该集合是研究人员的核心兴趣所在,这种情况下,结构方程模型可能比最小二乘法回归分析更可取(Engberg,2007)。

交互效应

我们已经在第六章讨论过交互效应的含义了。在回归分析的背景下评估交互作用存在许多方法论问题,主要是因为我们可以用于调查研究的交互数量太多了。在一组自变量之间存在多少种相关性,就存在多少种简单的(即双变量)交互效应。我们用 N 代表变量的数量,则交互作用总数可表示为 $(N^2-N)/2$。因此,如果分析中有 20 个输入变量和环境变量,则这些变量之间共存在 $(400-20)/2$,即 190 种简单的交互作用可供调查研究。

许多研究人员仅研究特定理论提出的那些交互作用效应。然而,高等教育领域缺乏全面的理论,这极大地限制了仅基于理论可以探索的交互效应的多样性。

另一种方法是根据其内在重要性(如性别、种族、社会经济地位或能力)选择有限数量的输入变量,并确定这些变量是否与环境变量相互作用从而影响调查结果。

有几种可能的方法能用来评估环境和学生输入变量之间的交互效应。其中最简单的方法是根据可能与环境变量相互作用的输入特征(女性、男性、白人、少数民族等)建立不同的学生子群,并对每个子群进行单独分析。例如,如果我们要分别对男性和女性进行分析,我们可以通过确定特定的环境变量是否对一种性别有一种影响而对另一种性别有不同的影响来搜寻交互效应。在使用逐步回归时,这样的分析应该分两个阶段进行。首先,应该分别对男性和女性进行逐步回归分析。然后,将进入回归分析的自变量合并到一个单独的集合中。最后,使用自变量的组合集以同时重新运行这两个回归方程。通过这种方式,研究人员可以确保男性和女性的系数是使用包含相同自变量集的方程获得的。

从计算的角度出发,这一方法的主要缺点为操作烦琐,因为它需要针对每个输入变量上的每个类别进行独立的分析。更有效的方法是通过从可能相互作用的变量的组合生成新变量,在单个分析中搜索交互效应。这些新的交互变量可以通过将相关输入变量和环境变量相乘来生成。假设我们的结果衡量的是学生在校率（获得学位 vs. 未获得学位），我们想要确定学生的学术能力（输入变量）和学生的课程负担（环境变量）之间是否存在相互作用。

我们想知道在校率（获得学位的能力）是否取决于学生的课程负担，或者课程负担对在校率的影响是否因学生的能力水平而异。为了探索这些问题，我们可以先生成一个新的交互变量，即学生的 SAT 分数和第一学期所修课程分数的乘积。

我们可以以稍微不同的方式对涉及分类或虚拟变量的交互作用进行探索。例如，在一项测量在校率的研究中，我们想探索学生性别与其参与荣誉项目多少之间的交互作用。因此，我们希望确定荣誉项目的参与对男性和女性在校率的积极影响是否相同。

在这种情况下，我们将创建一个或多个由潜在交互变量的组合定义的新的虚拟变量。例如，我们可以生成一组新的虚拟变量：男性荣誉项目参与者（得分 1）和其他所有人（得分 0）。我们还可以创建另一组虚拟变量：女性荣誉项目参与者（得分 1）和其他所有人（得分 0）。这里还有另外两种可能的组合（即男性非参与者和其他人，女性非参与者和其他人），但在这个特定的例子中，它们是多余的，因为它们已经被前两种涵盖了。

研究交互作用效应的一个特殊之处在于，控制了构成交互项变量的主效应之后，我们才能确定交互效应是否显著。这一问题与我们在设计方差分析中遇到的问题相同，在研究交互作用效应之前，我们需要消除自变量的主效应。这个要求意味着，在控制输入和环境变量的简单影响前，我们需要从逐步分析中保留输入和环境变量之间交互作用的特殊构造变量。在实践中，我们需要在回归方程中添加输入和环境变量模块之后，生成一个单独的交互变量模块，将其输入到回归方程中。因此，检验交互作用是否显著的目的是确定交互模块中的变量对结果的预测力是否比先前模块中输入和环境变量对结果的预测力更强。

如果逐步回归告诉我们交互效应很显著，也并不意味着其含义很容易被理解，当两个变量相乘形成交互项时尤其如此。即使这样一个交互项使回归方程的结果更显著，也会导致显著交互的两个变量的特定组合可能并不显著。因此，即使我们将学生能力和其所修的课程数量相乘创建交互项，且该项对结果的预测有显著贡献，我们仍然不确定这两个变量的哪个特定组合导致了显著的交互作用，是学业准备充分的学生受益于繁重的课业负担，还是学业准备不足的学生因繁重的课业负担而受到影响，或者还有其他可能？为了回答这样的问题，我们可能有必要像对待分类变量或虚拟变量那样对待连续变量。也就是说，我们可能需要进行另一种分析：生成代表两个连续变量不同程度组合的虚拟变量，然后重新对其进行回归分析，以确定哪种特定的输入和环境变量的组合可以解释交互效应。

分层线性建模（hierarchical linear modeling，HLM）（Bryk and Raudenbush，1992）为研究交互效应提供了一种全新的且日益流行的技术。这一技术使研究人员确切地知道，系数 b（即输入变量回归线的斜率）在不同类别的环境变量中差异显著。可惜的是，目前搭载 HLM 技术的软件还不能进行逐步回归分析。

创建虚拟变量

对于创建用于回归的虚拟变量的最后一种技术不熟悉的研究人员有时会发现有一点很难理解，即每个受试者必须在每个虚拟变量上得到一个分数，而任何给定的受试者的分数集通常只涉及一个 1，其余为 0。例如，如果我们想研究 SAT 分数和课程负担的特定组合的影响，我们可以将这两个变量分为三个等级：高、中、低。然后我们可以任意搭配两个变量的不同级别，产生 3×3，即 9 个可能的虚拟变量，每个虚拟变量都代表两个变量的不同组合（高-高，高-低，低-中，等等）。每个虚拟变量会为符合组合条件的受试者（例如低-低）赋予较高的分数（1），赋予所有其他受试者较低的分数（0）。以此类推，每个受试者会得到 9 个分数（每个变量组合一个分数），而 9 个分数中有 8 个是 0 分。9 个分数中唯一的 1 分代表该受试者在两个变量上得分的特定组合与虚拟变量相符合。

最后一个注意事项是，如果研究人员创建了一个虚拟变量集，代表定性变量（例如种族）所有可能的类别，或者说基于两个变量组合的所有可能的交互作用，那么必须确保所有组合都不进入回归方程。[31] 逐步回归通常可以防止这种情况发生。

因 果 建 模

I-E-O 模型展示了研究人员认为的简单的因果模型。在因果建模中，我们想确定最终影响因变量或结果变量与自变量相关的因果链。I-E-O 模型采用的事件链很简单：输入先于其他一切存在，输入将引入特定的环境体验，这些体验再与输入相结合产生某种结果。然而，I-E-O 模型与大多数其他因果模型之间的一个重要概念区别在于，I-E-O 模型是用来增强我们对环境变量如何影响结果这一过程理解的。相比之下，对于许多其他因果建模的方法来说，研究人员对测试一组变量之间的因果事件链的特定理论更感兴趣。I-E-O 模型方法本质上不是一个理论模型，它倾向于将输入变量视为一种不可避免的"恶"，必须加以控制，以最大限度地减少我们在检查环境对结果的影响时的偏差。对于其他因果建模方法来说，同样的输入变量可能被视作理论检验中的核心变量。

路 径 分 析

大多数因果建模方法都采用路径分析技术，这是一种回归分析和偏相关分析技术，用于估计自变量的直接效应和间接效应。直接效应是指不经由其他变量介入的效应；间接效应是指经由一个或多个其他变量介入的效应。我们在这里只介绍路径分析的一些基本思想，对细节感兴趣的读者可以查阅其他资料（Duncan，1966；Land，1969；Wolfel，1985）。

在因果建模中，研究变量通常有一种理论与之对应。使用这种理论作为指导，研究人员根据它们已知或假定的发生顺序来组织变量（原则上类似于 I-E-O 模型，将输入放在第一位，将环境放在第二位，将结果放在最后一位）。路径分析允许研究人员通过一系列由箭头连接的方框（或圆圈）将理论可视化。每个方框代表一个不同的变量，连接两个方框的箭头象征着两者之间的直接因果路径，箭头通常由自变量指向因变量。每个箭头都与一个 Beta 系数相关联，该系数表示连接的两个框之间的关联强度。研究人员对每个有箭头指向的方框进行一系列多元回归分析。这些分析中的自变量包括箭头另一端连接的所有自变量。这些分析使研究人员计算出了从每个自变量到相应因变量的所有路径。这些直接路径实际上是标准化的多元回归系数（Beta 系数）。当有一个箭头从任何给定的框指向第二个框，并且有另一个箭头将第二个框与因变量连接起来，这就是间接路径。间接路径的系数可以用与两个箭头相关的系数的乘积来表示。

本附录讨论的逐步回归分析法实际上是路径分析的另一种形式。当输入变量在回归分析的最后一步中计算出系数 b 很显著时，这被称为直接效应。当一个输入变量在逐步回归分析的中间阶段具有显著的 Beta 值，且当另一个变量在后续步骤中添加到方程式中时，该 Beta 值显著变小，值的减少即为间接效应。相对于更传统的路径分析形式，这种逐步分析方法的优点在于它揭示了哪些特定变量正在介导间接效应。

路径分析不需要研究人员检查因果链中自变量（前自变量）与最后一个变量（因变量）之间的所有可能的路径。研究人员指定由其理论规定的路径，忽略所有其他路径，即使它们实际上可能产生显著的 Beta 系数。另一方面，逐步回归计算到因变量的所有直接路径，而且研究者也可以通过屏蔽自变量和跟踪 Beta 的逐步变化来检查所有的间接路径。

我们即将讨论 I-E-O 模型的扩展，这个问题通常可以使用路径分析而不是逐步回归来解决。然而，当使用大量自变量（特别是输入变量）时，路径分析方法操作难度大，因为它要求研究人员以特定方式为所有变量建模。相反，I-E-O 模型方法不涉及复杂的建模过程，研究人员得以将其注意力集中在主要问题上：环境变量对结果变量的影响。

环境变量建模

很多研究使用了 I-E-O 模型，其结果也被上百所高等教育机构采纳（各大学的环境变量各不相同）（Astin, 1977, 1982, 1993; Astin, Astin and Lindholm, 2011; Astin and Panos, 1969）。在这样的研究中，研究人员至少会设想出两种环境变量：高等教育机构间变量（对于同一机构中的所有学生来说这个变量是恒定的，但这一变量会随着机构的不同而变化）以及机构内部变量（即使在同一机构，这一变量也因人而异）。如第五章所述，机构间变量包括机构的规模、可选择性、类型和机构的控制权，机构内变量包括学生的居住地、工作状态、经济情况和参与课外活动等。一部分机构内环境变量有时与机构间环境变量难以区分。例如，许多私立大学要求新生住在校园宿舍，许多公立大学则没有住宿设施。在这些条件下，我们对私立和公立大学的影响进行对比分析得出的结论可能归因于住宿条件，而不是大学类型本身的影响。这些难以区别的变量只占一部分（许多公立和私立大学都有住校生和走读生），所以我们可以在保持另一个变量不变的情况下评估一个变量的影响。这个问题可以通过对机构内部和机构之间的环境变量进行建模来解决。我们倾向于将所有机构内的环境变量，例如居住地，放在第一个环境模块中，然后将机构间变量放在第二个模块中。理由是，学生的专业和居住地等与环境因素更接近（见第五章相关内容），因此更有可能对结果产生直接影响。具体来说，人们期望结果受到居住地（宿舍、女生联谊会、校内私人公寓或父母家）的直接影响，而不是受到机构类型、规模或知名度等因素的影响。通过控制这些机构内部的环境变量，我们可以确定大学类型是否对学生产生了影响。

对于在同一教育机构内工作的研究人员来说，他们的情况与刚才讨论的机构间和机构内环境变量建模有直接的相似之处。在一所规模较大的学校里，学生所在的学院（文学院、工程学院、教育学院）可以被类比为上述机构。在较小的学校里，不同系也可以被类比为上述机构。此时建模的步骤与刚才的讨论类似：内部变量诸如居住地、经济情况和参与课外活动等内部变量可以构成环境变量的第一个模块，而系或学院（机构）的特征可以被纳入第二个模块中。

在一所规模较大的大学中，学生所在的学院（文学院、工程学院、教育学院）可能被视为一个机构。在规模较小的大学中，不同的院系可能同样被视为不同的机构。这些条件下的建模与刚才讨论的类似：居住地、经济情况和参与课外活动等变量可以构成环境变量的第一个模块，而部门或学院（机构）的特征可以纳入后续模块。

简而言之，我们建议先控制与结果接近的环境变量，最后控制与结果变量相距最远的变量。（我们在第五章就对可能被纳入分析范围的各种环境变量进行了充分的讨论，请参阅。）

中期结果

在其最简单的形式中，I-E-O 模型清晰地区分了输入、环境和结果变量之间的时间差异。也就是说，在评估环境之前，我们会先评估学生的输入特征，然后学生会接触到一组已知的环境特征（居住地点、机构类型、课程等），最后我们才会评估其结果表现。换句话说，输入变量先于环境变量，环境变量先于评估结果。然而，还有另一类环境变量，在最初接触教育项目时（即最初收集输入数据时）是无法知道的，但它们可以对学生的发展产生重要影响。这些环境变量很多，包括参与的荣誉项目，加入学生组织，与特定教师、顾问或同学的互动，接触特定课程，等等。在第五章中，这种体验被称为自产环境体验，因为学生通常会对其发生有一定的控制权。从另一个角度来看，这些经历也可以被视为结果。例如，如果一个学生在大二的时候加入了一个社交联谊会，她随后在这个联谊会的经历可以被视为一个环境变量，可以影响后来的结果。然而，同样的事件（加入联谊会）也可以被视为一种中期结果，发生在最初进入大学和结果表现评估之间的某个时间。事实上，人们可以建立一个完整的 I-E-O 模型，在设计模型时，加入一个特定的学生组织作为测量结果的标准，而不是一种环境变量。同样的道理也适用于任何其他中期结果，这些结果是学生在环境中待一段时间后才会发生的。

但是，当我们的最终关注点是后续结果，如获得学士学位、进入研究生院、价值观和思想的改变等时，我们如何处理这些中期结果呢？在这种情况下，我们倾向于将这些中期结果视为环境变量，但只在输入自变量进入回归分析最终模块时对其进行建模。换句话说，我们可以研究它们可能的影响，但这一步必须在控制输入和先前环境变量后才能进行。[32]

使用中期结果必然会导致最终结果产生一定程度的歧义。我们来看一个具体的例子。一些研究高等教育中学生在校率的研究人员将学生的大学成绩视作一种环境变量。这类研究中，通常未明确说明的假设是，学生的成绩与辍学行为间存在因果关系，因此，在以在校率为因变量的研究中，将其用作自变量是合理的。考虑到导致特定成绩的课程作业是在辍学或完成学业的实际行动之前完成的，这样的决定似乎足够合理。然而，仔细检验后，我们发现似乎成绩和在校率之间的因果关系在方向上可能相反。

假设一个学生对他的本科经历不满意，并在学期结束时做出了试探性决定——退学。这个决定很可能会导致这个学生在最后一个学期忽视他的学业，从而导致分数降低。同样，一个学生可能会在学期结束前辍学，在该学期的课程中获得不完整的分数，如果这个学生没有返回学校继续学习，不完整的分数可能会变成不及格的分数。在这两种假设的情况下，退学的行为，或者至少是退学的决定，是中期结果，而分数实际上是因变量。

如果研究人员选择将中期结果作为自变量，我们几乎无法避免这种解释上的歧义。根本问题在于我们无法在初次接触中期结果时评估输入特征。再举一个例子。假设我们想测试一个理论，即加入兄弟会会强化学生的保守的政治信仰。如果一名学生决定在大二期间加入兄弟会（中期结果），那么大一开学时从学生那里获得的输入变量可能就不适用了，因为这些输入变量可能在过渡期间发生了变化，而这些变化可能会影响学生加入兄弟会的决定。

这些变化对结果有何影响？在控制了政治信仰前测、其他新生输入变量和其他环境特征的前测和后测后，我们可能仍然会发现加入兄弟会与保守的政治信仰呈正相关。这一发现可能会让我们得出结论：加入这些组织会促进保守价值观和信仰的发展。然而，这一结论在因果关系的方向上实际可能是相反的，因为保守的价值观可能首先导致学生加入这些组织。

如果学生决定在大一前几周加入兄弟会，那么我们在学生入学时获得的对政治观点的初步输入评估可能足以作为这些自我选择偏向的控制变量，因为收集这些数据的时间接近学生实际做出加入兄弟会决定的时间。然而，当这样的决定发生得很晚的时候（比如，在大二），这个决定也可能受到其政治观点变化的影响，这些变化是在新生入学后发生的。在这种情况下，那些自入学以来价值观向保守方向发展的学生更有可能最终加入兄弟会，而那些价值观变化方向不同的学生则不太可能加入这种组织。因此，如果两个学生在进入大学时具有相同的政治信仰，其中一个学生在大一那年变得更加保守，而另一个则不是，那么变得更保守的那个人更有可能加入兄弟会。除非在学生决定加入兄弟会之前进行一些后续输入评估，否则我们无法确定兄弟会成员的更大（残差）保守性反映了是加入组织之前发生的变化，还是加入组织之后发生的变化，或者两者兼而有之。

尽管我们通过最复杂的分析也无法完全避免这种歧义，但本附录讨论的逐步回归程序确实为避免这些歧义提供了一些线索。我们再以保守主义和兄弟会成员身份为假设。如果在初入大学时评估的保守主义与后来决定加入兄弟会有强烈的关联，那么在控制了大一保守主义、其他输入变量和环境变量后，兄弟会成员资格与保守主义残差的弱相关性令人怀疑，因为残差相关性可能反映了学生从大一入学到决定加入兄弟会之间思想上发生的保守主义变化。另一方面，如果兄弟会成员身份的影响力比加入时的输入保守主义相关性更强，那么我们就有数据来帮助我们推断兄弟会成员身份本身会强化保守主义。

那么我们如何利用中期结果对最终结果做出解释呢？我们可以根据变量添加到方程中后 Beta 系数的变化，也可以根据所调查变量的时间和内在逻辑来进行解释。如果学生在大二加入兄弟会，我们在大四结束时测量该学生的保守性（后测），我们至少可以确定，学生是在评估结果表现之前接触了这种环境因素。分析的结果仍然有些模棱两可（兄弟会成员更持有保守政治倾向这一结果发生在加入兄弟会之前还是之后？），但至少我们可以确定环境事件先于结果评估存在。

当没有理由假设环境变量在时间上先于结果变量存在时，研究人员应该对任何将中期结果视为环境变量的因果分析持极端怀疑态度。如果我们决定用态度问题作为中期结果呢？假设我们设计了一个因果模型，来探索学生对大学的满意度是否是学生在校率的一个重要因素。我们可能会在后续结果评估时询问学生对大学经历的满意程度。在后续研究中，我们会同时评估学生满意度与该学生是否完成了大学学业（或者辍学了）。我们的模型将在校率（完成学业与辍学）作为结果变量，将满意度作为环境（中期结果）变量输入回归模型（在输入和其他环境变量得到控制后）。这里的问题在于，没有任何依据可以假设学生事后报告的满意度先于他们决定完成学业或退学。因为学生是在完成学业或退学之后报告满意度的，所以我们可以认为这里的因果关系是相反的，即决策本身对满意度产生了影响。那些知道自己成功完成课程的学生可能比那些意识到无法完成课程并不得不退学的学生更有可能对大学感到满意。在这种情况下，如果我们无法知道哪个变量先于另一个变量出现，我们得到的因果解释就不够明确。

简而言之，我们建议环境变量建模程序要在第一模块中包含所有内部（机构、学校或部门）的变量，这些变量在进行输入评估时是已知的变量，然后我们再输入评估时已知的项目间特征，最后输入中期结果。中期结果本身可以根据其已知或预期的时间顺序进行建模，而那些最不明确的变量，如学生对大学的满意度，则被归入最后一个模块。当我们按这种顺序对中期结果建模时，对最终模块或环境变量模块作用的时间顺序的怀疑和好奇会促使我们就中期结果进入回归之前获得的结果进行解释。通常情况下，我们将一部分中期结果输入回归方程后，会从根本上改变先前输入的输入变量和环境变量的回归系数。这种回归系数的显著变化对研究人员来说是一个危险的信号，它表明中期结果可能不是真正适合调查结果的自变量。

输入变量建模

由于设计 I-E-O 模型时不需要对输入变量进行建模，研究人员可以简单地将所有输入变量组合在一起，作为第一个模块输入到回归方程中。然而，出于理论研究的需要，研究人员可能对根据输入变量的已知或预期的出现顺序对其进行建模感兴趣。例如，我们可以假设人在出生时已知的变量（例如性别、年龄、种族、家庭社会经济地位）先于任何其他输入变量而存在，因此我们可以将它们合并到单独的初始模块中。第二个输入模块可能包括与学生先前教育经历相关的变量（例如就读的高中类型、所修课程、获得的成绩）。最后一组输入变量可能包括任何态度和价值观问题，这些问题可能会在大学入学前发生变化。通常，输入变量的顺序不会对分析的最终结果产生实质性影响。尽管有时早期输入模块中具有显著权重的变量在其他模块中的输入变量进入回归方程后会发生变化，导致最终的回归权重不显著。在路径分析中，这样的发现表明我们所讨论的变量对因变量的影响是间接的，从某种意义上说，它与结果的早期关系可以完全通过随后进入回归方程变量的中介效应来解释。

总　结

大多数现代计算机统计软件（尤其是 SPSS）允许研究人员根据已知或预期的时间序列对任意数量模块中的自变量（输入和环境）建模。在建立这种分析时，重要的是我们要知道交互作用的影响也是可以检验的。我们在下面给出了为不同自变量模块进行排序的过程。对于许多问题，可能不需要使用所有的模块，但需要按照给定的顺序来操作这些模块：

1. 学生输入变量的简单（主要）影响（可能包括几个模块）；
2. 输入变量之间的交互作用；
3. 在进入环境时可以确定的环境内变量；
4. 在进入环境时可以确定的环境间变量；
5. 环境变量（第三条或第四条）之间的交互作用；
6. 输入变量（第一条）和环境变量（第三条或第四条）之间的交互作用；
7. 入学后发生的环境变量（中期结果）（可能包括几个模块）；
8. 中期结果和任何前因变量之间的交互作用（第一条至第七条）。

最后的一些解释性建议

无论研究设计得多么精细，数据库多么全面，研究人员都不能断定他们已经发现了真实的环境影响。正如我们在第二章中所述，使用 I-E-O 模型的主要目的不是证明因果关系，而是尽量减少我们对环境变量对结果的影响进行因果推断时面临的风险。然而，在某些情况下，研究人员可以比较有把握地说数据确实揭示了真实的环境影响。

比较不同系数

当环境变量与输入变量不相关，这一情况证明研究人员对因果推论有高度信心是合理的。例如，在含多类机构的研究中，机构的规模与大多数学生的输入特征不存在相关性，或者二者相关性非常微弱（Astin，1965）。换句话说，规模大的学校和规模小的学校的在校生入学时差别不大。在这些条件下，机构规模对学生成绩的影响都不可能是研究人员未能控制输入变量导致的人为结果。

当环境变量与结果间的相关性远远高于环境变量与输入变量之间的相关性时，相似的情况出现了。理想情况下，为了增强因果关系的可信度，人们期望看到环境变量和结果之间的相关性随着对输入变量的不同控制而改变。当然，更常见的情况是，连续控制输入变量，则环境与结果之间的相关性不断减弱。因此，如果环境与结果间的相关性增加，或者维持现有水平（控制自变量时），研究人员可以相信其观察到的环境影响是真实的。然而，控制输入变量后，环境变量和结果之间的相关性不断减弱，且在控制所有输入变量后，环境变量与结果之间只存在非常微弱的相关性，在分析中添加其他的输入变量后，两者的相关性很有可能完全消失。在这些情况下，任何人们观察到的机构规模对某些学生结果测量的影响都不太可能是研究人员未能控制输入差异而导致的人为影响。

因此，如果环境和结果的相关性增加，或者至少作为输入保持其自身变量是可控的，研究人员可以有理由相信他们观察到的环境影响是真实的。然而，当输入变量得到控制，环境与结果之间的相关性持续变小时，如果在分析过程中再加入另外一些少数变量，环境和结果之间的关系就可能会消失。在这种情况下，如果发现环境产生显著影响，那么我们就能断定这一发现的可信度不高。

逆转迹象

也许因果关系真正最强有力的证据是：最终方程中环境变量的回归系数的符号（＋或－）与该环境变量和结果之间的简单相关性正好相反。虽然这种现象很少见，但有几项研究目前已经观察到了这一现象。大学知名度对学生大学成绩的影响就是一个很好的例子。许多研究都验证了大学的知名度和学生的大学成绩呈简单正相关（Astin，1971，1977，1993）。更简单地说，名牌大学比非名牌大学给学生的分数更高。从表面上看，这一发现表明，名牌大学的评分标准比非名牌大学的评分标准更宽松。然而，当控制学生的高中成绩和入学考试成绩等输入变量时，知名度与大学成绩之间的关系由正相关变成了负相关。这表明，尽管大学知名度和大学成绩之间的简单相关性为正，但知名度对大学成绩的实际影响是负的。这一因果关系的结论与以下观点是一致的：知名大学的评分标准比非知名大学的评分标准更严格，因此，学生更难在名校取得好成绩。

另一项涉及多类教育机构的研究表明，控制输入变量后，简单相关性和最终 Beta 值之间也存在类似的逆转（Astin and Panos, 1969）。在这项研究中，凝聚力（一种衡量大学环境因素的指标，主要由有亲密朋友学生的比例来衡量）经验证对学生完成大学学业的可能性有积极影响。然而，凝聚力与学生在校率之间的简单相关性为负。当不同的学生输入变量被控制后，负的简单相关转换为正的偏相关。我们对这一极端转变的解释如下：在高凝聚力院校就读的学生，就他们的输入特征而言，比在凝聚力较低的学校就读的学生更容易退学（这说明了凝聚力和在校率之间的简单负相关关系）。只有当我们考虑入学学生的不同退学倾向（即输入特征）时，凝聚力对在校率的真正积极影响才会显现出来。

交互效果

任何发现显著交互作用的研究都谈到了一种情况，在这种情况下，我们可以从 I-E-O 模型的分析中做出因果推断，其置信度超过了常见的程度。假设我们感兴趣的是确定学生的同龄人群体是否对某一结果测量有任何显著的影响，并且我们通过对学生的同龄人群体的答案进行平均运算，制定了几个关于学生同龄人群体的衡量标准。我们通过对所有入学学生在某些项目上的答案进行平均化来制定几个衡量学生同龄人群体的测量标准，诸如价值观、态度和学术准备等特征。我们可以进一步假设，我们已经发现这些同龄人群体中的一个因素对某些学生结果有显著的影响。

我们在研究中发现，显著的交互效应中往往会出现另一种情况，即可以从 I-E-O 模型分析中得出可信度高于平常水平的因果推论。假设我们想确定学生的同龄人群体是否对结果产生了重要影响，我们可以通过对所有入学学生在某项目（包括价值观、态度和学业准备等特征）上的答案的平均值来确定学生同龄人群体的相关变量。我们进一步假设，我们已经发现这些同龄人群体变量中的一个对某些学生的成绩有显著影响（且这是一个真实的影响）。我们就会发现，与同龄人接触较多的学生与结果之间的相关性更显著。我们可以假设，这种影响在住校生中比在走读生中更显著，因为走读生与同龄人的直接、持续接触往往较少。为了探索这种可能性，我们分别对走读生和住校生的同龄人群体变量进行 I-E-O 模型分析。如果结果证明这种效应在住校生中更显著，我们就可以得出同龄人群体效应是一种因果效应的有力推断。因为人们期望几乎任何方面的学校环境对住校生的影响都比对走读生的影响更大，所以作为验证环境影响的一种手段，检查变量是否与住校生存在交互作用是明智的。

我们可以通过检查其他类型的交互效应来检查因果推论的有效性。例如，外向或合群的学生可能比内向或害羞的学生更容易受到同龄人因素的影响。检验在校时间与环境变量的相互作用可能为我们提供更多信息：大多数环境影响的强度或程度会随着学生在校时间的增加而增加。这里的要点是：I-E-O 模型分析可以帮助我们分析环境变量和结果间残差相关是否显著，如果残差分析可以证实某种交互效应的确存在，便可以帮助我们证实观察到的关系确实是因果关系。

三类推断错误

环境变量与结果变量的简单相关性实际上可能与该环境变量的真实效果相反（参见我们先前对抑制效应的讨论），这一可能性提出了一个有趣的问题，该问题涉及统计推断的传统观念。通常我们知道，在统计研究中有两种推断错误：第一类错误（当无效假设为真时拒绝该假设）为环境因素对结果影响不显著，但研究人员得出了显著结论；第二类错误为存在真实的环境影响，但研究人员得出没有影响的结论（当无效假设为假时接受该假设）。然而，上述效果反转的例子表明，还有第三种类型的推断错误，阿斯丁将其称为第三类错误（Astin，1970a）。第三类错误指发现环境变量对结果有显著影响，但研究人员的结论为环境变量与结果之间存在等效的反方向影响。从某种意义上说，第三类错误结合了第一类错误和第二类错误，因为它同时涉及拒绝真实的无效假设和（隐含地）接受虚假的无效假设（第三类错误可以便捷地标记为：$1+2=3$）。运用 I-E-O 模型的一大优点为，我们可以通过控制输入变量将发生第三类错误的风险降至最低。

测量误差

统计学专家知道，测量任何变量时产生的误差往往会缩小（减弱）该变量与任何其他变量之间的、我们能观察到的相关性。因此，如果我们将学生的 GRE 成绩作为因变量或结果变量，将 SAT 成绩作为输入变量或控制变量，那么 SAT 测量中的误差将导致我们低估 SAT 和 GRE 之间的真实相关性。反过来，这种减弱的相关性将导致我们在计算 GRE 残差分数时低估 SAT 对 GRE 的影响。这种情况下，GRE 残差仍然与学生的真实的 SAT 分数显著相关。被低估的 SAT 成绩往往会对结果产生虚假的环境影响，尤其是当我们所讨论的环境变量与输入和结果变量（即 SAT 和 GRE）也呈正相关时（关于这一偏差的具体算术证明，请参阅阿斯丁的研究成果，Astin，1970a）。偏差的严重程度取决于两个因素：输入、控制变量的测量误差的大小，以及输入、环境和结果变量间相关性的大小。研究人员应特别警惕以下情况中可能出现的虚假环境效应：当环境变量与输入变量的相关性大于这两者与结果的相关性时，以及控制输入变量后环境变量与结果的相关性减弱但没有完全消失时。

当只有一个输入变量时，我们解决这个问题的方法是通过调整变量的不可靠程度来提高与输入变量相关的回归系数（Tucker，Damarin，and Messick，1966）。这一方法在多变量的情况下也适用（即当有一个以上的输入或控制变量时），通过调整不可靠的 $\hat{Y}$ 来解决问题。但问题是，这两种方法需要获取每个输入变量的可靠性，这些信息在调查研究中往往无法获取。但当输入变量为标准化测试成绩时，研究人员可以相对容易地进行这样的操作，因为大多数测试发布者在他们的用户手册中报告了测试的可靠性。那么我们就可以通过将该组合除以一个略小于 1.0 的因子来对整个组合进行粗略调整。阿斯丁在一项研究中指出，当我们对虚假的环境影响有任何怀疑时，就要进行这样的修正，但是这些修正对最终的结论没有太大的影响（Astin，1977）。

如果在回归组合（$\hat{Y}$）中有大量的定量和定性变量，那么我们可以通过将该组合除以略小于 1.0 的数对整个组合的数据进行粗略调整。在一项大型研究中（Astin，1977），当研究人员对虚假的环境影响产生怀疑时，就会进行这样的调整，这种调整对最终的结论不会产生太大的影响。

注释

1. 这个农业例子并非完全是偶然的。最早的复杂统计推断形式——方差和协方差分析——是确定各种环境变量（水、肥料等）对作物产量（生长速度、生物量等）的影响的一种手段。

2. 请注意，当将单个度量值的一组分数聚合起来用作环境变量时，度量的含义会发生根本变化。这个例子中的分数不再代表个人的认知能力，而是代表一种学术或认知能力的同伴氛围。布尔斯坦全面讨论了将个人得分相加作为环境变量时出现的概念和测量问题（Burstein，1980）。

3. 然而，预测试会增加发现这两种课程效果显著差异的机率。

4. 这里描述的情况非常类似于社会科学研究中的霍桑效应或物理学中的海森堡原理：研究某事物的行为实际上改变了所研究事物的性质。

5. 阿斯丁是国家学生参与度调查最初设计团队的成员。

6. 读者可参阅派克的研究成果，以更全面地了解通识教育评估（Pike，2011）。

7. 我们更喜欢把这些经历看作介于输入和成效之间的中间成效。在这里，我们的研究人员努力在他们感兴趣的成效之前的适当时间点直接测量环境的属性。就专业而言，我们将收集有关不同专业的同龄人、教师、课程和经验的数据，以掌握各专业环境的变化。显然，这是一项要求更高的数据收集任务，但从概念上讲，它迫使研究人员更直接地概念化更改过程和相关环境的性质。尽管如此，时间上的歧义仍然存在，在解释因果关系的方向时我们必须足够谨慎。有关此方法的更多详细信息，请参见附录。

8. 等级相邻的人之间的实际距离也会影响相关性，但是比较等级通常是决定相关系数大小的最重要因素。

9. 唯一绝对必须满足的假设是，计算相关系数所涉及的变量在性质上是有序的。我们说的有序，是指这个变量的分数越高，表明这个人拥有的被测量的特质就越多。因此，纯粹的定性变量，如学生的种族或专业选择，其中分配给每个类别的实际值是任意的，不应该被应用于计算相关系数。相反，我们应该为每个不同的定性类别创建一个单独的虚拟变量。因此，为了使学生的种族与其他任何种族相关联，我们首先必须将每个种族类别（黑人、白人、亚洲人等）转换为单独的虚拟变量。请注意，根据定义，虚拟变量是序数，因为一个类别代表所有要测量的质量，而另一个类别不代表任何质量。因此，种族类别的虚拟变量的得分为1（亚洲人）或0（非亚洲人）。

10. 样本量或观察次数是回归分析检测统计显著关系能力的决定因素之一。这种能力（统计能力）超出了本讨论的范围。然而，在回归模型的设计中，幂是一个重要的标准，它依赖于样本量和自变量的数量。在任何多变量分析中，都需要综合考虑这三个因素（以及其他因素）。参见弥尔顿（Milton，1986）关于样品和模型尺寸考虑的可进行处理。

11. 当两个自变量相互作用时，会有一个简单的相互作用效应。在这里我们不考虑涉及两个以上自变量的高阶交互。

12. 用统计学术语来说，任何自变量的总体效应（忽略所有其他自变量）都可以被称为主效应。

13. 这是一个主效应，简单地说，不论他们的平均绩点如何，荣誉课程都有利于参与的学生。

14. 同样，这将是另一个主效应，这意味着高平均绩点的学生比低平均绩点的学生做得更好，无论他们是否参与荣誉计划。

15. 尽管研究人员通常被建议在因变量为二分法时使用逻辑回归而不是普通最小二乘回归，但戴伊和阿斯丁的研究已经表明，这两种方法产生的成效几乎相等（Dey and Astin，1993）。因此，在以完成度（与非完成度）作为因变量的分析中，基于普通最小二乘回归的线性组合与基于逻辑回归的组合在交叉验证样本中对完成度和非完成度进行分类时同样成功。

16. 一些研究人员避免使用逐步回归，因为他们认为逐步回归会产生错误，以致成效不可复制。但是，最近的一项研究（Astin and Denson，2009）对这一论点进行了深入研究，并得出结论：① 逐步回归并没有比任何其他类型的回归更多或更少地利用误差；② 逐步成效是高度可复制的，对于大样本而言尤其如此。

17. 对这些问题的完整讨论不在本书的讨论范围之内，我们建议读者参考相关文献（Raudenbush and Bryk，1988）。

18. 我们在此处有必要做技术说明。当给定记录文件中的所有学生记录都存储在同一物理记录中时，分析就会变得相对容易。然而，由于物理记录可能变得非常长，一些机构可能会发现有必要将学生记录的不同部分存储在不同的物理文件中。如果有必要，那么设计访问文件的软件就是非常重要的，这样从物理上分离的文件中选择的数据就可以很容易地合并到一个记录中进行分析。

19. 但是，如果对行政信息请求进行了重新设计，以便可以使用同类文件进行答复，则大多数此类行政信息请求可能会产生有用的反馈。例如，与其仅仅知道目前入学的学生中不同种族学生所占的比例，对于最近录取的四五个班（同期群）来说，不如知道这些比例是不是更有用，同时也知道每一个班有多少人退学或完成了他们的课程。

20. 尤厄尔等人在研究中描述了为州立社区学院系统设计纵向学生跟踪系统的尝试（Ewell, Parker and Jones, 1988）。

21. 在教育研究的行话里，我们也可以把学生称作"受试者""案例"或"观察单位"。基本上，研究中的观察单位是我们采取措施（如参与研究生入学考试）的实体。根据所研究问题的性质，观察单位可能是学生、课堂、学校，甚至是学校系统。

22. 这一点的数学论证与我们的讨论并没有多大关系。从逻辑上讲，我们可能会争辩说，因为大偏差比小偏差更为少见，所以它们应该获得更大的权重。

23. 从标准差的多少来看，标准分数表示任何原始分数。z 分数只是标准分数的一种形式，其中均值已设置为零，标准差为 1。美国大学入学考试和美国研究生入学考试最初是作为标准分数开发的，平均分为 500，标准差为 100。美国高等院校考试标准分数的设计标准差为 5。

24. 我们所说的显著性只是指这样大或更大的系数不太可能偶然发生。如果我们确定一个相关性很重要（意味着它不为零），我们就会有一定的置信水平做出这样的决定。如果我们以 0.01 的置信水平做出决定，这意味着偶然获得该大小或更大系数的机率小于 100。0.05 水平意味着机率小于 5/100（或 1/20）。使用相关系数，给定置信水平下的统计显著性取决于两个因素：系数的大小和其基于的样本的大小。例如，如果一个系数为 0.40 的样本只有 10 名学生，即使在 0.05 的置信水平下，也不会被认为是显著的。统计显著性的概念在几乎所有的统计学书籍中都有详细的论述，此处不再赘述。

25. 美国大学入学考试也称美国高考，是由美国大学理事会（College

Board）主办的一项标准化的、以笔试形式进行的高中毕业生学术能力水平考试。其成绩是世界各国高中毕业生申请美国高等教育院校入学资格及奖学金的重要学术能力参考指标。

26. 绝对大小是指系数的大小，不考虑其符号（+或−）。

27. 一些方法学家认为，在某些情况下，普通最小二乘（OLS）回归不如其他统计技术有效。当我们使用二分法或"虚拟"因变量［例如学位程度（相对于辍学）］时，就会发生这种情况。这些方法学家建议，将"判别分析"或"逻辑分析"（也称为"逻辑回归"）与二分因变量一起使用。与其他技术相比，偏好回归的原因主要基于以下两点：① 判别分析中获得的回归权重与回归中获得的权重成正比；② 逻辑分析似乎没有比回归更好地产生因变量和自变量之间的"拟合"（Dey and Astin，1990）。可能需要使用逻辑分析的两种情况是，当因变量的 1 与 0 之间的分母非常大时（例如，大于 90 或小于 10%），或当希望获得比值比时。

28. 一些读者可能会得出结论，我们应该使用逻辑回归来计算这些概率，而不是普通最小二乘回归。但是，我们之前比较这两种方法的交叉验证研究表明，普通最小二乘回归对毕业学生和未毕业学生的分类与逻辑回归一样准确（Dey and Astin，1993）。

29. 如果方程包含人为关联的虚拟变量，例如，如果有多个种族类别进入回归，或者如果一个虚拟变量代表另一个伪变量上的类别子集，则此一般不成立，例如，等式包含一个大学虚拟变量（相对于无大学变量）和一个私立大学虚拟变量（相对于公立大学变量和无大学变量）。

30. 在其他地方，阿斯丁（Astin，1970a）认为，通过使用部分或半部分相关系数，比通过传统的 R^2 增加，可以更好地评估特定自变量或一类自变量（例如环境变量）的重要性。R^2 的一个问题是它错误地将抑制效应归类为直接效应；另一方面，部分相关提供了对因变量中唯一归因于特定自变量或变量类的总方差的更好估计。

31. 这里的问题与这些变量之间存在的自由度和线性依赖性有关。最大自由度始终等于类别数减一。如果你知道一个人除了一个虚拟变量之外的所有其他变量的得分，那么他在其余变量上的得分就不能随意变化，而是已经确定的。如果将此类集合中的所有变量用作同一回归方程式中的自变量，则无法计算回归权重，并且计算机将中止分析。逐步回归通常通过在所有组合进入回归之前终止逐步过程来避免此问题。但是，在这种情况下，回归方程有时无法为那些尚未输入的虚拟变量计算 Beta 值。完全避免此类问题的一种方法是在回归中完全忽略一个或多个虚拟变量。

32. 在将中期结果用作自变量的情况下，一些研究人员建议使用某种形式的结构方程模型，例如 LISREL（Joreskog and Sorbom，1988）或 EQS（Bentler，1989）。最近的一项研究（Astin，Astin and Lindholm，2011）表明，EQS 的成效与逐步回归所产生的成效相似，只是 Beta 系数趋于更大（差异可归因于等式修正了关键自变量的不可靠性）。

主要参考文献

References

Achen, C. H. 1982. *Interpreting and Using Regression.* Beverly Hills, Calif.: Sage.
Adelman, C., ed. 1988a. "Difficulty Levels and the Selection of 'General Education' Subject Examinations." In *Performance and Judgment: Essays on Principles and Practice in the Assessment of Student Learning*, edited by C. Adelman, 187–204. Washington, D.C.: U.S. Department of Education Office of Educational Research and Improvement.
———, ed. 1988b. *Performance and Judgment: Essays on Principles and Practices in the Assessment of College Student Learning.* Washington, D.C.: Department of Education Office of Educational Research and Improvement.
Allport, G. W., P. E. Vernon, and G. Lindzey. 1960. *Study of Values.* 3rd ed. Boston: Houghton Mifflin.
Alverno College Faculty. 1985. *Assessment at Alverno College.* Liberal Learning at Alverno Series. Milwaukee, Wis.: Alverno Productions.
Anaya, G. 1999. "College Impact on Student Learning: Comparing the Use of Self-Reported Gains, Standardized Test Scores, and College Grades." *Research in Higher Education* 40 (5): 499–527.
Antonio, A. L. 2001. "Diversity and the Influence of Friendship Groups in College." *Review of Higher Education* 25 (1): 63–89.
———. 2004. "The Influence of Friendship Groups on Intellectual Self-Confidence and Educational Aspirations in College." *Journal of Higher Education* 75 (4): 446–71.
Anastasi, A. 1988. *Psychological Testing.* 6th ed. New York: Macmillan.
Appelbaum, M. 1988a. "Assessment of Basic Skills in Mathematics." In Adelman, 1988b, 63-78.
———. 1988b. "Assessment through the Major." In Adelman, 1988b, 117–138.
Argyris, C., and D. A. Schön. 1974. *Theory in Practice: Increasing Professional Effectiveness.* San Francisco: Jossey-Bass.
Arreola, R. A. 2006. *Developing a Comprehensive Faculty Evaluation System: A Guide to Designing, Building, and Operating Large-Scale Faculty Evaluation Systems.* Bolton, Mass.: Anker Publishing Company.

Arum, R., and Roksa, J. 2011. *Academically Adrift: Limited Learning on College Campuses.* Chicago: University of Chicago Press.

Association of American Colleges. 1985. *Integrity in the College Curriculum: A Report to the Academic Community.* Washington, D.C.: Author.

Astin, A. W. 1962. "'Productivity' of Undergraduate Institutions." *Science* 136: 129–35.

——. 1963. "Differential College Effects on the Motivation of Talented Students to Obtain the Ph.D. Degree." *Journal of Educational Psychology* 54: 63–71.

——. 1964. "Personal and Environmental Factors Associated with College Drop-Outs Among High Aptitude Students." *Journal of Educational Psychology* 55: 219–27.

——. 1965. *Who Goes Where to College?* Chicago: Science Research Associates.

——. 1968a. *The College Environment.* Washington, D.C.: American Council on Education.

——. 1968b. "Undergraduate Achievement and Institutional Excellence." *Science* 161: 661–68.

——. 1969. "Folklore of Selectivity. *Saturday Review*," December, 57–58, 69.

——. 1970a. "Measuring Student Outputs in Higher Education." In *The Outputs of Higher Education: Their Identification, Measurement, and Evaluation*, edited by B. Lawrence, 75–83. Denver, Colo.: Western Interstate Commission for Higher Education.

——. 1970b. "The Methodology of Research on College Impact, Part I." *Sociology of Education* 43: 223–54.

——. 1970c. "The Methodology of Research on College Impact, Part II." *Sociology of Education* 43: 437–50.

——. 1971. "Two Approaches to Measuring Students' Perceptions of Their College Environment." *Journal of College Student Personnel* 12 (2): 169–72.

——. 1975. *Preventing Students from Dropping Out.* San Francisco: Jossey-Bass.

——. 1976. *Academic Gamesmanship: Student-Oriented Change in Higher Education.* New York: Prager.

——. 1977. *Four Critical Years.* San Francisco: Jossey-Bass.

——. 1982. *Minorities in American Higher Education: Recent Trends, Current Prospects, and Recommendations.* San Francisco: Jossey-Bass.

——. 1985a. *Achieving Educational Excellence.* San Francisco: Jossey-Bass.

——. 1985b. "Selectivity and Equity in the Public Research University." In *The Future of State Universities: Issues in Teaching, Research, and Service*, edited by L. W. Koepplin and D. Wilson. New Brunswick, N.J.: Rutgers University Press, 143–153.

——. 1988. "Appendix C: Preliminary Assessment of Factors Influencing General Education Outcomes." In *Assessing Outcomes of General Education Program.* A proposal prepared for the Exxon Education Foundation. Los Angeles: Higher Education Research Institute.

——. 1989. "How Accurate are Student Self-Reports of Change?" Los Angeles: Higher Education Research Institute. Unpublished manuscript.

——. 1993. *What Matters in College? Four Critical Years Revisited.* San Francisco: Jossey-Bass.

——. 1998. "The changing American college student: Thirty-year trends, 1966-1996." *The Review of Higher Education* 21(2): 115–35.

Astin, A. W., H. S. Astin, A. E. Bayer, and A. S. Bisconti. 1975. *The Power of Protest.* San Francisco: Jossey-Bass.

Astin, A. W., H. S. Astin, and J. A. Lindholm. 2011. *Cultivating the Spirit: How College Can Enhance Students' Inner Lives.* San Francisco: Jossey-Bass/Wiley.

Astin, A. W., and F. Ayala, Jr. 1987. "Institutional Strategies: A Consortial Approach to Assessment." *Educational Record* 68: 47–51.

Astin, A. W., and R. F. Boruch. 1970. "A 'Link' System for Assuring Confidentiality of Research Data in Longitudinal Studies." *American Educational Research Journal* 7 (4): 615–24.

Astin, A. W., C. E. Christian, and J. W. Henson. 1975. *The Impact of Student Financial Aid Programs on Student Choice.* Los Angeles: Higher Education Research Institute.

Astin, A. W., and Denson, N. (2009) "Multi-Campus Studies of College Impact: Which Statistical Method Is Appropriate?" *Research in Higher Education* 50: 354–67.

Astin, A. W., K. C. Green, W. S. Korn, M. Schalit, and E. Berz, 1989. *The American Freshman: National Norms for Fall 1988.* Los Angeles: Higher Education Research Institute.

Astin, A. W., and J. L. Holland. 1961. "The Environmental Assessment Technique: A New Way to Measure College Environments." *Journal of Educational Psychology* 52: 308–16.

Astin, A. W., C. J. Inouye, and W. S. Korn. 1986. *Evaluation of the GAEL Student Potential Program.* Los Angeles: Higher Education Research Institute.

Astin, A. W., and L. D. Molm. 1972. Correcting for Non Response Bias in Follow up Surveys. Unpublished manuscript.

Astin, A. W., and J. Lee. 2003. "How Risky Are One-Shot Cross-Sectional Assessments of Undergraduates Students?" *Research in Higher Education* 44 (6): 657–72.

Astin, A. W., and L. Oseguera. 2002. *Degree Attainment Rates at American Colleges and Universities.* Los Angeles: Higher Education Research Institute, UCLA.

Astin, A. W., and L. Oseguera. 2004. "The Declining 'Equity' of American Higher Education." *The Review of Higher Education* 27 (3): 321–41.

Astin, A. W., and L. Oseguera. 2005. "Pre-college and Institutional Influences on Degree Attainment." In *College Student Retention: Formula for Student Success*, edited by A. Seidman, chapter 9. Washington. D. C.: American Council on Education/Praeger.

Astin, A. W., and R. J. Panos. 1969. *The Educational and Vocational Development of College Students.* Washington, D.C.: American Council on Education.

Astin, A. W., and L. C. Solmon. 1981. "Are Reputational Ratings Needed to Measure Quality?" *Change* 2 (5): 14–19.

Baird, L. 1988. "Diverse and Subtle Arts: Assessing the Generic Academic Outcomes of Higher Education." In Adelman, 1988b, 39-62.

Banta, T. W. 1985. "Use of Outcomes Information at the University of Tennessee, Knoxville." In. Ewell 1985a, 19-32.

———, ed. 1986. *Performance Funding in Higher Education: A Critical Analysis of the Tennessee Experience.* Boulder, Colo.: National Center for Higher Education Management Systems.

———, ed. 1988. *Implementing Outcomes Assessment: Promises and Perils.* New Directions for Institutional Research, No. 59. San Francisco: Jossey-Bass.

Banta, T. W., and H. S. Fisher. 1987. "Measuring How Much Students Have Learned Entails Much More than Simply Testing Them." *Chronicle of Higher Education*, 4 March, 45.

Banta, T. W., and J. A. Schneider. 1988. "Using Faculty-Developed Exit Examinations to Evaluate Academic Programs." *Journal of Higher Education* 59 (1): 69–83.

Bassin, W. M. 1974. "A Note on the Biases in Students' Evaluations of Instructors." *Journal of Experimental Education* 43: 16–17.

Bentler, P. M. 1989. *EQS: Structural Equators Program Manual*. Los Angeles: BMDP Software.

Berry, W. D., and S. Feldman. 1985. *Multiple Regression in Practice*. Beverly Hills, Calif.: Sage.

Blackburn, R. T., and J. Pitney. 1988. *Performance Appraisal for Faculty: Implications for Higher Education*. Ann Arbor: National Center to Improve Postsecondary Teaching and Learning.

Bogue, E. G., and W. Brown. 1982. *Performance Incentives for State Colleges. How Tennessee Is Trying to Improve Its Higher Education Investment*. Nashville, Tenn.: Higher Education Commission.

Bok, D. 1990. *Universities and the Future of America*. Durham, N.C.: Duke University Press.

Bowen, H. R. 1977. *Investment in Learning*. San Francisco: Jossey-Bass.

———. 1980. *The Costs of Higher Education*. San Francisco: Jossey-Bass.

———. 1981. "Cost Differences: The Amazing Disparity among Institutions of Higher Education in Educational Costs per Student." *Change* 2: 21–27.

Boyatzis, R. E. 1982. *The Competent Manager: A Model for Effective Performance*. New York: Wiley-Interscience.

Boyer, E. L. 1990. *Scholarship Reconsidered: Priorities of the Professoriate*. Princeton, N.J.: The Carnegie Foundation for the Advancement of Teaching.

Boyer, C. M., and A. Ahlgren. 1987. Assessing Undergraduates' Patterns of Credit Distribution. *Journal of Higher Education* 58 (4): 430–42.

Brock, T., D. Jenkins, T. Ellwein, J. Miller, S. Gooden, K. Martin, C. MacGregor, and M. Pih with B. Miller and C. Geckeler. 2007. *Building a Culture of Evidence for Community College Student Success: Early Progress in the Achieving the Dream Initiative*. New York: MDRC.

Bryk, A., and S. Raudenbush. 1992. *Hierarchical Linear Models for Social and Behavioral Research: Applications and Data Analysis Methods*. Newbury Park, Calif.: Sage.

Buros, O. K., ed. 1978. *The Eighth Mental Measurements Yearbook*. University of Nebraska-Lincoln: Buros Institute of Mental Measurement.

Burstein, L. 1980. "The Analysis of Multilevel Data in Educational Research and Evaluation." *Review of Research in Education* 8: 158–233.

California Task Force to Promote Self-Esteem and Personal and Social Responsibility. 1990. *Toward a State of Self-Esteem: The Final Report of the California Task Force to Promote Self-Esteem and Personal and Social Responsibility*. Sacramento, Calif.: California State Department of Education.

Campbell, C. M., and Cabrera, A. F. 2011. "How Sound Is NSSE?: Investigating the Psychometric Properties of NSSE at a Public, Research-Extensive Institution." *The Review of Higher Education* 35 (1): 77–103.

Carini, R. M, J. C. Hayek, G. D. Kuh, J. M. Kennedy, and J. A. Ouimet. 2003. "College Student Responses to Web and Paper Surveys: Does Mode Matter?" *Research in Higher Education* 44 (1): 1–19.

Carrier, C. A., K. Dalgaard, and D. Simpson. 1983. "Theories of Teaching: Foci for Instructional Improvement through Consultation." *Review of Higher Education* 6: 195–206.

Cartter, A. M. 1966. *Graduate Education: A Study of the Assessment of Quality.* Washington, D.C.: American Council on Education.

Centra, A. 1973. "Effectiveness of Student Feedback in Modifying College Instruction." *Journal of Educational Psychology* 65 (3): 395–401.

———. 1988. "Assessing General Education." In Adelman, 1988b, 97–116.

Chang, M. J., A. W. Astin, and D. Kim. 2004. "Cross-Racial Interaction among Undergraduates: Some Consequences, Causes, and Patterns." *Research in Higher Education* 45 (5): 529–53.

Chen, P. D., R. M. Gonyea, S. A. Sarraf, A. BrckaLorenz, A. Korkmaz, A. D. Lambert, R. Shoup, and J. M. Williams. 2009. "Analyzing and Interpreting NSSE Data." *New Directions for Institutional Research* 141: 35–54.

Chickering, A. W. 1974. *Commuting Versus Resident Students: Overcoming Educational Inequities of Living Off Campus.* San Francisco: Jossey-Bass.

Chickering, A. W., and Z. F. Gamson. 1989. Seven principles for good practice in undergraduate education. *AAHE Bulletin* 39 (7): 3-7.

Ciereszko, A. 1987. "Mandated Testing in Florida: A Faculty Perspective." In Halpern, 1987, 67-76.

Cohen, P. A. 1980. "Effectiveness of Student-Rating Feedback for Improving College Instruction: A Meta-Analysis of Findings." *Research in Higher Education* 13 (4): 321–42.

Cohen, J., and P. Cohen. 1975. *Applied Multiple Regression/Correlation Analysis for the Behavorial Research.* Hillsdale, NY: Lawrence Erlbaum.

Cronbach, L. J. 1984. *The Essentials of Psychological Testing.* New York: Harper & Row.

Cross, K. P. 1989. "Feedback in the Classroom: Making Assessment Matter." In *Proceedings of the Second Annual AAHE Assessment Forum.* Washington, D.C.: American Association for Higher Education.[AQ: Page numbers for article?]

Cross, K. P., and T. A. Angelo. 1988. *Classroom Assessment Techniques: A Handbook for Faculty.* Ann Arbor, Mich.: National Center for Research on the Improvement of Postsecondary Teaching and Learning.

Curry, W., and E. Hager. 1987. "Assessing General Education: Trenton State College." In Halpern, 1987, 57–65.

Dadashova, A., M. Ziskin, and D. Hossler. 2010. *An Examination of Institutional Practices Surrounding Student Retention.* Annual Conference of the Association for the Study of Higher Education, Indianapolis, IN. November 18–20, 2010.

Daley, A. 1989. *Institutional Report on Assessment: Executive Summary*. Olympia, Wash., Higher Education Coordinating Board, 5 May 1989.

DeLoria, D., and G. K. Brookins. 1984. "The Evaluation Report: A Weak Link in Policy." In *Evaluation Studies Review Annual*, edited by R. Conner, 646–63. Beverly Hills, Calif.: Sage.

Denson, N., and M. J. Chang. 2009. "Racial Diversity Matters: The Impact of Diversity-Related Student Engagement and Institutional Context." *American Educational Research Journal* 46: 322–53.

Dey, E. L. 1997. "Working with Low Survey Response Rates: The Efficacy of Weighing Adjustments." *Research in Higher Education* 38: 215–27.

Dey, E., and A. W. Astin. 1989. *Predicting College Student Retention: Comparative National Data from the 1982 Freshman Class*. Los Angeles: Higher Education Research Institute.

———. 1990. *A Comparison of Results Using Logit and Regression Analysis*. Los Angeles: Higher Education Research Institute.

———. 1993. "Statistical Alternatives for Studying College Student Retention: A Comparative Analysis of Logit, Probit, and Linear Regression." *Research in Higher Education* 34 (5): 569–81.

Diverse Learning Environments. n.d. Retrieved October 16, 2011 from http://heri.ucla.edu/dle/index.php.

Drew, D. E. 1983. Advanced ocularmetrics: Graphing multiple time series residual data. *Educational Evaluation and Policy Analysis* 5(1): 97–105.

Drew, D. E., and R. Karpf. 1981. "Ranking Academic Departments: Empirical Findings and a Theoretical Perspective." *Research in Higher Education* 14 (4): 305–20.

Dubois, P. H. 1970. *A History of Psychological Testing*. Boston: Allyn and Bacon.

Dunbar, S. 1988. "Issues in Evaluating Measures of Basic Language Skills for Higher Education." In Adelman, 1988b, 79-96.

Duncan, O. D. 1966. "Path Analysis: Sociological Examples." *American Journal of Sociology* 72: 1–16.

Empire State College. 1989. *Assessment at Empire State College: A Strategic Plan and Position Statement for the Future*. Saratoga Springs, N.Y.: Empire State College Office of Research and Evaluation.

Endo, J., and T. Bittner. 1985. "Developing and Using a Longitudinal Student Outcomes Data File: The University of Colorado Experience." In Ewell, 1985a, 65–79.

Engberg, M. E. (2007). "Educating the Workforce for the 21st Century: A Cross-Disciplinary Analysis of the Impact of the Undergraduate Experience on Students' Development of a Pluralistic Orientation." *Research in Higher Education* 48 (3): 283–317.

Ewell, P. T. 1984. *The Self Regarding Institution: Information for Excellence*. Boulder, Colo.: National Center for Higher Education Management Systems.

———, ed. 1985a. *Assessing Educational Outcomes*. New Directions for Institutional Research, No. 47. San Francisco: Jossey-Bass.

———. 1985b. "Some Implications for Practice." In Ewell, 1985a, 111–19.

———. 1987. Establishing a Campus-Based Assessment Program. In Halpern, 1987, 9–26.

———. 1988. "Implementing Assessment: Some Organizational Issues." In Banta, 1988, 15–28.

———. 2002. "An Emerging Scholarship: A Brief History of Assessment." In *Building a Scholarship of assessment*, edited by T. W. Banta, pp. 3–25. San Francisco: Jossey-Bass.

———. 2008. "Assessment and Accountability in America Today: Background and Context." *New Directions for Institutional Research* S1: 7–17.

———. 2010. *The New "Ecology" for Higher Education: Challenges to Accreditation*. Alameda, CA: Western Association of Schools and Colleges.

Ewell, P. T., and C. M. Boyer. 1988. "Acting Out State-Mandated Assessment." *Change* 9: 41–47.

Ewell, P. T., and D. P. Jones. 1985. *The Costs of Assessment*. Boulder, Colo.: National Center for Higher Education Management Systems.

Ewell, P. T., R. Parker, and D. P. Jones. 1988. *Establishing a Longitudinal Student Tracking System: An Implementation Handbook*. Boulder, Colo.: National Center for Higher Education Management Systems.

Feldman, K. A. 2007. "Identifying Exemplary Teachers and Teaching: Evidence from Student Ratings." In *The Scholarship of Teaching and Learning in Higher Education: An Evidence-Based Perspective*, edited by R. Perry and J. Smart, pp. 93–129). Dordrecht, The Netherlands: Springer.

Feldman, K. A., and T. M. Newcomb. 1969. *The Impact of College on Students*. San Francisco: Jossey-Bass.

Folger, J., and J. Harris. 1989. *Assessment in Accreditation*. Washington, D.C.: Fund for the Improvement of Post-Secondary Education.

Forrest, A., and J. Steele. 1982. *Defining and Measuring General Education, Knowledge, and Skills (Report 1976–81)*. Iowa City: American College Testing Program.

Franke, R., S. Ruiz, J. Sharkness, L. DeAngelo, and J. P. Pryor. 2010. *Findings from the 2009 Administration of the College Senior Survey (CSS): National Aggregates*. Los Angeles: Higher Education Research Institute.

Gleason, M. 1986. Getting a Perspective on Student Evaluation. *AAHE Bulletin* 39 (February): 10–13.

Gordon, J., J. Ludlum, and J. J. Hoey. 2008. "Validating NSSE against Student Outcomes: Are They Related?" *Research in Higher Education* 49 (1): 19–39.

Graham, S. 1988. "Indicators of Motivation in College Students." In Adelman 1988b, 163–86.

Grandy, J. 1988. "Assessing Changes in Student Values." In Adelman 1988b, 139–62.

Halpern, D. F., ed. 1987. *Student Outcomes Assessment: What Institutions Stand to Gain*. New Directions for Higher Education, No. 59. San Francisco: Jossey-Bass.

Harnisch, T. 2011. "Performance-based funding: A Re-emerging Strategy in Public Higher Education Financing." Washington, D.C.: American Association of State Colleges and Universities.

Harris, J. 1970. Gain Scores on the CLEP General Examination and an Overview of Research. Paper presented at the Annual Meeting of the American Educational Research Association, Minneapolis, Minn., March.

Hayden, T. 1986. *Beyond the Master Plan*. Sacramento: Joint Publications.

Hefferlin, J. L. 1969. *Dynamics of Academic Reform.* San Francisco: Jossey-Bass.

Heffernan, J. M., P. Hutchings, and T. J. Marchese. 1988. *Standardized Tests and the Purposes of Assessment.* Washington, D.C.: American Association for Higher Education.

Helmstadter, G. C. 1985. "Review of Watson-Glaser Critical Thinking Appraisal." In *The Ninth Mental Measurements Yearbook,* edited by J. V. Mitchell, Jr., 1693–94. Lincoln: University of Nebraska, Buros Institute of Mental Measurements.

Henson, J. W. 1980. Institutional Excellence and Student Achievement: A Study of College Quality and Its Impact on Education and Career Achievement. Ph.D. diss., University of California at Los Angeles.

Higher Education Coordinating Board (HECB). 1987. *Building a System . . . to Be among the Best . . . The Washington State Master Plan for Higher Education.* Olympia, Wash.: Higher Education Coordinating Board.

Hunt, D. E. 1976. "Teachers Are Psychologists, Too: On the Application of Psychology to Education." *Canadian Psychological Review* 17: 210–18.

Hutchings, P. 2010. *Opening Doors to Faculty Involvement in Assessment.* Champaign, Ill.: National Institute for Learning Outcomes Assessment.

Hutchings, P., M. Huber, A. Ciccone. 2011. *The Scholarship of Teaching and Learning Reconsidered: Institutional Integration and Impact.* San Francisco: Jossey-Bass.

Inkelas, K. K. 2004. "Does Participation in Ethnic Cocurricular Activities Facilitate a Sense of Ethnic Awareness and Understanding? A Study of Asian Pacific American Undergraduates." *Journal of College Student Development* 45 (3): 285–302.

Jacobi, M., A. Astin, and F. Ayala, Jr. 1987. *College Student Outcomes Assessment* (ASHE-ERIC Higher Education Report No. 7). Washington, D.C.: Association for the Study of Higher Education.

Joint Committee for Review of the Master Plan for Higher Education. 1989. *California Faces . . . California's Future: Education for Citizenship in a Multicultural Democracy.* Sacramento: Joint Committee for Review of the Master Plan for Higher Education.

Jones, L. V., G. Lindzey, and P. H. Coggeshall, eds. 1982. *An Assessment of Research-Doctorate Programs in the United States.* Washington, D.C.: National Academy Press.

Jones, S. 2002. *The Internet Goes to College: How Students Are Living in the Future with Today's Technology.* Washington, D.C.: Pew Internet and American Life Project.

Joreskog, K. G., and D. Sorbom, 1988. *LISREL 7, A Guide to the Program and Applications.* Chicago: SPSS.

Karabel, J., and A. W. Astin. 1975. "Social Class, Academic Ability, and College 'Quality'." *Social Forces* 53 (3): 381–98.

Katz, J. 1985. *Teaching Based on Knowledge of Students.* New Directions for Teaching and Learning, No. 21. San Francisco: Jossey-Bass.

Kean College of New Jersey Presidential Task Force on Student Learning and Development. 1986. *A Proposal for Program Assessment at Kean College of New Jersey: Final Report of the Presidential Task Force on Student Learning and Development.* Union, N.J.: Kean College of New Jersey.

Kean College. 1988. *Kean College of New Jersey Challenge Grant: Interim Performance Report, January 1, 1988–June 30, 1988.* Union, N.J.: Kean College of New Jersey.

Kinnick, M. K. 1985. "Increasing the Use of Student Outcomes Information." In Ewell, 1985a, 93–109.

Klein, S., R. Benjamin, R. Shavelson, and R. Bolus. 2007. "The Collegiate Learning Assessment: Facts and Fantasies." *Evaluation Review* 31: 415–39.

Knapp, R. H., and H. B. Goodrich. 1952. *Origins of American Scientists.* New York: Russell and Russell.

Knapp, R. H., and J. J. Greenbaum. 1953. *The Younger American Scholar: His Collegiate Origins.* Chicago: University of Chicago Press.

Krueger, D. W., and M. L. Heisserer. 1987. "Assessment and Involvement: Investments to Enhance Learning." In Halpern 1987, 45–56.

Kuh, G. D. 2001. "Assessing What Really Matters to Student Learning: Inside the National Survey of Student Engagement." *Change* 33 (3): 10–17, 66.

———. 2009. "The National Survey of Student Engagement: Conceptual and Empirical Foundations." *New Directions for Institutional Research* 2009: 5–20.

Land, K. C. 1969. "Principles of Path Analysis." In *Sociological Methodology,* edited by E. F. Borgata, 3–37. San Francisco: Jossey-Bass.

Lederman, D. 2011. "What's 'Good Enough'?" Inside Higher Ed. Retrieved from http://www.insidehighered.com/news/2011/04/14/western_accreditor_considers_overhaul_of_policies_to_focus_on_student_learning_and_for_profits.

Lee, J. J. 2002. "Religion and College Attendance: Change among Students." *The Review of Higher Education* 25 (4): 369–84.

Lehmann, T. 1988. Fulfilling Democracy's Promise through Education: The Empire State College Experiment. *Golden Hill Issue,* Vol. 4. Saratoga Springs, N.Y.: Empire State College.

Lenning, O. T., Y. S. Lee, S. S. Micek, and A. L. Service. 1977. *A Structure for the Outcomes of Postsecondary Education.* Boulder, Colo.: National Center for Higher Education Management Systems.

Lewis, D. R. 1988. Costs and Benefits of Assessment: A Paradigm. In Banta 1988, 69-80.

Lewis-Beck, M. S. 1980. *Applied Regression: An Introduction.* Beverly Hills, Calif.: Sage.

Losak, J. 1987. "Assessment and Improvement in Education." In *Issues in Student Assessment,* edited by D. Bray and M. J. Belcher, 25–29. New Directions for Community Colleges, No. 59, San Francisco: Jossey-Bass.

Lumina Foundation. 2011. *Degree Qualifications Profile.* Indianapolis: Lumina Foundation.

MacCallum, R. C., and J. T. Austin. 2000. "Applications of Structural Equation Modeling in Psychological Research." *Annual Review of Psychology* 51:201–26.

McClain, C. J., and D. W. Krueger. 1985. "Using Outcomes Assessment: A Case Study in Institutional Change." In Ewell 1985a, 33–46.

McGovern, T. V., J. F. Wergin, and D. L. Hogshead. 1988. *Virginia Commonwealth University: The Varieties of Undergraduate Experience.* Final Report.

McDonough, P. M., A. L. Antonio, and J. W. Trent. 1997. "Black Students, Black Colleges: An African-American College Choice Model." *Journal for a Just and Caring Education* 3 (1): 9–36.

Mentkowski, M. 1988. "Paths to Integrity: Educating for Personal Growth and Professional Performance." In *Executive Integrity: The Search for High Human Values in Organizational Life,* edited by S. Srivastra and Associates, 89–121. San Francisco: Jossey-Bass.

Mentkowski, M., and A. Doherty. 1983. *Careering after College: Establishing the Validity of Abilities Learned in College for Later Careering and Professional Performance*. Final report to the National Institute of Education.

———. 1984. "Abilities that Last a Lifetime: Outcomes of the Alverno Experience." *AAHE Bulletin* 37 (February): 5–14.

Mentkowsi, M., and G. Loacker. 1985. "Assessing and Validating the Outcomes of College." In Ewell 1985a, 47–64.

Mentkowski, M., and M. Strait, 1983. *A Longitudinal Study of Student Change in Cognitive Development and Generic Abilities in an Outcome-Centered Liberal Arts Curriculum.* Milwaukee, Wis.: Alverno Productions.

Millman, J. 1988. "Designing College Assessment." In Adelman 1988b, 9–38.

Milton, S. 1986. "A Sample Size Formula for Multiple Regression Studies." *The Public Opinion Quarterly* 50 (1): 112–18.

Mitchell, J. V., Jr. 1985. *The Ninth Mental Measurements Yearbook.* 10th ed. Lincoln: University of Nebraska, Buros Institute of Mental Measurements.

Murray, H. G. 1985. *Classroom Teaching Behaviors Related to College Teaching Effectiveness.* New Directions for Teaching and Learning, No. 23. San Francisco: Jossey-Bass.

National Center for Public Policy and Higher Education. 2000. *Measuring Up 2000: The State-by-State Report Card for Higher Education.* San Jose, Calif.: National Center for Public Policy and Higher Education.

National Commission on Excellence in Education. 1983. *A Nation at Risk: The Imperative for Educational Reform.* Washington, D.C.: National Commission on Excellence in Education.

National Governors' Association. 1986. *Time for Results: The Governors' Report on Education.* Washington, D.C.: National Governors' Association.

National Governors' Association. 1988. *Results in Education: State-Level College Assessment Initiatives, 1987–1988.* Washington, D.C.: National Governors' Association.

Nichols, R. 1964. "Effects of Various College Characteristics on Student Aptitude Test Scores." *Journal of Educational Psychology* 55: 45–54.

Northeast Missouri State University. 1984. *In Pursuit of Degrees of Integrity: A Value-Added Approach to Undergraduate Assessment.* Washington, D.C.: American Association of State Colleges and Universities.

Northwest Missouri State University. 1987. *Strengthening the Foundations: An Agenda for Improving Undergraduate Education at Northwest Missouri State University.* Maryville: Northwest Missouri State University.

Osterlind, J. 1989. *College Base: Guide to Test Content.* Chicago: Riverside Publishing Company.

Pace, C. R. 1960. "Five College Environments." *College Board Review* 41: 24–28.

———. 1963. *College and University Environmental Scales.* Princeton, N.J.: Educational Testing Service.

———. 1984. *Student Effort: A New Key to Assessing Quality* (Report No. 1). Los Angeles: University of California, Higher Education Research Institute.

———. 1985. "Perspectives and Problems in Student Outcomes Research." In Ewell 1985a, 7–18.

Pace, C. R., and G. G. Stern. 1958. "Approach to the Measurement of Psychological Characteristics of College Environments." *Journal of Educational Psychology* 49: 269–77.

Pascarella, E. T. 1985. "The Influence of On-Campus Living Versus Commuting to College on Intellectual and Interpersonal Self-Concept." *Journal of College Student Personnel* 25 (4): 292–99.

Pascarella, E. T., T. A. Seifert, and C. Blaich. 2010. "How Effective Are the NSSE Benchmarks in Predicting Important Educational Outcomes?" *Change* 42 (1): 16–22.

Paskow, J., ed. 1988. *Assessment Programs and Projects: A Directory.* Washington, D.C.: American Association for Higher Education.

Pedhazur, E. J. 1982. *Multiple Regression in Behavioral Research.* 2nd ed. New York: Holt, Rinehart, and Winston.

Peterson, R. E., J. Centra, R. T. Hartnett, and R. L. Linn. 1970. *Institutional Functioning Inventory: Preliminary Technical Manual.* Princeton, N.J.: Educational Testing Service.

Peterson, R. E., and N. P. Uhl. 1972. *Formulating College and University Goals: A Guide for Using the Institutional Goals Inventory.* Princeton, N.J.: Educational Testing Service.

Pike, G. R. 1996. "Limitations of Using Students' Self-Reports of Academic Development as Proxies for Traditional Achievement Measures." *Research in Higher Education* 37: 89–114.

———. 2011. *Assessing the Generic Outcomes of College: Selections from Assessment Measures.* San Francisco: Jossey-Bass.

Popham, W. J. 1978. *Criterion-Referenced Measurement.* New York: Prentice-Hall.

Pryor, J. H., S. Hurtado, V. B. Saenz, J. L. Santos, and W. S. Korn. 2007. *The American Freshman: Forty Year Trends.* Los Angeles: Higher Education Research Institute, UCLA.

Pryor, J. H., Hurtado, S., DeAngelo, L., Palucki Blake, L., and Tran, S. 2009. *The American Freshman: National Norms Fall 2009.* Los Angeles: Higher Education Research Institute, UCLA.

Pryor, J. H., S. Hurtado, L. DeAngelo, L. Palucki Blake, and S. Tran. 2010. *The American Freshman: National Norms for Fall 2010.* Los Angeles: Higher Education Research Institute, UCLA.

Ratcliff, J. L. 1988. "Development of a Cluster-Analytic Model for Identifying Course Work Patterns Associated with General Learned Abilities of College Students."

Paper presented at the American Educational Research Association, New Orleans, La. April 5–9.

Raudenbush, S. W., and A. S. Bryk. 1988. "Methodological Advances in Studying Effects of Classrooms and Schools on Student Learning." *Review of Research in Education* 15: 423–76.

Rose, K. D., and C. J. Andersen. 1970. *A Rating of Graduate Programs*. Washington, D.C.: American Council on Education.

Ross, H., and N. Weiss. 1989a. *Achieving Institutional Reform through Shared Governance*. Union, N.J.: Kean College of New Jersey.

———. 1989b. "Sharing the Challenge of Institutional Reform." *AGB Reports*, November–December: 15–19.

Ryu, M. 2010. *Minorities in Higher Education*. Twenty-Fourth Status Report. Washington, DC: American Council on Education.

Saenz, V. B., H. N. Ngai, and S. Hurtado. 2007. "Factors Influencing Positive Interactions across Race for African-American, Asian-American, Latino, and White College Students." *Research in Higher Education* 48 (1): 1–38.

Sax, L., S. Gilmartin, and A. Bryant. 2003. "Assessing Response Rates and Nonresponse Bias in Web and Paper Surveys." *Research in Higher Education* 44 (4): 409–32.

Schroeder, L. D., D. L. Sioquist, and P. E. Stephan. 1988. *Understanding Regression Analysis: An Introductory Guide*. Beverly Hills, Calif.: Sage.

Shavelson, R. J., and Towne, L., eds. 2002. *Scientific Research in Education*. Washington, DC: National Research Council, National Academy Press.

Smallwood, M. L. 1935. *An Historical Study of Examinations and Grading Systems in Early American Universities*. Cambridge, Mass.: Harvard University Press.

Solmon, L. C. 1975. "The Definition of College Quality and Its Impact on Earning." *Explorations in Economic Research* Fall: 537–87.

Solmon, L. C., and A. W. Astin. 1981. "Departments without Distinguished Graduate Programs." *Change* 2 (4): 23–28.

Southern Association of Colleges and Schools. 1989. *Criteria for Accreditation*. Atlanta: Southern Association of Colleges and Schools.

Somers, P., S. Woodhouse, and J. Cofer. 2004. "Pushing the Boulder Uphill: The Persistence of First-Generation College Students." *NASPA Journal* 41 (3): 418–35.

SPSS-X User's Guide. 1988. Chicago: SPSS.

SPSS Core Systems User's Guide. 2010. Chicago: SPSS, Inc., An IBM Company.

Stevenson, M., R. D. Walleri, and S. M. Japely. 1985. "Designing Follow-up Studies of Graduates and Former Students." In Ewell 1985a, 81–91.

Spies, R. A., J. F. Carlson, and K. F. Geisinger, eds. 2010. *The Eighteenth Mental Measurements Yearbook*. Lincoln: Buros Institute of Mental Measurements, University of Nebraska Press.

Study Group on the Conditions of Excellence in American Higher Education. 1984. *Involvement in Learning: Realizing the Potential of American Higher Education*. Final Report of the Study Group on the Conditions of Excellence in American Higher Education. Washington, D.C.: National Institute of Education.

Teranishi, R., M. Ceja, A. L. Antonio, W. R. Allen, and P. M. McDonough. 2004. "The College-Choice Process for Asian Pacific Americans: Ethnicity and Social Class in Context." *Review of Higher Education* 27 (4): 527–51.

Tucker, L. R., F. Damarin, and S. Messick. 1966. "A Base-Free Measure of Change." *Psychometrika* 31:457–73.

Turnbull, W. 1985. *Student Change: Why the SAT Scores Kept Falling.* College Board Report 85-2. New York: College Entrance Examination Board.

U.S. Department of Education. 2006. *A Test of Leadership: Charting the Future of U.S. Higher Education.* Washington, D.C.: U.S. Department of Education.

Wallace, W. L. 1966. *Student Culture.* Chicago: Aldine.

Wingard, T. L., J. G. Trevino, E. L. Dey, and W. S. Korn. 1991. *The American College Student, 1989: National Norms for 1985 and 1987 College Freshmen.* Los Angeles: Higher Education Research Institute, University of California.

Wirtz, Willard, chair. 1977. *On Further Education: Report of the Advisory Panel on the Scholastic Aptitude Test Score Decline.* New York: College Entrance Examination Board.

Wolfel, L. M. 1985. "Applications for Causal Models in Higher Education." In *Higher Education: Handbook of Theory and Research,* edited by J. C. Smart. Vol. 1. New York: Agathon.

Zemsky, R. 1989. *Structure and Coherence: Measuring the Undergraduate Curriculum.* Washington, D.C.: Association of American Colleges.

Zis, S., Boeke, M., and Ewell, P. T. (2010). *State Policies on the Assessment of Student Learning Outcomes: Results of a Fifty-State Inventory.* Boulder, Colo.: National Center for Higher Education Management Systems.